焕发习作教学中生命的活力

马俊生 著

北京日报出版社

图书在版编目（ＣＩＰ）数据

焕发习作教学中生命的活力 / 马俊生著. -- 北京：
北京日报出版社, 2017.5
　　ISBN 978-7-5477-2518-4

　　Ⅰ . ①焕… Ⅱ . ①马… Ⅲ . ①小学语文课－教学研究
Ⅳ . ①G623.202

　　中国版本图书馆 CIP 数据核字（2017）第 086496 号

焕发习作教学中生命的活力

出版发行：北京日报出版社
地　　址：北京市东城区东单三条 8-16 号　东方广场东配楼四层
邮　　编：100005
电　　话：发行部：（010）65255876
　　　　　总编室：（010）65252135
印　　刷：山东旺源印刷包装有限公司
经　　销：各地新华书店
版　　次：2017 年 06 月第 1 版
　　　　　2020 年 01 月第 2 次印刷
开　　本：787 毫米×1092 毫米　　1/16
印　　张：17.25
字　　数：246 千字
定　　价：49.00元

追寻习作教学的真谛

——读马俊生老师《焕发习作教学中生命的活力》

习作教学是整个语文教学的重要部分，也是提升学生语文素养的主要阵地。如果说"能读会写"是语文教学核心任务最为精要概括的说明，那习作恰是语文的"半壁江山"。但是，在语文教学中，习作教学仍是个薄弱环节，语文难教，作文更难教。虽难，但仍有很多人苦苦探索，乐此不疲。马俊生老师就是追寻习作教学之乐的教师之一。

与俊生相识的时间不算短。印象中他是个讷于言，而对教学却敏于行的人。细读这本书，马老师没有惊人的豪言壮语，只有扎实的实践和深入的思考。他把习作和学生的生命联系起来，提出小学生习作不应是纯粹的语言和套路训练。它应该来源于学生的生活又回归于学生的生活。引导学生从生活的角度出发，既是解决学生"有话可说"的必然选择，也是落实生命教育的必由之路。焕发习作的生命活力是习作教学的最大价值，这才是习作教学的真谛。

引导学生习作的过程是师生共同的充满情趣的发展生命的过程。近年来语文教学界不断发出回归生活、以生活为本源的热切呼声，这种回归生活的教学趋势，究其实质是语文教育对"人"的关注。马俊生老师在这方面有较为深入的思考，他聚焦学生习作中生活、情感、个性化等问题，并在不断实践中加以提炼。如：学生习作中情感的缺失，不仅是对一篇文章而言的不美满，它折射出的更是一个"人"对生活的情感冷漠。习作是表达，是倾诉，更是内心的独白。只有激活学生的情感，使学生从心底里自然地淌出真诚的文字，习作才能真正从一种语文训练升华为一种语文生活。再如：习作是学生语文综合能力的呈现，其中起重要作用的是学生的思维。套路化的习作表面上造成的是习作的千人一面，实际上是对学生思维的束缚。个性化的思维才能生成创新的意识。关注习作的个性化就是关注"人"的个性化，这恰是习作教学的核心。

几年来，为了提高青年教师的教学能力，我在北京市成立了中青年教师课例研讨团队，最近一段时间又在一些地区和学校相继成立了语文教学工作站，俊生老师就是工作站成员之一。工作站成立的目的就是聚焦课堂，引领成长。令人欣慰的是，工作站虽然成立的时间并不长，但像俊生这样善于在研究中实践、在实践中反思的老师已经成长起来。希望在这个平台上有更多的老师涌现出来，也祝愿俊生坚持研究，不断提升理论认识，在习作教学方面不断总结新的经验，继续追寻作文教学的真谛这条路上不断开拓、锐意进取！

北京教育科学研究院基础教育教学研究中心
张立军
2017 年 4 月

目录
CONTENTS

第一章　生活化问题
——从生活角度出发

　　小学生习作不应是纯粹的语言训练。它应该来源于学生的生活又回归于学生的生活。引导学生从生活的角度出发，既是解决学生"有话可说"的必然选择，也是落实"人"的教育的必由之路。焕发习作的生命活力是习作教学的最大价值。

他们不爱写作文

1994年我走上讲台，成为了一名小学教师。大概是自己喜欢舞文弄墨，所以从当上老师的第一天起，我就喜欢上了语文教学，尤其喜欢教作文。作文是最灵动的，因为她是心灵迸发的火花；作文是最朴素的，因为她记录的就是我们的生活。我渴望着孩子们能像我一样喜爱作文，享受作文。我憧憬着孩子们和我在午后温暖的阳光中品味自己或其他同学心灵的文字，感悟着，快乐着！为了能大幅提高学生的作文成绩，我安排每周两篇大作文，给学生详细讲解作文技法，然后对学生的习作精批细改。我相信通过我的努力，学生的习作定会越来越精彩。我满腔热情地期待着期末考试的大丰收。但结果让我大失所望，高密度地训练没有迎来学生的进步，挑灯夜战写下的密密麻麻的批改意见也没有换来学生的感激。倒是有几个家长气呼呼地找到校长，声讨说如果我再留这么多作文，影响孩子的休息，就换老师。这结局与我的设想有多么大的差距呀？埋怨家长不理解自己？埋怨学生不争气？都试过之后，只能把原因落在自己不知道该怎么教作文上。是啊，作文究竟该怎么教呢？我彻底陷入了迷茫。就在这时，新的语文课程标准颁布了。开始见到那薄薄的蓝色小册子时，我并没有任何的激动，及至一行文字映入眼帘，才似一记重锤为我敲开了前进的道路。"写作是运用语言文字进行表达和交流的重要方式，是认识世界、认识自我、进行创造性表达的过程。写作能力是语文素养的综合体现。"应"让学生易于动笔，乐于表达……"原来写作文是这么回事，原来要想提高学生的作文成绩不是单纯地靠练，也不是单纯地靠老师的讲解，而是首先要让学生"易于动笔，乐于表达"。说白了，就是要让学生首先"爱写"，而后才能"会写"。应该让学生觉得作文很容易，应让学生高兴用作文表达自己的想法。

又是一堂作文课，我走到教室门口，从门镜中看到三十几个学生都懒洋洋地坐在那儿，他们大概以为这又是一节"累死人"的作文课吧。看来，按原来的思路上作文一定不会收到好效果了。我沉思了一会儿，一个想法在脑海中一闪而过。

我猛地推开门，快步走了进去，皱着眉头，把所有的学生扫视了一遍，然后啪的一下，把手里拿的语文书摔在地上。学生被我的举动吓呆了，吃惊地盯着我，大约五秒钟的沉默之后，我扑哧一声笑了出来，说道："同学们，大家别害怕，老师刚才是给大家出了一道题，要考考你们的观察能力。你们谁注意到老师刚才有什么动作和神态了吗？"孩子们长吁了一口气，都笑了起来，他们开始描述我当时的样子，有的说老师的眉毛都拧在了一起，像系了一个疙瘩。有的说老师把书摔在地上可真响，没想到和蔼的马老师有这么大力气。还有的说当时吓坏了，感觉自己的心脏一下子蹦到了嗓子眼，一直到老师笑了才恢复跳动。我也笑得前仰后合，然后说道："现在，大家把同学们刚才说的内容综合一下写下来好吗？""好！"同学们齐声回答。这是他们第一次这么痛快地答应写点儿东西。

我看着学生一边笑一边在快速地写着刚才的事，又看了看桌上的语文书，心中若有所悟：兴趣确实是让学生主动拿起笔的良方啊！但书上的作文离学生太远了，硬逼学生写一些没经历过的事，他们怎么会有兴趣呢？这次作文课让我彻底明白了一个道理：作文是学生的作文，学生是作文的主人。我们的作文教学只有放开学生的手脚，只有为学生的自主写作提供帮助，学生才会爱上写作，并通过这种热爱逐步提高自己的作文能力。在随后的一段时间，我不再疯狂地布置作文了，而是组织学生开展各种活动，帮他们积累素材；鼓励学生读书，帮他们积累语言；引导学生记日记，帮他们养成随时动笔的习惯。慢慢地，学生们不讨厌写作文了，有十多个学生的习作还在刊物上发表。

也许，孩子们并不是不爱写作文，而是我之前教作文的方式让他们没有爱上作文吧！作文需要教，但该怎么教呢？我陷入思考……

几点思考

习作，应关注学生的生活

为什么我们的作文教学总是耗时低效？为什么我们不断地更新理念、改革方法，学生对作文课还是无动于衷？当我们这些教者有意识地对作文教学进行改革，希望我们的作文教学对提高学生写的能力发挥应有的作用时，我们不禁要问：作文教学到底缺少什么？

一、缺少趣

"作文没意思，就是瞎写呗！"这是大多数学生内心深处对作文的真实想法。"我手写我心。"作文本应是学生吐露心声的最好方式，即写的恰是心里有的。而作文课上那让几代人"共享过"的题目仍在；那视学生为同一型号的指导方法仍在；那目的不在使学生进步，而仅仅为了证明谁是第一的评价要求仍在。苍白的题目，配以苍白的指导过程，构成了愈来愈显得苍白的、毫无趣味可言的作文课！学生想说的，没有机会写。要写的，心里又没有，不"瞎写"又能怎样？要扭转这一局面，必须从趣上下工夫。本学期我安排了两次习作训练：《掰手腕》《落叶的故事》。第一篇在写之前先在班上举行比赛，并引导学生观察、议论。第二篇提前布置学生收集落叶，课上先开"故事会"，学生讲述自己收集落叶的故事。生动的形式使学生耳目一新，自然而然地想说、想写。为什么他们爱写了？因为有意思。语文课上举行掰腕子比赛，拿着树叶讲故事，这自然比正襟危坐在书桌旁听老师严肃地介绍写作方法有趣得多。

二、缺少情

"文章不是无情物"。小学生所做虽然仅仅是习作，很少有真能称得上文章的，但习作的过程也应是：有情——思情——达情的过程。长期以来，我们的习作教学过于重视写作方法、写作技巧的指导，如何开头、如何结尾，无不下大力气去教，唯独忽视学生的情感。"非指导性"教学模式的首创者美国人本主义心理学家卡尔·罗杰斯认为，作文教学应"注意学生情感的发展、情感的释放、情绪的表达，决不为任务而忽视情感，也决不为目标而压抑情感。"实践证明，当学生只了解一堆方法、技巧时，很难对习作产生爱。在他们的眼中习作是一架冰冷的精密机器，要有高超的技术才能制作出来，从而在心里产生畏难情绪。事实上，我们应告诉学生，在写一篇作文时，先不要考虑怎么写才好，应先想想此时自己心中有什么情。学生的情感被唤醒了，心弦被拨动了，写出的文字才是有血肉的。我在指导学生写《在即将毕业的日子里》这篇习作时，有意淡化了作文技巧的讲解，而把情感的激发和共鸣放在最重要的位置，收到了较好的效果。考虑到毕业生的情感需要，我先以一首自创的送给毕业生的诗歌引入。教师的"情"感染了学生后，我又深情地说："同学们，其实不仅我舍不得自己的学生，你们也一定舍不得曾教过自己的老师，天天见面的同学，生活了整整六年的集体，和我们如此美丽的校园吧！在即将毕业的时刻，你内心又是怎样的感情呢？"从而激发学生的情。整堂课我没有过多地讲解写作技法，而是以"情"为主线，引导学生回忆情、体味情，再思索什么材料最能表达情。从收上来的习作看，没有了胡编乱造，没有了为了高分的假、大、空。那表达学生真情的朴素文字，不正是我们所企盼的吗？

三、缺少赏识

学生的作品归根到底是习作，但当教师在评价学生习作时，总不禁要把它当做完美的作品看待。在过于强调甄别的评价过程中，学生越来越对习作产生畏惧。事实上，学生的习作完全没有好坏之分，只是在表达情感方面，水平有高有低而已。因此，我们的评价应多一分欣赏，少一分批判；应多告诉学生不足，少告诉学生不行。在作文教学中，评价作为大多数学生一篇习作的最后一道程序，应更多地在激励学生写下去方面发挥作用，而不是成为学生写的屏障或包袱！

四、缺少品评

学生是在练习写作，惟其是在练习，则不可避免地会有这样那样的问题，面对这些问题，教者总是千忧万虑，为了使这些问题引起学生的注意，我们总会在习作讲评时加以强调，但在下次习作中这样的问题还存在于学

生的作文之中。这又是怎么回事呢？因为这些问题并未在学生头脑之中真的引起注意。造成这种问题的原因就在于我们的作文教学缺少品评。不是吗？一篇习作写完后，评是老师的事儿，评完后呢？一篇习作也就结束了，老师忙着进行下次习作指导，学生并未思考那些问题，又何谈改之呢？因此，我们的作文教学不能一味写，还应注意在写后下工夫，注意引导学生品评，品自己的文，品别人的文。我曾撰文《为学生的作文找到读者》（发表于《大兴教育研究》2005 年第三期）讲的就是引导学生品文的问题。学生只有常品文章才能觉出文章的味道，再写文章才能"有味儿"！

诚然，作文教学中存在的问题不仅以上提到的几点，还有最关键的一个原因——作文和生活的脱离。

生活是作文的本源。指导学生关注生活，在学校生活、家庭生活、社会生活的土壤里体验、感悟，说真话、写真事、抒真情，那么学生的作文就有了根。因此我尝试建立一种新的习作教学意识和观念，以生活为基点，以丰富学生生活为途径，以使学生更加热爱生活为归宿，形成适合儿童的作文教学。让儿童的世界、自然的景色、多彩的人文生活成为习作的主体。让儿童写儿童的作文。

习作教学：从重技法的训练到重习惯的培养

习作重在实践，重在使学生形成写的习惯。必要的知识，如审题、选材、构思、开头、结尾、过渡等，是写一篇文章所不可或缺的能力，我们应该在作文课上讲，但必须注意融合在具体的习作训练当中。也就是说，技法的掌握不是小学习作的主要目的。我们不应该在学生习作（练习写作）的阶段，就让学生感觉到写作文只是个技术活。

有一年的"三八节"，我布置了一篇写妈妈的作文。结果很出乎我的意料，学生的妈妈惊人的相似。除了炯炯有神的大眼睛，还是炯炯有神的大眼睛。为什么会这样，因为学生认为这是好词。我没有忙着修改学生的作文，也没有急着讲到底该怎样写人物的外貌。只是告诉学生，下次作文课时每人带一张妈妈的照片来，有条件的还可以做一小段视频。作文课上，同学们结合照片、视频，先说后写。妈妈的眼睛不再千篇一律。有的结合照片的情景写道"妈妈的眼睛很大，但笑起来时却很小，有时简直成了一道缝!"有的结合视频写道"妈妈的眼睛本来不太大，生起气来却是睁得圆圆的，两颗黑眼珠一动不动地盯着我! 使我不敢直视。"我高兴地说:"呀! 想不到妈妈的眼睛有这么多的变化呀! 好，今天回家以后咱们再好好观察观察妈妈的眼睛，把妈妈的性格，妈妈在不同时候的不同心情，通过妈妈的眼睛描绘出来，好吗?""好!"学生们跃跃欲试。不久，我又要求学生每天捕捉妈妈一件小事，以《妈妈的生活》为题，给妈妈写一部传记。学生们写得很认真，有的足足写了 40 多篇，真的像一本书了。反思这个案例，我们不难看出，学生的描写之所以充满新意，充满活力，学生之所以有写的欲望，是因为有真实的生活作基础。我们的小学作文教学就是应该立足于这个基础之上，调动学生的兴趣，使之勤于动笔。只有学生满怀激情地写、主动地写，只有使他们真的"乐于表达"，我们才能期望学生的作文能力提高。

习作目的：从技能提高到丰富生活体验

一个还在学话的孩子，会努力地去摘一朵花；会为蝴蝶能飞而欢呼雀跃。我们所有人的童年时代都有过这样的惊叹。但是，这份纯真的好奇心是什么时候，以什么样的方式从我们的身上完全消失了呢? 我时常觉得，这宝贵的好奇心也正在渐渐离学生远去，这令我悲哀。

好在还能引导学生习作。习作的过程是学生看、思、悟、表达的过程。在这一过程中，他们与生活亲密接触，养成了留意生活的习惯，提高了观察生活的能力。

因此，写作文必须为实际服务、为生活服务。应该让学生走向生活，让作文走向生活。生活作文教学研究认为，生活与作文可以构成一个生活→作文→生活的循环。即从生活到作文回到生活再到生活的往复过程，在这样的过程中，生活的质量会因学生对生活认识的提高而提高，作文的能力会因对生活的表达能力的提高而提高，生活作文可以优化这个循环，从而造就生活与作文的双向目标的达到，促进人的整体和谐发展。

陶行知是我国伟大的教育家之一，生活教育理论是陶行知教育思想的精髓，"生活即教育"、"社会即学校"、"教学做合一"是生活教育理论的三大内容。作文活动本身是生活内容的一部分，在将来知识经济时代，会成为一种重要的生活基本技能之一。作文之内容即生活之内容，作文教学可以成为生活教育的一个组成部分，作文即做人。

教师要教给学生方法，指导学生做生活的有心人，培养学生的观察力。有些同学经历的事也不少。在家里家外，课上课下，日复一日，年复一年，许多事情都经历了，可到作文的时候，一片朦胧，没有鲜明的印象。如果是一个成人如此，我们大可以称其为心灵的触角非常迟钝。但如果是一个活泼的十几岁的孩子如此，那责任就在我们教师身上。作为老师就要引导学生留心观察身边的人、事、物，用心体会。要引导学生走向大自然，向大自然索取作文素材。每年春夏秋冬四个季节，教师有目的、有计划地带领学生到野外观察景物、动植物、自然现象等等。学生通过有目的的观察，对那些平时并不留心的事物，会留下较深刻的印象，产生深刻的认识。这些会为作文提供实实在在的素材和内容；要引导学生走向社会，到社会上搜集作文材料。有目的地带领学生参观工厂和其他场所，访问各界人士。让学生做小记者，对有关人士进行采访。教师要注意尽可能让学生获得较多的感性认识，培养他们对社会、对自然的好奇心，锻炼他们思维的敏感性。

习作范围：从关注课本到关注生活

毫无疑问，学生的作文水平不高，学生对作文没有兴趣，很大程度上是由于学生被课堂所束缚，缺少与大自然接触的机会。俗话说：生活是作文的源泉。巧妇难为无米之炊。加上学生年龄小，生活阅历少，更加缺乏写作素材。此外，在大多数教师的心目中，作文是考试的一个必考项目，为了有好成绩，老师们围着课本转，书上让写什么就讲什么，这种短期作文效益观念是导致作文课堂沉闷、死板的主要原因。

我在近几年的实践中，尝试贴近生活的命题，使之与社会生活现实紧密联系。例如，教师可以布置这样的作文："我们来找出自己所希望从事的职业，并针对未来的职业写一篇作文，而且每个人都要去访问一个现在真正从事该行业的人，了解他们的烦恼与喜悦。"这道作文题，使那些十几岁的孩子感到惊讶，但他们通过努力却可以完成。这样的作文形式，便把学生的做、想、说、写等能力有机地结合起来。

除此之外，我还组织丰富的课外活动，创造机会让学生走向生活。现在学生由于课业的负担，每天基本是学校——家这种两点一线式的生活，再加上计算机的普及，许多学生迷上电脑，甚至有些家长也认为孩子不需要出门也可以接触自然。在这样的情况下教师组织学生走向生活就显得更为重要了。

作文形式要生活化。我把一次作文的任务分散到几篇习作中逐步完成，借此逐步降低作文的难度。比如上面那篇《妈妈的生活》。

把作文"书信"化。即以写信代替作文，把作文内容、要求转化到书信的写作中去。学生对写信很感兴趣，因为写信可以比较自由地倾诉自己的想法和感情，收到信也是他们最高兴和最幸福的事。在写信中，学生往往能比较容易地写出自己的真实感情。我们班有个学生作文比较差，在作文复习阶段，我采用了每天通信的方法，即每天要求他给我写一封信，我给他回一封信。在通信中我们谈学习中的烦恼，谈家里的趣事，总之生活中经历的都谈。在通信过程中，学生的练笔经历了一次集训，同时在我的回信当中，习作的一些基本知识得以不露痕迹地渗透给学生，收到了不错的效果。

作文"稿件"化。小学生最期盼的事情之一，是能在报刊或广播中看到、听到自己的文章。抓住小学生的这一特点，我把作文"稿件"化，积极鼓励学生自由写稿件。将优秀文章推荐到红领巾广播站和各级各类报纸、杂志和电台去。几年来，已有上百篇学生习作发表。除此之外，我还发动学生自己动手编报纸、杂志，制作作文专辑。这样，给一些作文暂时还不够发表水平的学生提供展示的机会。

习作过程：从以教师为中心到自主写作

当前作文教学仍过于重"教"，而忽视了学生的"主体"作用。作文需要教，但不能仅有教。缺少了学生主动地参与，作文将变成学生最痛苦的

差事。我们必须认识到，"小学生的写话和习作能力的养成靠的是他们自己主动的、积极的学习活动。学生的写话和习作能力，归根结底不是听教师教才掌握的。是他们自己在学作文、写作文、改作文、用作文的全过程中，在实践应用和反思过程中学会和掌握的"。基于此，我决定进行"中高年级学生自主作文的研究"，并在 2001 年在大兴区十五课题立项。研究目的在于让学生真正成为作文的主人，激发他们对作文的兴趣，提高作文水平。

学生自主作文和传统作文观最大的区别就在于强调学生自我学习。所谓自我学习"就是在自我监控下的学习。""课堂教学中学生的自我学习主要表现在四个方面：学习目标自我确定；学习方法自我选择；学习过程自我调控；学习结果自我反馈。"（杨颖、关文信等《新课标理念与小学语文课堂教学实施》，首都师范大学出版社，2003 年 5 月）突出了自我学习的自主作文就是指学生以自我需要为出发点，为了满足自我发展的需要，使自我的情感得以宣泄，而主动积累素材，并能通过交流，主动探索、完善写作方法的过程。也就是说，自主作文充分尊重学生的个体经验、认识、感悟。习作的过程就是通过交流，使学生逐步掌握如何更好地通过语言文字表达心声的过程。

自主作文这一概念的提出是基于现实生活基础的。在现实生活中，即使是一、二年级的小学生，说起话来也滔滔不绝，叙述起来有头有尾、生动形象，讲起理来有板有眼、头头是道。至于中高年级学生，由于生活阅历的增加，生活经验的丰富，再加上书本知识的积累，已经有足够的能力去写作。但与之相矛盾的是，作文课上他们却常常口叼笔杆、紧锁眉头、冥思苦想、艰难下笔，结果往往是被迫涂抹几笔、敷衍了事。可见，语文教师只有找到一种适合学生身心发展特点、贴近学生生活实际的作文训练方法，为学生创设良好的写作空间和氛围，才能激发学生的作文积极性，使学生乐意写作文并能把作文写好。自主作文训练理念正是基于这种实际提出来的。

自主作文概念的提出，是以素质教育为理论依据的。我们知道，素质教育是和应试教育相对立的教育理念，在应试教育下，一切教学活动的目的都是为了应试，为了能在考试中得高分。而现行考试中试题答案的固定单一和评分标准的刻板僵化又决定了教学模式的单一，即"灌输式"。在这里，教师是课堂的主角和权威，一切问题的答案都以教师给出的答案为最高标准，凡与此抵触的均以此为准。作文教学也不例外，如何谋篇布局、如何确立中心、如何选择写作手法，并不以学生想表达的真实想法为准，而以能否得到老师认可甚至赏识为最终目的。素质教育则与之相反，它是以调动学生学习积极性、充分发挥学生学习的主动性，全面提高学生的思想品德素质和科学文化素养为目的，这当然也包括学生的作文素质，而提高学生作文素质的最主要因素就是充分尊重学生作文的主体性，让学生真正成为作文的主人，写自己熟悉而喜爱的内容，表达自己最真实的感情，选择自己喜爱的文体和表达方式，中高年级自主作文训练正是遵循这一理念的。

　　同时，自主作文概念的提出，还是基于作文训练实践性的特点。在整个语文教学体系中，只有作文是最主观、最有个性、最具创造性的。作文是作者生活经验、思想感情、道德品质和科学文化素养的综合表现。每个学生的作文都是独特的"这一个"，别人无法代替和复制的"这一个"。作文教学的目的，就是使学生能把自己心中的"这一个"准确而生动地表达出来。因此，作文的第一特点就是写，以自己喜欢而拿手的文体写出自己的喜怒哀乐，写出自己对生活对世界的认识态度，写出自己对生命的感悟探索等。而这些都不是大套空洞的写作理论所能解决的，唯一的途径就是自由写。同时，一篇作文也不是写一次就能达到很高的水平的，曹雪芹写《红楼梦》尚且"增删五次"呢，因此一篇作文在写后还需要反复修改。当然，这一过程也可以由老师包办代替，但不经过作者本人的反复揣摩的修改，还是化不成作者自己的写作能力。所以无论是写作文还是修改作文都必须有学生的亲身参与，这就是作文训练的实践性，也是自主作文概念提出的重要理论依据。

　　最后，自主作文还符合赏识教育、快乐教育和成功教育的理论。学生学习语文每天接触的是一篇篇文质兼美的课文及大量的课外优秀读物，当

这些阅读积累到一定程度时，就自然而然的产生也要写一篇的冲动和欲望，这种写作欲望是压抑不了的，不让他写他会感到浑身不自在，这就叫"不吐不快"，正如一个生物体要想保持生命状态就必须一刻不停地进行呼吸一样，"吸"就相当于"阅读"，"呼"就相当于"写作"。这是自然规律。但为什么现在的作文课却如此让师生感到头疼呢？我觉得最主要的原因就是现在的作文教学从命题到评改都没有很好地遵循学生写作文的规律，作文的内容和形式跟学生的阅读、生活和年龄特点不一致。忽视学生的个性差异，结果导致"呼吸"不顺畅、不协调甚至阻塞，其结果当然是学生苦恼，教师头疼了。自主作文主张学生"我手写我口"，让学生感到作文是一种展示的机会，表达的途径，表现自我的窗口，这样的作文形式学生当然会感到"呼吸畅快"快乐无比了。同时让学生在教师的组织下互改互评，相互赏识，体会到成功的乐趣，当然会快乐无穷了，这哪里还能找到苦恼的影子呢？

在自主作文教学中应该采取哪些措施呢？

首先，培养学生观察生活，热爱生活的态度。"记日记"无疑是引导学生观察生活的好手段。告诉学生只要是真实的事就可以记，字数没有规定，几句、十几句都可以。同时注意"记以致用"，发现好的日记，可在班内交流，并让他适当补充内容，形成完整的作文，贴在作文园地。还可发他一张老师亲手制作的奖状，授予他"生活作家"的称号。慢慢地，学生就会明白原来作文就在生活里，从而解决了他们选材的问题。

其次，放手让学生写。生活多姿多彩，学生的作文理应有丰富的主题，不要轻易否定学生的劳动成果。有个学生写难忘的事，说有天晚上家长都出去了，她想起昨天家长背着她看恐怖片，一时好奇就拿出来看，结果越看越害怕，家长回来了心也不踏实，总觉得屋里有鬼。猛一看这篇作文"不健康"，有几句还有些"封建迷信思想"，但细一想，难道这不符合孩子的天真特点吗？她写的难道不是心里话吗？当然是，那就是好作文。如果你否定她，甚至当面批一顿，那她下回一定编个给同学补课，或扶老奶奶过马路的作文给你。

最后，让学生参与习作的全过程。习作不应只在"作"时才有学生的身影，命题、修改、评价都应鼓励学生参与进来。魏书生从不写作文评语，可学生的作文却越来越好，为什么？学生自己会评。将好作文的标准分成若干条，一篇作文重点评一两条，先自评，再互评。下篇作文再评另外一两条，一学期下来，学生对于什么是好作文，什么不是好作文很清楚，再写时当然就比以前好，每篇习作当然就有提高。

习作，应关注学生童年的生活！

童年是美好的，童年也是短暂的！在大多数人的心目中，童年都是用最靓丽的色彩，谱写的最斑斓的画面。但很遗憾，有这种感悟的人都是成年人。而作为正在享受童年时光的小学生，却往往觉不出童年的美好。这一方面是因为越来越重的学业负担，另一方面却是由于成年人的束缚。孩子们被要求要懂事（懂人情世故），要乖巧（按成人规则来做事）。小小年纪就老气横秋，世故圆滑。这是儿童的悲哀！习作作为表达心声的训练，却被成年人赋予了太多教化的功能，本应该反映儿童天真烂漫的文字，变成了成人思想的培训园。张化万老师说："习作是小学生欢乐的童年生活有机的组成部分，小学生的习作应当反映儿童这样欢乐的生活。"

习作是为了记住快乐。

写作的最终目的不在于学生能够写出多么优秀的文章，而在于通过写出优秀的文章来陶冶学生的情操，使学生记住生活中的每一点快乐。童年，是人一生中最美好的时光，童年珍藏着我们多少欢笑与泪水，每个人忆及童年都会有说不完的话题，聊不尽的乐趣。童年那些事是多么美好！总是让我们重温喜悦，温情，激动，那种感觉就像是蜜糖的甜回味无穷，就像是一首好的曲子余音绕梁，就像是夕阳的余晖依然灿烂。习作就是为了记住。记住爱，就会在痛苦的时候给自己一点慰藉。记住痛，就会使自己更加珍惜来之不易的爱。记住欢乐，是为了让自己永葆童心。记住淘气，是

为了让自己逐渐成熟。

我的"黑珍珠"

五年级四班 董 薇

我从小就是一个好奇心很强的女孩子，正是因为我对什么都好奇，所以做了许多可笑的事。

那年我五岁，有一次去姥姥家玩。姥姥家在农村，那里有一小片荒地，开满了不知名的小野花。我和小表姐手拉手到荒地采野花。忽然，我看见草丛里有许多小小的、黑黑的、圆圆的小东西。这是什么？我十分好奇，就顺手捡了几个。"嘿，别拿，脏！"小表姐大喊着，要抢我的"宝贝"。"不给，不给，是我捡到的黑珍珠！"我把黑珍珠藏到身后，撅着嘴瞪着小表姐，生怕她来抢。表姐看我的样子哈哈大笑。"好啊，那你就留着吧！"我感觉她笑得坏坏的，也许她是想趁我不注意再来抢，就赶紧攥着宝贝黑珍珠跑回姥姥家。

我把黑珍珠放到姥姥床上仔细看，真不错！黑黑的，硬硬的，还挺光滑。"洗手吃桃子了！"姥姥在外屋喊我。我放下黑珍珠去洗手，回来一看，黑珍珠竟然不见了！一定是被小表姐偷走了，我可急坏了，大声哭起来。一边哭，一边大喊："我的黑珍珠，还我的黑珍珠……"姥姥闻声赶紧跑了进来。"怎么了，出什么事了""我的黑珍珠不见了！""黑珍珠？"姥姥愣了一下，随即哈哈笑了起来。"是这些珍珠吗？"姥姥指着床边的土簸箕说。呀！我的黑珍珠原来在这里呀！我刚要去捡，姥姥一把扯住我。"宝贝儿，这不是珍珠，这是羊粪蛋儿，是羊拉的臭臭啊！"什么？我一下傻了眼，我竟然把羊的臭臭当宝贝了，太恶心了！

唉！好奇心害死人呀！因为这件事后来我可没少受小表姐的嘲笑。同时，我也深深地恨上了绵羊，真是太讨厌了，拉粪就拉粪，干吗把粪蛋弄得那么可爱呢……

习作是为了传递快乐。

语文课标中强调要让学生"懂得写作是为了自我表达和与人交流。"所谓"自我表达",就是自己心中有话要说,"与人交流",就是自己主动地说与别人听。当然,这种"说"不是用嘴,而是用笔和纸。写作,就是说话,就是与人聊天,要把这种理念深深地植入每一个孩子心中。我们要是学生意识到,自己一个人"吃苹果",是一个人的喜悦,而用笔告诉别人,就是一群人"吃苹果",是一群人获得快乐。当有了这种认识的时候,习作将变成学生的一种需要。变成儿童内心表达的需要、交流的需要、生活的需要。

让头发"飞"

五年级四班　张紫昱

我小时候是一个很调皮的女孩子,时不时就整出一些事来,给家长带来麻烦,而且家长还威胁我说:"你再动的话,就要得最恐怖的多动症啦!"虽然这么说,但我还是很淘气,下面你就看看我都整出哪些有意思的事吧!

我四岁那年,妈妈把我送到了农村姥姥家。我到那里以后,看见姥姥拿着剪刀剪头发,我觉得很新鲜,便对姥姥说:"姥姥您干吗呢?让我玩玩!""宝贝,姥姥在剪头发呢,你还小,不能动,玩去吧!"姥姥对我说。我有点不高兴,等姥姥走了后,我拿起剪刀摸了摸,又朝窗外看了看,心想:姥姥没来,剪一下试试,反正姥姥不知道。我学着姥姥的样子,对着头发"咔嚓"一下,一小绺头发就飞呀飞呀,好像一只翩翩起舞的蝴蝶飞到了床上。真好玩儿!再来!因为左手剪着顺,所以一直在用左手剪。不一会儿,床单上就落满了头发,好像铺了一层黑毛毯。剪到一半,我摸了摸头发,发现左半边头发少了许多。糟糕!这可怎么办啊!出去人家还不把我当妖怪了!我心里一急,便"哇哇"大哭起来,姥姥进来一看,着急地对我说:"我的乖乖,你怎么剪头发啦!都快成半边秃啦。你这孩子,别哭啦!"半边秃?完了,我可怎么见人啊!我哭得更凶了!没办法,姥姥只好带我

去了理发店。这回倒好，不是半边秃，是全秃了！

哈哈！我虽然觉得头发飞起来的时候很漂亮，但从此以后我倒真是不敢再碰剪刀了，因为我再也不想当"半边秃"了！

习作是为了创造快乐

小学生现在学习负担重是不争的事实。人都有自我减压的本能。为什么孩子喜欢电子游戏？除去电子游戏精彩画面的吸引，孩子能在游戏中得到快乐，释放自己的烦恼和压力恐怕是最主要的原因。习作能否像电子游戏一样吸引学生？答案是："可以。"只要习作能像游戏那样为孩子创造欢乐，让学生意识到习作是一件好玩的事，就可以！不给学生过多的要求，让学生体会到习作很轻松，是在用轻松的心情，轻松的文字，写轻松愉快的事。习作也可以吸引孩子们最专注的目光。

泡制"神水"

五年级四班　吕玫萱

在我小时候，有很多有趣的事。但是很多都已经忘记了，只有这件事还保存在我的记忆中。

那是一个夏天的中午，我和小伙伴正坐在摇摇马上，一边听知了叫，一边吃着冰棍。我们聊着聊着，就聊到了神仙。突然有一个人提议："咱们也去当一回神仙吧。""怎么当？""我听说喝了神水就能成仙了。""那我们来做神水吧！"我们都想喝神水成仙，所以各自跑回家，去拿"神杯"。所谓"神杯"，就是个小纸杯而已。同时我们还拿来了做神水的材料：一把绿豆，一堆大米，一捧小米，一点玉米面，一杯水和一些家里炒菜用的调料。我们把水倒进纸杯里，再把大米、小米、绿豆和玉米面倒进去，再放一些糖和盐，拿小树枝搅拌一下。再掺入一堆乱七八糟的调料，什么醋啊，酱油啊，料酒啊，总之找来的东西全放一点。一股很奇怪的味道飘了出来。"真难闻！"我们都不愿意喝。一个人说："神水应该泡一天的。"于是，我把神

17

水放到墙角，藏了以来。第二天，我们迫不及待地跑到藏神水的地方，把纸杯拿了出来。先看颜色，黑不溜丢；凑上去一闻，真是奇臭无比，臭气熏天！"这么臭，能喝吗？""这样臭，我看喝了之后，成不了仙，成鬼还差不多哩！""喝了之后弄不好还闹肚子呢！"我们听了，都笑起来。

我们的"神水"计划就此停止。

一点实践

激发探究之情，写自由文字

——《名字的来历》教学设计

一、设计理念

学生作文为何难？根本原因就在于学生视习作为一种任务，是一项负担。如何才能让学生主动写、爱写？新的课程标准强调语文教学应植根于现实，应让学生在开放的社会课堂中寻找、发现自己感兴趣的问题，进行调查研究，丰富体验、积累情感。在调查研究的过程当中学生必然有话想说，有话能说，有情可抒。使写作变成宣泄学生情感的一种需要。

二、教学目标

1、借助多媒体教学手段，通过调查、收集资料等实践活动，引导学生自主、探究，培养学生调查研究、收集信息的能力。提高学生的写作兴趣。

2、在合作学习的情境中培养学生的口语交际能力、布局谋篇能力。

三、教学重难点

引导学生对调查资料进行加工、整理，在清楚明白地介绍地名的来历变迁中流露自己的真情实感。

四、教学过程

（一）激趣导入

同学们，和大家相处了快三个月了，我觉得咱们班的同学的名字都有各自的深刻含义。这伴随我们一生的名字是怎么来的？它包含着什么意思？对于这些，你们想把调查研究的情况和大家说一说吗？

板书：名字。

（注意引导学生自由说名字，拓宽学生的思维，启发学生的思路）

其实不仅人名这样有趣，地名也非常有意思。（出示课件资料）有的地名包含着一段历史故事，有的地名有一段神话传说，比如位于大兴区东部的采育镇凤河营村，相传有凤凰居住，所以明代时曾名凤凰营。清朝乾隆年间因疏通治理河道，凤河流经村北，才更名凤河营村。在我们周围也有很多这样有趣的地名，谁来说说你是怎样调查的，你调查的地名有什么意思？

（二）范文概写引路

其实，我们每个人的名字无不包含着父母、长辈对我们的希望或寄托。钱钟书先生一生与书打交道，贯通古今，融通中外，为一代宗师。其名"钟书"，是因周岁时抓周抓到一本书，家人因此而取的，希望他一生钟爱读书，学有所成。人名有各自的含义，地名也有各自的深刻含义：有的地名包含着一段历史故事，有的地名里有一段神话传说，还有的地名记载了一个地方的历史变迁。比如我们的居住地——黄村，原本叫荒村，因为很多年以前，这里人烟稀少，非常荒凉。后来虽有人居住，可是一到春天就黄沙漫天，便改名叫黄村。现在，随着我们国家建设的飞速发展，黄村也越来越富强，黄村发展成为一个城镇，被称为黄村卫星城了。也许再过不久，我们黄村还要改名叫煌村呢，那是因为我们的黄村将变得更加发达、辉煌了。

其实不仅人名、地名这样有趣，一些店名、物名也很有意思。有的人还有笔名、绰号，这些名字就更有意思了。谁来说说你是怎样调查的，你调查的名字有什么意思？

师：板书：名字的来历

指名回答。

（注意引导学生说多种形式的名字，拓宽学生的思维，启发学生的思路）

（三）指导命题

同学们说得很精彩，这说明同学们一定在课前作了非常细致的调查，我记得有一位名人说过这样一句名言，"当我们在生活中发现了好的材料，一定要及时写出来。"那么这节课我们就这些名字的来历写出来好吗？

我还有一个想法：把同学们本次的习作编成一本文集，题目就叫《名字的故事》，好不好。

作文一定要有一个好题目，想想你这篇作文可以起个什么题目。

指名说作文题目。

学生讨论、交流。

教师边板书边指导学生作文题目。

（教师指出题目要新颖、准确。如黄村的变迁，饮马井的传说，可以直接用人名等作题目，如李瑞雪同学的习作就可以叫《瑞雪兆丰年》。同时强调作文题目要多样）

（四）引导学生口述作文

1. 对于不同的材料，写作文的时候我们用什么形式（或体裁）叙述会更加合适更吸引人呢？这是我们现在该考虑的问题。除了用"自述式"的形式写一篇记叙文以外，还可以怎么写呢？

（引导学生，拓宽思路。如：还可以用童话等多种方法说明"我——人、地、物"名字的来历。用"采访式"写他人名字、物名、地名的来历；用游记、"聊天式"写地名的来历以及有关的故事、传说。用状物法或说明文介绍物名。也可以写成调查报告。）

板书：调查报告

介绍调查报告的写法：调查目的——调查过程——调查结论

2. 学生构思（确定内容、形式）

3. 集体交流。（教师可以进行听改，但重点还是引导学生交流）

（生生互动、启发写法。安排学生说，其他学生带着问题听，再通过不断提问、讨论等方式，使学生在交际情境中修改、完善习作——掌握写作方法）

指名口述（要求①重点突出：名字的来历、故事或传说；②把自己放入文章之中，自然流露自己的真情实感）

其他同学边听边思考：（课件出示要求）

听：①是否听清名字的来历及所含的意义或故事、传说？

②是否流露出真情实感？

评：①他哪些地方说得好？

②你还有什么不明白的地方或建议？

（五）动笔写出习作重点部分或列作文提纲

提示：

①以名字的来历、故事或传说为重点，叙述中自然流露自己的真情实感。

②如果愿意写调查报告可以结组合作完成一篇习作，先挑一个比较好的材料，四人写一份报告，也可以每人写好一个报告后，组内交流，互相补充、修改。（教师巡视指导）

（六）布置作业

完成一篇不少于600字的习作并修改

五、自我评析

让学生"爱写"、"会写"作文是我们的目标，而学生"怕写"、"不写"是困扰我们的难题。怎样扭转这个局面呢？我认为必须转变原有的作文观念，应该认识到学生是作文的主人，新的课程标准指出："写作是运用语言文字进行表达和交流的重要方式，是认识世界、认识自我、进行创造性表达的过程。写作能力是语文素养的综合体现。"应"让学生易于动笔，乐于表达，"也就是说应该让学生觉得作文很容易，应让学生高兴用作文表达自己的想法。通过这堂作文课使我认识到实现这样的目标并不难！当学生经过自己亲身的调查，了解了不同名字的深刻含义后，产生了说的愿望。此时，已不是老师要我写了，而是我有内容想写。老师所要做的就是对学生的"写"提供必要的帮助！有人说学生的习作应该"我手写我心"，学生并不缺少手和心，为什么还是不爱写呢？我认为是学生缺少些的需要。当写作成为学生的需要，当我们的教学环节激发了这种需要，也许"手"就会主动"写"心！

点评：

马俊生老师的这堂课是信息技术与作文教学整合的一个成功案例。

一、体现了大语文观。在作文前引导学生广泛调查，通过地名的变迁，提高学生对社会发展的认识。是学生认识到生活中处处有语文，开阔了学生的视野，开拓了学生的思路。

二、创设开放性的语文课堂。适时开展语文实践活动，培养学生的综合素养。利用网络，在网上展示学生的习作，使学生在互评、互改、互赏的环境中写作文，使作文课堂教学不受时间、空间、宏观、微观的限制，大大增强教学的效果。

三、在语文教学过程中体现德育。通过调查研究，了解了地名变迁所反映的更深层的问题，体会到祖国日新月异的变化，增强了民族自豪感，使德育在教学过程中潜移默化地得以进行。

第二章　情感问题
——没有情感怎能生成语言

　　学生习作中情感的缺失，不仅是对一篇文章而言的不美满，它折射出的更是一个"人"对生活的情感冷漠。习作是表达，是倾诉，更是内心的独白。只有激发学生的情感，使学生从心底里自然地淌出真诚的文字，习作才能真正从一种语文训练升华为一种语文生活。

无情怎能有文

——记我的一堂作文课

炯炯有神的大眼睛，还是炯炯有神的大眼睛。学生这次写妈妈的作文，在描写妈妈们的眼睛时几乎全是这样的句子。看来这次作文指导有的干了！

"同学们，当我们面对一个陌生人时，你们最开始注意他什么地方？"

"看他穿什么衣服。""也就是看他的衣着，有不同意见吗？"走上讲台我开门见山地提问学生。"我先看他的眼睛。""为什么先看他的眼睛？""因为从一个人的眼睛里可以看出这个人是好是坏！""也就是可以看出这个人的性格，对吗？""对！"好，说到点子上了。

"同学们，我听说南京有一家生了四胞胎，你们猜她们长得一样不一样？""一样！""对，一开始她们确实长得一模一样，有时连她们的妈妈都分不开，有一次妈妈给她们洗澡，结果给老二洗了两次，老四却一次都没洗成，闹了一个大笑话。不过当孩子一岁多以后这样的事再也没发生过，你们猜是为什么？""因为她们长得不一样了！""哪儿不一样？"学生抓抓脑袋猜不出来了。"噢，我知道了，她们的性格不一样了！""说得好，她们的性格后来出现了差异，可是那时她们还不会说话，妈妈是怎么看出她们的性格的呢？""眼神！""可见每个人的眼睛是不同的，即便是四胞胎因为性格不同眼神也不会相同。可是咱们上次写的作文却让我大吃一惊，大家的妈妈都长着相同的眼睛，难道咱们的妈妈是同一个人吗？"孩子们都笑了。看着他们不好意思的笑脸，我知道他们已经意识到了问题的重要。"同学们，不仅每个人的眼睛不会一样，就是一个人的眼睛在不同的时候也不会一样。就拿老师来说吧，我在生气的时候和在高兴的时候眼神一样吗？""不一样！""那好，咱们就分别来描写一下我在生气和高兴时的眼睛好吗？"学生很快写完了。有的写道"马老师的眼睛很大，但笑起来时却很小，有时简直成了一道缝！"有的写道"马老师的眼睛本来就很大，生起气来更是睁得圆圆的，两颗黑眼珠一动不动地盯着我们！"

我高兴地说："呀！想不到老师的眼睛有这么多的变化呀！那你们妈妈的眼睛在不同的时候会一样吗？""不会！""好，今天回家以后咱们再好好观察观察妈妈的眼睛，把妈妈的性格，妈妈在不同时候的不同心情，通过妈妈的眼睛描绘出来好吗？""好！"望着孩子们跃跃欲试的样子，我相信明天的作文不会是描写"同一个"妈妈了！果然，学生第二天的作文使我感到了什么叫做有个性。请看崔学敏同学的作文：

我的妈妈

六年级二班　崔学敏

我的妈妈个子不高，只有一米六五。一头黑发像瀑布一般飘在肩上，十分漂亮，但仔细一瞧，两鬓已有几根白发。以往平滑的额头上也已出现几道波痕一样的皱纹，这些是为我日夜操劳的结果。妈妈有一双不大但很有精神并会"说话"的眼睛，眼睫毛微微向上翘，那淡淡的眉毛不注意看好像只有半截。妈妈有个最大的缺点是鼻梁有点塌。虽说妈妈不算漂亮，但走起路来却特别有精神。

小的时候，我认为妈妈很凶。记得小时候，我生病了。医生阿姨说我必须打针。看到可怕的针头，我"呜呜……"地哭了起来，死活都不让护士阿姨打针。护士阿姨怎么劝我就是不听。"闹什么闹？"耳边传来妈妈严肃的声音"不打针你的病会好吗？再说，打个针你也不会少什么！"看着妈妈的脸，她好像很生气的样子，两条眉毛拧在一起，眼中射出让我害怕的光芒。我一下子安静了，把胳膊递给阿姨。阿姨打完了针以后，问我怎么样？我忍着疼，傻傻地笑着说："呵呵，不疼哎！"说来也怪，从此以后我竟然不怕打针了。每当小朋友们看到针头胆怯时，我总是第一个挽起胳膊，走上前去。

妈妈也有温柔的一面。有一次，爸爸拿回一张光盘，我想看看，但爸

爸不让，说是里面的故事很恐怖。越不让我看，我越好奇。于是就趁着爸爸、妈妈散步的空拿出来看。谁知越看越害怕，总觉得窗外好像有人在看着我。深夜，我在噩梦中被惊醒，周围黑漆漆的一片，阴森极了，似乎影片中的鬼怪就在我的床前。打开灯，希望找到一点点安全感。我不敢闭上眼，因为一闭上眼睛，那一个个妖魔鬼怪好像就向我扑来。没有想到，这一点点微弱的亮光就把睡梦中的妈妈给弄醒。妈妈轻轻地推开我的房门，问我："怎么了？为什么不睡觉？""我、我、我怕。"我怯怯地说着，生怕把妈妈惹火。妈妈在我身边躺下，温柔的话语在耳边响起"没事的，快点睡吧，有妈妈在，不怕的。""嗯"我低声应着妈妈，并慢慢地闭上眼，很开进入了梦乡。这就是我的妈妈，有时严厉，有时温柔，但不论什么时候，都让我感到她对我无尽的爱。

　　学生作文盛行"美"话，假话。写出来的文章大都辞藻华丽而空洞乏味，没有真情实感，没有生命力，这由来已久，且被批评得很多。王富仁教授说："我们语文教育的失败莫过于此了。"甚至有人这样评价中国孩子的作文"中国人第一次被教会说谎是在作文中"！

　　这话说得真好！学生习作中不愿说真话是被教出来的，是被我们这些勤勉的老师教出来的。我们本着对学生的价值观负责，对学生的考试负责的态度，自觉或不自觉地教孩子说着假话。作文不写真话，生活中，学生怎会讲真话？孩子怎么会有健全的人格？正确的价值观需要培养，但不能够沿袭我们小时候写作文的笑话：开头是"今天天气晴朗，万里无云"，结尾总要加上类似"为四个现代化而努力奋斗！"的口号；"小朋友，谢谢你，你叫什么名字？——不用谢，我叫红领巾……"

　　在网上曾看到这样一件事：

莫名其妙的假话

这个学期，老婆的侄女寄在我们这读书。她奶奶想孙女了，就过来看她。国庆节结束，她奶奶要回去了，小丫头颇是不舍。第二天走的时候，还很早，正下着大雨，就没有叫醒她。没想到小丫头起了床，找不到奶奶，就哭得一塌糊涂。

她姑姑为了安慰她，就说，把这件事写下来，放假了拿回去给奶奶看，奶奶一定很开心。

小丫头就抽噎着，忙了一个下午，写好了《送奶奶》。

我们拿过来一看，大吃一惊。原文如下：

奶奶要回家了。今天晚上，我说："奶奶，我明天送你去车站。"奶奶说："好。"

第二天，一大早奶奶叫我起来。我就起床，吃早点。吃完早点，我开始送奶奶去车站。奶奶说："你不要去了。"我说："我要去。"

去到了车站，我挥挥手和奶奶说："奶奶再见，再见！"奶奶挥挥手说："再见！再见！"我说："奶奶你回到老家打电话给我。"奶奶说："好。"我就和姑姑回去了。

侄女正在读二年级，还没有正式写作文，在学校只是一些简单的写话。况且，她的语文老师正是她姑姑。她姑姑一脸冤枉地说："我从来都没有教过她写瞎话啊！"

我们琢磨了半天，最后只能叫她过来，问她，为什么不写真话？小丫头眨巴着眼睛，支支吾吾，什么也说不出来。

是啊，孩子能说些什么呢？每次作文指导课，我们总会提出要求：一定要写真话；如果写假话，要重写。但每次，都会有学生交假话、瞎话连篇的作文来。究其原因，一是部分学生不懂也不情愿去观察生活，二是语言积累不足、语言表达能力差，脑子里知道，但要写下来，"不知道怎么

写"，痛苦万分，很辛苦。现在的学生，又很容易找到作文选之类的书。既然这样，看完作文选之后，惰性就顺理成章地让他们半回忆半瞎编完一篇作文。

而面对考试中"不违反题目要求就有高分"的变态思维，在成绩功利的驱使下，有的老师考试前要求每个学生叙事、写人、写景等各类作文各背两篇范文，以应付考试用。有的老师纯粹是为了学生写作文"容易写"，作文课之前，给学生的一个作业就是阅读即将要写的主题的作文选，对学生写出来的假话默认甚至表扬。长期熏陶，学生提笔就习惯了造假。

而且中国的传统，历来决定了文章要承载"浩然正气"，就算要写的事情没有，也要提炼上去，表达正面的东西。这就从根子上埋下了讲套话讲假话的种子。2010年冬奥会女子速滑1500米冠军周洋，获得冠军后接受媒体采访，表示取得今天的成绩，"感谢父母"。在受到领导间接批评后，这名生于 1991年的女孩改口首先"感谢国家"。 在这样的价值观念、思想规训体制下，学生写作文，下意识想到的是"该写成怎样"，而不是"是怎样就写成怎样"。

侄女虽小，但既然日记叫《送奶奶》，就得有"送"啊，所以就有了"挥挥手"说"再见"了。另外，在如今浮躁的社会，功利性盛行，社会上甚至校园里都可见虚伪与造假。耳濡目染，学生为了写"送"的作文，自然会下意识地瞎编更像"送"的过程出来。

前些日子听了一节习作指导课，指导写游记。

教学片段如下：

师：大家暑假都去过哪些地方旅游？

生：我去了百里峡！

生：我去了潭柘寺！

生：我去了杭州！

生：我去了新加坡！

……

师：看来大家去过的地方还真不少。我们曾经学过《记金华的双龙洞》、

《天然动物园漫游记》等文章，这些文章都属于游记。今天，我们也来写一写游记好不好？

生：好！

师：写之前大家先回忆一下《记金华的双龙洞》《天然动物园漫游记》等文章，想想写游记应注意什么？

（教师开始和学生一起总结游记的写法。先后板书出：有详有略、情景交融、注意修辞等内容）

师：下面，我们请一位同学来介绍他游览的地点，要求说清看到了什么，听到了什么，想到了什么，其他同学一定要认真听，听完可以和他交流。

（学生发言，或是介绍风景，成了写景的文章，或是介绍建筑，成了说明文，唯独缺少了自己在游览过程中的情感。和教师板书在黑板上的"情景交融"更是相差太远）

这就是我们的习作教学，或是忽视学生的情感，或是在"勤勉"地教导学生说假话，说"美"话！造成学生习作千人一面，假话连篇。

小学生正是爱玩儿的年龄，为什么在写出去玩儿的作文时却没有感情呢？笔者认为是由于教师在设计这一课时的思路有问题。

在课堂上写游记关键在于唤醒学生的情感，有了情才能拓宽写作的思路，才能抓住某一细节叙述具体，才能写出精彩的文章。学生对于出去旅游是很有兴趣的，这从学生七嘴八舌地说去过哪里就可以看出来。但学生对于写游记却未必有兴趣，去过迷人的地方和写出迷人的地方是两回事。因此，教师在引导学生写游记之前，关键在于激发学生写的兴趣。我们不妨在开始时给学生创造一个情境——再现美好时光。可以让学生拿着旅游时的照片、录像，边展示边说说当时的情景，自己当时的感受。由于要介绍的事已经过去了一段时间，学生自然记得不是很清楚，当时的心情也不可能还有准确的记忆了。而看着照片，放着录像，仿佛又回到了那些快乐的日子，学生自然会打开话匣子。在学生叙述的过程中，教师就可以渗透游记的写法，规范学生的语言。而此时学生是兴奋的，高兴的，也自然会

对写游记的写法有深入的感性认识。俗话说，教育的最高境界是无痕的教育。而在上面的课例中，教师一开始就给出了众多写游记的方法，表面看是给学生的写提供帮助，实际上反而把学生给吓住了。面对这么多的要求，学生又怎么敢随便说和写呢。

文章不是无情物，习作指导应重在激发学生的情感，使学生从心底里自然地淌出感人的文字，而不要牵着孩子，难为孩子用各种各样的写作技巧堆积出没有感情的文字。

几点思考

走进"真实"的课堂，实现作文教学高效

一、小学作文是儿童作文，应符合儿童真实的特点

薛法根老师曾说过："作文教学应该建立在对儿童精神世界、儿童话语方式、儿童成长需要的基础上。任何背离或脱离儿童的作文教学，都是一种精神伤害。"小学作文是儿童作文，就应符合儿童的特点。因此，尊重儿童的特点，根据儿童特点设计出符合他们表达需要的表达平台是提高作文教学效率的有效途径。

曾看到一位老师这样引导学生写作。首先，老师出示一个盒子，让学生猜里面是什么宝贝。学生猜什么的都有，有的说是钱，有的说是古董，老师总说不对。学生越猜兴致越高，最后老师说："既然大家都想看，那就写一写吧。谁能把自己现在的好奇写出来，我就让谁先来看。"于是学生迅速动笔成文，每个人都写得很快、很用心，文字也很好。为什么学生会如此主动地写文章。因为老师设计的这个情景成功地激发了学生的好奇心。而好奇正符合儿童的特点。

王淞舟老师曾设计过这样一节作文课，要求学生写下五个你最爱的人，然后依次将这些亲人划去（表明亲人死去）。学生一开始还笑嘻嘻地无所谓

的样子，但越到最后学生的脸色越沉重，有的学生甚至失声痛哭。这次的作文学生写得出奇地感人。为什么我们呼唤了许久的"真情实感"在这节课出现了？因为王老师成功地激发了学生对亲人的感情，而依赖亲人，重感情正符合儿童的特点。

可见，符合儿童特点，作文课堂就鲜活，就高效；不符合儿童特点，作文课堂就乏味，就低效。

二、小学作文是纯真作文，应在创设真实情境上多下工夫

小学生的作文是最纯真的文字，引导学生写真文，抒真情，是作文教学的重要目标。

反思上面两个课例，除了都抓住了儿童的特点以外，还有一个共同点，就是为学生创设真实的情境，当孩子有了体验后马上动笔成文。

反观我们的作文教学。"一件难忘的事"、"一个难忘的人"是曾经小学生的必写题目。现在改变了一下，变成"一个（　　　　）的人"、"一件（　　　　）的事"。（有的文题还要更新颖一些。）题目虽然变了，但本质并没有变化，仍旧是要求学生挖掘记忆中的内容来写作文。这样的作文训练对儿童有什么好处呢？写得出说明儿童的早慧，写不出却正好说明他们仍旧天真烂漫。因为才几岁大，本就没有什么可以反复品味的人或事。而那些真正回味童年的好文章，又有几篇不是作者到了白发苍苍时才写出来的？既然如此，我们的作文教学为什么不能"现在进行时"呢？

儿童的年龄特点决定了儿童的思维方式与成人不同。儿童有意注意的能力较成人差。所以同是走过一条街，成人可能记住了很多内容：看到了堵车，看到商店大橱窗里的衣服；而儿童则一路蹦蹦跳跳，东张西望却什么也没记住。儿童不善回忆。成人叹息于春天的转瞬即逝，儿童则只考虑现在是否可以下楼去玩。这不能怪儿童，如果说成年人是活在回忆里的，那么儿童就是活在当下的。少年不识愁滋味，是儿童的幸福。既然如此，何苦非要逼孩子写回忆的作文呢？

所以，儿童作文，不应该逼着孩子活回去，非要想出这有限的几年人生中最喜的、最乐的、最难忘的是什么事，什么人。也不必非逼孩子展望

出 20 年后会怎么样。这就好像孩子早晨刚睡醒，妈妈就上前严肃地说："你感觉昨天你过得怎么样？你打算明天玩些什么？"这问题即使不把儿童吓坏，至少也很令他们讨厌，很不愿回答。倒不如来一句："下雪了，咱们下楼堆雪人吧！"这想必会得到儿童的响应吧！于是，他拿笤帚，拿簸箕，拿个胡萝卜说要做雪人的鼻子，拿两个大枣说要做雪人的眼睛。这难道不就是一种积极的准备吗？然后到楼下扫一大堆雪，一下一下拍，最终一个雪人成型了，这难道不就是创作吗？最后，他还不满意，还要精雕细刻一番，这难道不就是修改吗？在堆雪人的过程中，儿童会没有话说吗？肯定不会。而此时如果巧妙地引导，他会觉得没有可写的内容吗？而这次的"习作"，儿童又会是何等的投入啊！为什么这样喜欢，因为儿童是活在当下的，他对眼前正在发生的事感兴趣。

案例：中午聊天会，在快乐中写作文

学生都在学校食堂用餐，每天午餐后回到教室的聊天会成了班里一道亮丽的风景线。话题都是随手拈来的，海阔天空，五花八门，要求只有一个就是一点要有趣。这天学生刚回到教室，学生就七嘴八舌地对我说，"老师，李雪吐了！""哦？是不是生病了？"我的目光望向李雪，女孩脸红红的，嘴角还挂着掩饰不掉的笑意。"不像生病啊？"我心里暗想。"哈哈！不是生病。""是被王晨整的，呵呵！"一阵七嘴八舌，我终于明白了事情的真相。原来王晨带了一个橘子，他把剩下的汤和米饭放到橘子皮做的小碗里，一阵乱搅和，变得花花绿绿、黏黏糊糊。然后恶作剧地放到李雪面前请她品尝，结果把爱卫生的李雪搞吐了。这个坏小子！得！今天的聊天内容有了。"我听说今天有个同学搞恶作剧，竟然把别人搞吐了！""哈哈！""用实物恶心别人算不了什么，有没有人能用语言说说刚才的事，要是能把我说恶心了，就证明你厉害！""噢！"班里开了锅，连平时最不爱发言的学生都抢着站起来说话。王晨那道"名菜"很快被冠以"橘锅拌饭"、"西班牙红烩汤"等"优雅"名字。对于菜的"色、香、味"更是极尽细致之描述……

如何才能让学生把作文写具体？很简单，写的必须是心里有的。引导学生写真文，抒真情，是作文教学的目标。但情由境生。"飞流直下三千尺，疑是银河落九天。"那气势必是亲眼所见才写得出。"姑苏城外寒山寺，夜半钟声到客船。"那孤寂必是亲耳所听才感得到。可见好文章都是在一定的情境中产生的。习作教学，作为教师提高学生习作能力的辅助工作，贵在情境的创设。但情境创设的再好，毕竟是虚拟的，而当生活中出现了一个个真情境，我们却没有引导学生关注。这种"事到用时方恨少"的做法真是造成学生不知道写什么的主要原因。

纵观现在的习作指导，大致存在三种类型。一种是教师给了题目就算完事，写什么，怎么写都由学生自己看着办，这是缺位的习作指导；一种是教师从怎么选材，怎么拟题，怎么开头和结尾都逐一说明，把写作文看成是各个环节的简单拼凑，束缚了学生的思路，让学生感觉写作很难、很枯燥。这是越位的习作指导；还有一种习作指导只关注写本身，忽视为什么要写，使学生感觉习作是一份沉重的课业负担，体会不到习作的乐趣。这是错位的习作指导。同时我们还应该意识到，作文课上的习作指导是特定环境下的特定教学行为，它具有很强的目的性和任务性。这种特殊性决定了它对学生的心理有一定的负担性，从而或多或少会激起学生一定的逆反心理。教育的最高境界是无痕的教育，作文教学的最高境界是无痕的教学方式。"午后聊天会"是在欢乐、轻松的环境里进行，内容是学生身边有趣的事情，学生意识不到这是在练作文。不知不觉中积累了素材（一件件有趣的事），训练了构思（必须组织语言才说得清楚），锤炼了语言（必须说得形象才能吸引别人），最重要的是学生经历了一个个真实的情境后，他会不吐不快，提高了他表达的兴趣。

平时总听老师们这样议论：为什么我们总说儿童的生活很丰富，儿童的眼睛很敏锐，可是学生写的作文却很单调，很苍白呢？为啥学生写的日记总比写的大作文生动呢？其中的原因也许很多，但有一点却可以肯定：因为当有生活体验的时候，我们没有让学生及时动笔，使得那些精彩时刻成了学生美好生活中转瞬即逝的火花。而日记却正是学生观察生活，在认识、情感、思想等方面有了新发现、新体验后及时地把当时的见闻、感受、想象记录下来，经过提炼成为的习作。可见，作文教学多创设真实的情境，

让学生多些当下亲历，少些牵强的回忆，也许是走出"作文难"的一条途径。

三、要成就"大"作文能力需夯实真实的作文基本功

作文基本功是写作文的基础。小学生习作教学的重要任务就是训练、提高学生的作文基本功。过去小学习作教学是从整体入手，忽视对作文基本功的针对性训练。如写"一个难忘的人"，训练程序为：给出题目——教师启发——学生回忆——确定内容——动笔作文——教师讲评。教师的作用体现在对学生写什么、怎么写中整体性的问题提供帮助。而这种帮助只是对学生习作外在的一种影响，对真正提高学生的作文能力影响不大。学生能够快速确定写什么，有赖于明确写作对象的特点，即具有细致的观察力；清楚记得写作对象的特点，即具有高超的记忆力；知道该描写对象什么，即具有准确的判断力；知道该怎么描写对象，即具有丰富的语言表现力。这些能力决定学生作文水平的高低，提高这些能力是小学习作教学的本质目的，必须通过作文课上教师的巧妙设计、反复训练才能落实。但传统的作文教学却恰恰忽视这方面的训练。

案例：课前五分钟，在轻松的氛围中训练作文基本功

（在正式上课之前出示一句话：秋天的公园真美丽）

师：同学们读读这句话，想想这样写别人能知道怎样美丽吗？应该怎么说？

师：同学们说得很好。当我们将公园里的"花"、"树"、"小湖"、"建筑"等等内容都是什么样子，怎么美丽写出来后，读者才会明白这个公园"真美丽"！看来要想把一个意思说具体，一定要多观察，还要想办法把观察到的内容按顺序叙述下来才可以。

师：下面我们做个小游戏，游戏的名字叫"如影随形"。先说"如影"：你能不能用语言把马老师的样子描述出来？

师：同学们很了不起，竟然能够用语言将老师描绘得如此形象。下面我们进行"随形"。老师做一个动作，你能不能用语言将老师的动作从开始到结束描绘出来。当然了，老师一有动作，你们也可能会有动作，既然是

"随形"，那么大家就应该像摄像机那样把这些变化都用语言记录下来。

（老师做一个动作：绷着脸，瞪大双眼，双手背后，缓缓走到一名同学跟前，用手指使劲敲三下该同学的桌子）

每次作文课前我总是抽出五分钟的时间训练学生的作文基本功。作文基本功并不是老师讲讲学生就能提高。因此，我们应设计有坡度的训练先让学生自己探一探，试一试，然后再赏一赏。探一探，就是先自己找找写的方法。试一试，就是根据自己的理解写一写，改一改。赏一赏，就是将句子改好了自己再看看怎么样。要想学会游泳，必须要下水。要想掌握作文的方法，必须要在具体的习作中实践。通过修改一个简单的小句子，使学生意识到什么叫不具体，意识到观察很重要，观察有方法，同时初步知道怎么样写才叫具体，为下面的练习做准备。然后进行静态观察，再进行动态观察；先观察老师一个人，再观察教室里的所有人。通过瞬间观察，练练学生的记忆力。做这样的练习，使学生慢慢地体会到对周围的事物要"过目不忘"！通过跟踪动作的观察，练练学生的敏锐力。使学生能有重点地观察，并能够迅速记住观察所得。通过对比观察，即观察老师和同学们的不同表现，练练学生的辨别力。有的同学一写花儿就是五颜六色的，一写草就是碧绿碧绿的。好像花草都是一个样子的，这就说明在观察时学生的辨别力不高。学生叙述观察所得时教师及时进行鼓励与指导，使学生在愉快的气氛中意识到作文要讲真话，意识到观察要仔细，叙述要真实。学生发言时老师要注意倾听，及时纠正以下几个方面的问题：1. 语病。学生是否有一些不规范的语言。2. 无序：叙述时是否按一定的顺序。3. 无重点。是否抓住了老师的特征。4. 不全面。是否只关注了老师，有没有注意到被敲桌子的同学的变化，有没有注意到其他同学的变化，有没有把自己内心的想法说出来。5. 不真实。是否有编造的情况。比如在生活中当老师这样做的时候，被敲桌子的同学一定会紧张、害怕。但现在却不会是这样，也许这个学生会不知所措，甚至哈哈大笑，此时就应引导学生如实说出来。及时的听改训练，规范了学生的语言，提高了学生语言的规范性和运用语言的能力。

作文教学是语文教学研究永恒的课题。如何才能提高作文教学的实效？也许方法有很多，但归根到底应在"真"、"实"上多下工夫。尊重儿童"真"的特点，遵循作文"真"的规律，实实在在地训练学生的能力，也许作文就不再是师生共同的难题了。

作文课应让学生动起来

顾名思义，作文课的任务就是激发学生的习作兴趣，培养学生的习作能力，提高学生的习作水平。为了达到这些目的，作文课的重点工作当然是要让学生动笔写。但仅有写的作文课肯定不是完美的作文课。可以毫不夸张地说，学生之所以对习作提不起兴趣，很大程度就是由于那种"教师一分钟抛题目，学生几十分钟赶任务"的枯燥的习作过程挫伤了他们的积极性。

作文课不能一味地让学生低头写，这正如低着头走路不可能走得快，更不可能走得远一样。要想让作文课发挥它该发挥的作用，要想使作文课对学生的作文能力的培养驶上快行道，作文课必须要让学生"动"起来。

动口。我曾做过一个试验，同一个题目，先由一个同学独立写，再由全班同学在交流后一起写。结果是享受"小锅饭"待遇的那名同学的习作，无论从选材、立意、叙述交流哪个方面看，都不如集体讨论后的同学的习作。从中我们不难看出，"集思广益"对学生习作的影响是很大的。特别是对刚开始学习写作的同学来说，这种影响更为明显。因此，学生在作文课上动口就显得至关重要。只有学生在动笔前说的充分，动笔时议的及时，动笔后评的到位。写作的材料才多，写作的范围才广，写作的角度才新，写作的技法才领悟得快。我们的作文教学既然定位在习作的基础上，就不应只让学生"单兵作战"，应充分发挥集体力量，使学生互学、互助，进而互评、互赏。比如在动笔之前，学生叙述自己积累的材料，使个人独有的材料变成集体共享，从而使每个人都能拥有更广泛的素材。再比如学生完成草稿后，我们经常要进行再指导，肯定学生文中的成绩，指出文中的不足。我在处理这一教学环节时，经常是在电脑上进行。学生首先欣赏优秀文，指出文章什么地方值得我们学习。然后出示需要修改的文章，学生先自行修改，然后将文件另存，指导时展示这些被同学修改后的文章，引导学生比较修改前后的文章，说说为什么这样改，使学生对文章的写法做到心里有数。

动眼。作文是一种综合性，实践性，创造性的作业，是培养学生综合素质，发展学生思维的重要渠道。而长期以来，作文课都是以学生回忆以往生活为基础，以学生释放前期积累的素材为过程。作文课的重点在于学习写作方法，运用既有材料，而忽视了作文课也是学生的生命历程。一堂好的作文课，应该既为学生习作能力的提高提供帮助，又能丰富学生的生活，开阔学生的视野，丰富学生的情感。使作文课也成为学生观察世界的好舞台，积累素材的好场所。在作文课上，我们可以引导学生先做后写。通过奇妙的小实验，吸引学生的眼球。不仅提供本次习作的内容，更为学生的生活增添靓丽的色彩；我们还可以引导学生先玩后写。到郊外寻找春天，通过捡拾落叶，体会秋天的魅力。使学生不仅产生了写的欲望，还使学生领悟到该写什么，该怎么写。更重要的事，使学生明白了写作的目的，就是更好的热爱生活。生活，因习作而更加美丽。

动脑。作文课当然该引导学生学习作文的技法。但技法如果仅仅由教师来讲，则很难使学生真正掌握。俗话说：教的曲子唱不得。习作就像是学游泳和学开车一样。要想学得快，要想学得好，唯一的办法就是真的下水，或真的上路去开。曾听一位司机师傅说，开车很简单，只要开出一万公里，什么技术都会了。所以说作文的技法该讲，但不应局限于教师枯燥的讲，应让学生通过思考找到写作的技巧，发现写作的门路。比如在习作开始时，引导学生交流，使学生明白什么样的材料才叫新颖，什么样的材料才叫典型。在习作当中，引导学生互赏，体会怎样才叫生动，怎样才叫具体。在习作完成后，引导学生互评，使学生明白一篇好作文的标准是什么。结合这些交流所得，要求学生写出自己本次习作的收获。引导学生及

时总结写作习作经验，使学生的习作能力得以逐步提高。

动心。作文课堂最大的任务其实还是在于使学生体会到写作的乐趣，让学生爱写作文，对写作产生兴趣。如果一堂作文课下来，学生都喊烦、嚷累，那这就不是一堂成功的作文课。如果学生通过作文课感觉习作也很有意思，对写作文有点"动心"了，那我们的作文课就是有成效的课，就是有实效的课。

作文课是作文教学的主战场。只有当学生在这个"战场"中都动起来，我们的作文教学才能充满生气，我们的作文课才能为学生习作能力的提高提供最大的帮助。

折纸桥

三年级四班　孟　媛

今天上作文课时，马老师先拿了两个同学的笔袋放到桌子上，然后他从书包里拿出了一张普通的 A4 纸，把 A4 纸放到两个笔袋上。我想："马老师这是要干吗呀？""猜猜看，这是什么？"马老师笑眯眯地问大家。有的同学说："是一辆小汽车。"还有的同学说："应该是一座桥吧。"只见马老师拿起两个纸杯，神秘地说："对，这是一座桥，那你们猜，我把这纸杯放到这座桥上，桥会塌吗？"我们都大声地说："不会。"马老师轻声地说："我觉得也不会。"马老师把纸杯往纸桥上一扔，啊！不会吧，桥居然塌了。

我想：马老师这是骗我们呢！

这时，马老师可怜兮兮地说："谁能帮我想想办法呢？"有的同学说："往中间再加一个铅笔盒。"可是，马老师说："不行啊，我可没有钱再买新'桥墩'了。"另一个同学说："把那两个'桥墩'靠近点不就行了吗。""也不行，河就这么宽。"马老师显得更难过了，说："两种办法都不行，这怎么办呀？"

这时，一个同学大声说："我想到了。"只见他拿起那张 A4 纸，到黑板前折纸，正折一下，反折一下……

马老师把两个纸杯放到这个瓦楞形的桥上，桥没塌！马老师又往纸杯里加了好多东西，橡皮，铅笔，尺子……"哗啦！"纸杯倒了，桥还是没有塌！同学们都高兴地鼓起掌来。

原来瓦楞形的桥这样结实呀，回家我也要试试！

作文，只拣儿童多处行

随着教学改革的深入，教材中的作文题目有了很大的变化。从以前的命题作文为主，变成半命题作文逐渐增多，并出现了许多话题作文。这些话题贴近学生生活，紧跟时代气息，确实降低了作文的难度，增强了学生的作文兴趣。但教材毕竟是有局限性的。没有任何一篇作文题目适合所有的学生练习写作。有的题目城市的孩子觉得好写，农村的孩子就会觉得难；有的题目这个学校的学生能下笔千言，那个学校的学生可能就无话可说。归根到底，适合学生的题目必须具体情况具体分析。这样说来，似乎要找个皆大欢喜的作文题目很难。其实不然，写什么，只要看看学生们现在感兴趣什么，就很容易找到。

活动课上，一群女孩子围住我。"老师，您会编五角星吗？"五角星？画倒是可以，编？不行！"你来教我吧！""好啊！"小女孩拿出一根红绳，三下五除二，在手指上撑出一个小五角星来。"真漂亮！""老师，我还会一种编五角星的方法呢？"又一个女孩跑了过来。"是吗，编编看！"我睁大好奇的眼睛。只见这个孩子掏出一根粉色的小绳，手指灵巧地翻动，又一个漂亮的五角星诞生了。方法果然和刚才的不太一样。"老师我会编降落伞！""老师，我会编大桥！"……好家伙，每个孩子拿出一根漂亮的小绳，就连男生也不落后，挣着为我表演他们的拿手绝活。孩子们的小脸上洋溢着灿烂笑容。得，今天的作文题目有了——翻花绳！

翻花绳

六年级四班 石 磊

前几天啊，班里掀起了一股"花绳风"。

你看吧，只要一下课，同学生就几个人凑在一起一个撑着，一个挑。再看边上，一个女生一只手撑着，另一只手拉下来，再拉下来，再从里边掏出来，向后翻，最后将绳一拉，哈哈！翻成了一个降落伞。这还不算完，绳子折成三圈，用一双手的大拇指和食指撑着，小拇指一压一挑，大拇指将对面的绳子互相挑过来，松开小拇指并一压一挑，手指翻飞，在眼花缭乱中，就成了五角星。"教我，教我！"同学们看着精彩，都央求要学。看那女生的表情，一副无敌手的样子，嘴角向上翘着，分明在说："哈，我得意地笑，我得意地笑！"众人云："太得意不好哦"不过有什么法子呢？还是要拜师啊！

什么？你觉得前两个太难了？哦，天哪！前两个只是"热手"，锻炼手指灵活度的，难的还在后面呢——松紧带，唉，想当日，本姑娘还是花了半个小时追着前面那位"大师"才学会的呢！

对于松紧带嘛，是由"大桥"、"王八盖"、"死苍蝇"进化而来……（滔滔不绝）不过，真的是很难呢！想一想……1、2……啊！是有17个步骤，太多啦不介绍啦！

一到课间，有许多女生拿着心爱的绳子，在那用手把绳翻来覆去，很有意思！男生呢？你可能觉得他们会不喜欢。呵，恰恰相反，他们比我们女生还要着迷。他们厚着脸皮求女生们教，看他们笨笨的动着，不很灵巧的手指，我们都快笑死了，哈哈哈……

翻花绳，是我们十分喜爱的课间小游戏。

北方的冬天是孩子们最快乐的时节。当漫天鹅毛般的大雪飞舞时，看吧，孩子像风一样冲出教室！趟雪，扬雪，在雪地上打滚；打雪仗，堆雪人，在雪地上画画。雪美，在雪地上的孩子们玩儿得更美！"别忙，今天要比比赛，看谁玩雪的方法最有意思。一句话，我们要学出最会玩儿雪的人。""好！"孩子们冲向雪地，冲进白色的童话世界。有了老师的要求和鼓励，那还不使劲地玩？堆雪人，要想办法做双有意思的眼睛，不然这么普通的玩法怎么获奖？打雪仗，一般的雪球怎么行？弄个大的，一定要投到对方的衣服里，这不是雪球，这是炸药包！咦！那里怎么冒烟了，天呢？谁找的鞭炮，竟然真的在炸雪？那一天，像是过节！那一天，孩子们玩得开心，写得痛快！

炸 雪
四年级三班 韩 懿

　　冬天是一个大雪纷飞的季节，下过雪后，就是白色世界，大家都喜欢到白色世界来玩雪，例如：堆雪人、打雪仗……但是大家有没有炸过雪呢？

　　这个冬天我既不到这个世界堆雪人，也不打雪仗，我就炸雪，来搞破坏，把这里炸得坑坑洼洼的。

　　捣蛋开始了。首先拿出一盒炮（我用的是黑蜘蛛），取出几个插在雪地里，然后将炮点着跑出一米远3～8秒后……"砰"的一声雪花四溅，十分壮观。接着我拿出一板花，"准备，开始！"花点着后，哪里有雪就"破坏"哪儿"哈哈，破坏的差不多了我该回家了，待会儿一定还来。"

　　真是有意思啊！

　　有人说，现在的孩子好吃懒做，什么活都不会干。其实不然！君不见到了果园里，孩子们是怎样地兴奋摘着苹果？君不见到了花生地，孩子们

是如何高兴地挖着花生。爱玩是孩子们的天性，爱尝试又何尝不是他们的特征？我们总是埋怨现在的孩子不知道心疼父母，那我们是否考虑过，孩子们有没有机会去帮助父母做这做那呢？现在一家大都只有一个孩子，孩子受保护的程度远远高于他们"做事"的程度。别碰这个，危险；别碰那个，也危险。都不让做，试问孩子不懒做还能怎样？所以，不要急着埋怨孩子，先想想我们有没有给他们机会。"放假了，回家没人做一样菜，一定要亲手做，做的时候要拍照片，回来咱们比一比看看谁的菜最漂亮。至于味道嘛？要记录下爸爸妈妈的真实感受，不能造假，咸了就是咸了，辣了就是辣了！咱们要评货真价实的小厨师！"一道简单的作业，但孩子们很重视。家长也不敢不重视，因为老师还要照片。结果呢？原来骄傲的小公主也会做菜，顽皮的小王子也能把鸡蛋饼弄熟！

西红柿炒鸡蛋

五年级四班　朱宇轩

今天，妈妈教我做了一道我最喜欢的菜—西红柿鸡蛋！

首先要准备的材料有：2个西红柿、2个鸡蛋、白糖和食盐。

第一步，把西红柿洗干净，切成块；然后把鸡蛋打入碗里，放点盐，搅拌均匀。

第二步，打开火，往锅里倒入一些油，等油烧热后倒入搅拌好的鸡蛋，鸡蛋马上膨胀起来，好像海绵啊；用铲子翻炒一会，鸡蛋快熟时先把火关一下，把鸡蛋盛入碗，等待下一步的时候和西红柿一起炒。

第三步，再打开火，等余下的油烧热后，下入切好的西红柿块，翻炒两到三分钟，加些盐，放入第二步炒好的鸡蛋，加些糖再翻炒均匀，最后就可以出锅了。

啊，好香呀！你是不是有些垂涎欲滴了呢？看着自己亲手做的菜，我感到无比自豪。同时，我也体会到了做菜的辛苦，妈妈每天都要为我们做出那么美味的菜，肯定更辛苦，我长大以后一定要为妈妈做更多美味的菜！

好了，我要开吃了，因为我也已经垂涎欲滴了！嗯！自己的劳动成果就是不一样啊，真是好吃啊！

一点实践

激发好奇之情，写快乐文字

——《观察力训练》教学设计

指导思想

学生到了六年级，作文依然存在写不具体，缺少真情实感等问题。造成写不具体的原因很多，但主要的原因是学生观察得不够细致，缺少观察的方法，也不知道该怎么叙述观察所得；造成作文缺少真情实感的原因也很多，但主要原因是所写内容不能触动学生的心灵，所写内容不是学生想要写的内容。小学作文是儿童作文，小学作文教学就应符合儿童的特点。因此，尊重儿童的特点，根据儿童特点设计出符合他们表达需要的表达平台，让学生在愉悦的写作平台中习得作文的方法，提高作文的能力和兴趣，是提高作文教学效率的有效途径。

教学内容

通过"如影随形"、猜猜看等情境训练学生的观察力。

教学目标

1. 提高观察力。

2. 知道该怎样把内容写具体。

3. 懂得作文很简单，从而增强写作文的兴趣。

教学过程

一、改句子，意识到观察很重要

（出示一句话：秋天的公园真美丽）

师：同学们读读这句话，想想这样写别人能知道怎样美丽吗？应该怎么说？

师：同学们说得很好。当我们将公园里的"花"、"树"、"小湖"、"建筑"等等内容都是什么样子，怎么美丽写出来后，读者才会明白这个公园"真美丽"！看来要想把一个意思说具体，一定要多观察，还要想办法把观察到的内容按顺序叙述下来才可以。

【设计意图】写作的技巧并不是老师讲讲学生就能掌握。因此，我们应先让学生自己探一探，试一试，然后再赏一赏。探一探，就是先自己找找写的方法。试一试，就是根据自己的理解写一写，改一改。赏一赏，就是将句子改好了自己再看看怎么样。要想学会游泳，必须要下水。要想掌握作文的方法，必须要在具体的习作中实践。通过修改一个简单的小句子，使学生意识到什么叫不具体，同时初步知道怎么样写才叫具体，为下面的练习做准备。

二、"如影随形"，练观察，悟方法

师：下面我们做个小游戏，游戏的名字叫"如影随形"。先说"如影"：你能不能用语言把马老师的样子描述出来？

（老师在前面站好，学生用语言描绘老师的静态形象。在学生发言时，老师要注意倾听，及时纠正以下几个方面的问题：1. 语病。学生是否有一些不规范的语言。2. 无序：叙述时是否按一定的顺序。3. 无重点。是否抓住了老师的特征。4. 不真实。是否有将老师美化的嫌疑）

师：同学们很了不起，竟然能够用语言将老师描绘得如此形象。下面我们进行"随形"。老师做一个动作，你能不能用语言将老师的动作从开始到结束描绘出来。当然了，老师一有动作，你们也可能会有动作，既然是"随形"，那么大家就应该像摄像机那样把这些变化都用语言记录下来。

（老师做一个动作：绷着脸，瞪大双眼，双手背后，缓缓走到一名同学跟前，用手指使劲敲三下该同学的桌子。学生发言时老师要注意倾听，及时纠正以下几个方面的问题：1. 语病。学生是否有一些不规范的语言。2. 无序：叙述时是否按一定的顺序。3. 无重点。是否抓住了老师的特征。4. 不全面。是否只关注了老师，有没有注意到被敲桌子的同学的变化，有没有注意到其他同学的变化，有没有把自己内心的想法说出来。5. 不真实。是否有编造的情况。比如在生活中当老师这样做的时候，被敲桌子的同学一定会紧张、害怕。但现在却不会是这样，也许这个学生会不知所措，甚至哈哈大笑，此时就应引导学生如实说出来。）

【设计意图】鲁迅曾说过："此后要创作，第一需要观察。"可见，观察力的重要性。而学生有意观察的能力较差，因此训练观察力要循序渐进，由易到难。先进行静态观察，再进行动态观察；先观察老师一个人，再观察教室里的所有人。通过瞬间观察，练练学生的记忆力。做这样的练习，使学生慢慢地体会到对周围的事物要"过目不忘"！通过跟踪动作的观察，练练学生的敏锐力。使学生能有重点地观察，并能够迅速记住观察所得。通过对比观察，即观察老师和同学们的不同表现，练练学生的辨别力。有的同学一写花儿就是五颜六色的，一写草就是碧绿碧绿的。好像花草都是一个样子的，这就说明在观察时学生的辨别力不高。学生叙述观察所得时教师及时进行鼓励与指导，使学生在愉快的气氛中意识到作文要讲真话，意识到观察要仔细，叙述要真实。

三、真情境，用方法，爱作文

师：今天我给大家带来了一个神秘的罐子，它里面装着的是我最喜欢的宝贝，你们猜猜会是什么呢？

（老师拿出一个茶叶罐）

师：从刚才大家的眼神和话语中我感受到了你们的好奇，想看看罐子里的东西吗？可是让谁第一个来看呢？写！把自己好奇的心情写出来，我请写得最好奇的那一个同学来看。

【设计意图】作文是学生吐露心声的最好方式，即写的恰是心里有的。引导学生写真文，抒真情，是作文教学的目标。但情由境生。"飞流直下三

千尺，疑是银河落九天。"那气势必是亲眼所见才写得出。"姑苏城外寒山寺，夜半钟声到客船。"那孤寂必是亲耳所听才感得到。可见好文章都是在一定的情境中产生的。习作教学，作为教师提高学生习作能力的辅助工作，贵在情境的创设。只有创设出一个个特定的"真"情境，让学生身处其中，才能唤醒学生的情感，激发他们表达的欲望。

现在学生不喜欢写作文，习作教学效果不佳，与习作指导缺少情境创设有很大关系。纵观现在的习作指导，大致存在三种类型。一种是教师给了题目就算完事，写什么，怎么写都由学生自己看着办，这是缺位的习作指导；一种是教师从怎么选材，怎么拟题，怎么开头和结尾都逐一说明，把写作文看成是各个环节的简单拼凑，束缚了学生的思路，让学生感觉写作很难、很枯燥。这是越位的习作指导；还有一种习作指导只关注写本身，忽视为什么要写，使学生感觉习作是一份沉重的课业负担，体会不到习作的乐趣。这是错位的习作指导。习作指导首先应激发学生写的欲望，当学生经历了一个个真实的情境后，他会不吐不快。其次习作指导应使学生明确为什么写，当学生经历了一个个真实的情境后，他会顿悟写过去是为了铭记曾经，写现在是为了充实当下，写幻想是为了憧憬将来。当学生怎么猜也猜不对罐子里到底是什么的时候，他们就越会产生一探究竟的想法，此时，"写"就变成了探究谜底的一种需要；因为只有写得最好一个人才能看，就使得"写好"也变成了一种必需。学生写的目的明确，写的积极性被调动了起来。

师：下面请一组同学来读一读他们写的段落。其他同学注意倾听，选出一个写得最好的。

【设计意图】作文教学要目中有人。通过整组检测，使学生通过比较便于发现自己的不足，使教师容易掌握学生习作中共性和个性的问题。老师在倾听的过程中要及时听出和纠正这些问题。同时，注意引导学生倾听别人的发言，培养学生良好的学习习惯。

师：下面请一名学生看盒子里的东西。

提示：请大家：注意看观看者的表情，看看能不能从中获得信息；

观看者：看的时候不说话，看完后守口如瓶。

师：（与学生谈话）

（1）观看者：作为第一个知晓谜底的人，看之前你心情怎样？看到谜底后心情有什么变化？请你守口如瓶，继续坐观其他同学的活动。

（2）其他同学：你们注意到刚才那位同学的神情、动作等方面的变化了吗？此时此刻，你又有什么新的感受？为什么会有这样的变化呢？想看看罐子里到底是什么吗？还是写吧！一会儿我还是请写得最好的同学来看。

【设计意图】作文能力的训练应由扶到放。经过交流、互赏、互评，学生对怎样叙述才算具体有了较清楚地认识。此时的教学就应该趁热打铁，给学生运用写作方法的机会。而这种方法的运用同样应建立在学生主动的基础上。通过刚才的猜测以及观察第一个看的同学的变化，学生都对罐子里的宝贝更加好奇了，学生的习作热情再一次被调动了起来。此时的写作既是巩固刚才所悟得的写法，也成了满足学生心理需要的必须。

师：下面再请一组同学来读一读他们写的段落。选出一个写得最好的同学。同学们继续观察他的变化。

师：不知大家注意了没有，如果我们把刚才课堂上写的两个小片断加以整理，就是一篇真实、生动的作文了！而这篇作文之所以能够诞生，就是由于大家观察得很仔细。其实，我们每天都要经历大大小小的事，见到形形色色的人，这些事，这些人都会引发我们不同的心理变化。比如我们看到一片树叶飘落了，我们会觉出时间匆匆；看到一朵小花开放了，会感到生命美好；看到两只小蚂蚁在打架，又会觉得十分有趣。只要你用心去观察、感受，就会有自己独特的感受，独到的见解，就一定能写出有真情实感又生动精彩的习作来！

【设计意图】叶圣陶先生说过："生活如泉水，文章如溪水，泉源丰富而不枯竭，溪水自然活泼地流个不歇。"我们应注重把学生的目光引向自然生活，学校生活，家庭生活，社会生活，指导学生做积累素材的有心人。

师：这个罐子里到底是什么呢？看来同学们是真想知道。请同学们课下把刚才写的文字整理成一篇作文，如果大家都写得很好，下节课我就把

罐子里的东西拿出来我们好好欣赏，好吗？不知不觉一节快乐的作文课就要结束了，这节课你有什么收获？

【设计意图】对整堂课进行回顾，检查学生学习的收获，摸清学生是否对本节课学习内容和学习形式感兴趣，明确下节课的教学重点。

附录一
课堂实录
一、创设情境，激发兴趣

（作文课开始了，教师拿着一个精致的方形盒子走进教室，小心翼翼地把它放在讲台上。这一举动一下子就将孩子们的目光聚焦在盒子上）

师：（故作神秘地说道）今天我给大家带来了一个有趣的盒子，里面装着一个我最喜欢的非同一般的小动物，你们猜猜会是什么呢？

（孩子们个个都睁大了好奇的眼睛。教师小心地摇动盒子，发出轻微的碰撞声）

师：谁先猜？

生：是小鸡，要不是小鸭子，最近校门口每天都有人在卖。

生：小鸡小鸭怎么算是非同一般的东西？是小刺猬！

生：是蛇！

生：不可能，老师胆子没有那么大，她不敢抓蛇，我打赌！

生：是蝌蚪……

（学生的好奇心如同火苗越燃越旺，伴随着猜测和阵阵笑声，一时间课堂气氛十分热烈）

点评：神秘的盒子如协作的助推器，在王老师巧妙地渲染下，孩子们写作的欲望被点燃。

二、趁势点拨，表达猜测

师：（微笑着打断学生们的猜测）从刚才大家的眼神和话语中我感受到了你们的好奇，想看看盒子里的东西吗？第一个上来揭开谜底的人选怎么产生？写！把自己好奇的心情写出来，我请最好奇的那一个来看。

点评：王老师相机将学生的好奇心转化为一种学习期待。在强烈的好奇之中，想先睹为快的冲动，加上描写的内容是自己最想表白的感受，这一切汇聚成孩子们的写作动力。

三、交流真情，首次观察

（在学生们的催促声中，老师请一组学生开火车读自己的习作片断）

生：老师今天很奇怪，居然带着一个漂亮的盒子来上课，瞧她那神秘兮兮的模样，真不知道葫芦里卖的是什么药。听她说盒子里有一个非同一般的小东西，机灵可爱，还是她最喜欢的，到底是什么呢？同学们有的说是小鸡，有的说是金鱼，还有的说是蛇，我觉得都不大可能。到底是什么呢？我头脑里的疑问比米缸里的米粒还多，真希望我是老师的心，那样我就能知道老师到底在搞什么名堂了。

（该生的精彩表达被同学们的掌声打断，她被选中了，在同学们的注目礼中走上了讲台。其他同学既遗憾又羡慕）

师：我们俩悄悄地看，这是咱俩的秘密，看完后可不能泄漏，你能不能守口如瓶？

生：（忙不迭地点头）保证守口如瓶！

（老师把盒盖慢慢打开，半开半闭地让上台的学生观察。全班同学目不转睛地盯着观察者神情的变化，想从她的反应中捕捉到更多的信息。台上的观察者显然被看到的东西弄懵了，愣愣地站着，等她醒悟过来，不由地笑了。但是因为事先有言在先，不能讲，她笑着走到座位上，神秘气氛在教室里弥漫开来。一双双眼睛看着老师，渴望着答案）

点评：学生的好奇心、求知欲被再一次调动，成为课堂上学生真情表达的有一个契机。

四、及时写作，再次观察

师：哈哈，你看到什么？你有什么新的感受？还是写吧，一个一个地说我们没有那么多的时间，写下来，小组为单位自己选吧，选上的同学来看盒子里的秘密！

点评：学生刚才都十分注意观察讲台上发生的一切，每一个细节都被

他们捕捉到了，估计从只笑不语的观察者身上并没有获得答案，倒是被他的一愣一笑弄得心痒难耐，写来笔走如飞。大部分的孩子描写了观察者的神态变化以及由此产生的自己的心理感受。

生：王老师那么小心的打开盒子，好像生怕里面的宝贝跑出来似的。李露茜笑得那么灿烂，看来盒子里的小动物一定很不一般，我真想变成她啊……

（每组经过交流推选出来的同学宣读了自己的心情记录，然后依次上台观察，要求仍是不能泄密，结果也依旧是观察者若有所悟，笑而不语）

五、推波助澜，三度习作

（此时，学生的好奇心被激发到了极点，有几个女孩都快急哭了，有胆大的男生开始抗议）

生：不公平，我们也很好奇，为什么不能看？

师：刚才我们说好的规则，大家不是都同意了吗？现在又想变了？说说我必须给大家看的理由，要不把你的失望或者气愤写一写？写下此时的心情，实话实说，为大家争取揭开秘密的机会！

（学生迅速动笔，几分钟后学生开始述说）

生：我急得心都快要从嗓子眼里蹦出来了，老师最通情达理，不忍心看我这样吧？

生：我失望极了，觉得自己是天底下最不幸的人，王老师，求求你给我看看吧……

生：老师不给看，我就和大家一起把盒子抢过来……

六、水落石出，完成习作

（在学生纷纷机动流畅地真情告白时，教师趁势接过学生的话头，我当众打开盒子，把盒子送到每一个孩子的面前揭开谜底）

师：盒子里放着一面小镜子，那个老师最喜欢的机灵可爱的非同一般的小东西原来就是在座的每一个学生。

师：如果把刚才课堂上写的几个小片断加以整理，就是一篇真实、生动的体验作文了！其实，一个人的亲身经历就是一种体验，只要用心去感受、关注、欣赏、评价，就会有自己独特的感受，独到的见解，就一定能写出有真情实感又生动精彩的习作来！

附录二
课后反思

习作课，特别是赛课，有一个误区，即为了展示习作教学的效果，追求短时效应，而失去了成长的价值。观课教师及评委关注的往往是教师的自身素质、学生发言的精彩度，最后看学生完成的作品。就好像观看一场小品演出一样，看剧场的效果，看演员的知名度。那么，针对一堂习作指导课，是指导好一篇作文？还是指导学生"习"作？

问题不同，差别甚大。指导好一篇作文，即注重眼前的功利，没有主题，面面俱道，忽视学生的习得需要。指导学生习作，突显一个"习"字，"习"本义为"小鸟反复地试飞"，在学生习作语境中理解，即为反复练习、钻研。特点是从失败中明白表达的知识，再以知识来解决问题，知其然且知其所以然。两者概念的指向不同，其教学价值也有别，主要表现在以下几个方面：

一是习作的目的不同。指导学生写好一篇作文，注重的是结果，或者说是效果，追求的是学生暂时的所获，实质上是展示学生原有的表达经验。而指导学生习作，学生都是从不懂到懂，遇上问题，如何解决。就拿"动态描写"和"侧面描写"的写作知识来说，指导好一篇作文根本没有必要讲解这两个写作知识，只要让学生观察，追问学生：你看到了什么？此时你有什么感受？此时你体验到什么？学生或许说得精彩，但动笔表达起来照样不清楚。而指导学生学习作，让学生片断对比，学生不悱不愤时，教师一语点破，化内隐知识为显性知识。这样的知识不是陈述性知识，不是概念性的灌输，而是程序性知识，教给学生怎么做的知识，学生知其然还知其所以然。"边叙边议"的知识，就是学生对比后明白：有表达自己对一件事的看法，既要写事，又要表明看法或感受，才得以体现交流，真正体现交际作文。

二是呈现的内容不同。指导好一篇作文，呈现的内容一般都是活动，或说表演，整个课堂是热闹的，就如煽情节目主持人，容易刺激观课老师的感官。而指导学生习作，呈现的内容具有思维含量高的挑战性问题，这问题是从学生习作中来（有时需要教师课前预设估计学情），学生遇上问题，是需要思考的，思考是冷场的，无法预约精彩的，学生外表不热闹，但内心在活动。比如"边叙边议"这个写作知识，当学生发现自己只写了一件事后，再出示范文进行对比，让学生领悟到写法，这是问题遇上后，帮助学生想办法解决问题，这是一个思维的过程，学生是要冷静思考的，无法及时呈现精彩的"热闹"。

三是指导的形式不同。指导好一篇作文，一般是作前指导，活动中呈现学生的言语表达经验，让学生有话可说。而指导学生学习作，是作前和作后一起指导，重点放在作后指导。是在学生表达完后的基础上，发现学生的问题，有针对性的指导，所谓的针对性指导并不是面面俱道，而是依习作文体的特点，教习作的一些知识（这知识要转为教学活动）以练习或活动的形式呈现，关键是如何做的思考，重点也放在"活动"的策划。《爸爸妈妈，我想和您说》这类习作，我策划的活动是"对比发现"，在对比中悟得，在补充训练中习得。这样的活动即让知识步步转化，有顺序地呈现：学生习作材料的呈现——对比中发现——实践中习得，分三步走，这样，知识是渗透的，知识是可操作性的，变静态为动态，变理论为实践。

以赛论课，或许不务实。但我总要追问：习作实践，是重在教学的形式还是重在教学的内容？重形式，或许能写好一篇作文，重内容，或许学生能习得一些作文的知识。老师，在理想与现实、素质与应试、长远追求与短期目标，乃至面向多数与个别培养等许许多多看似矛盾对立的地方，都需要我们运用"融通"的智慧加以化解。作文教学中，语文教师既要是战术大师，同时又必须是战略大师。

《小学语文课程标准》中有这样的阐述：写作是运用语言文学进行表达和交流的重要方式，是认识世界、认识自我、进行创造性表述的过程。写作教学应贴近学生实际，让学生易于动笔，乐于表达，应引导学生关注现实，热爱生活，表达真情实感。但令人遗憾的是，在平时的作文教学中，小学生编造事实、虚情假意、东拼西凑、仿作套作等虚假作文的现象十分严重。这不仅影响学生作文能力的提高，而且还不利于孩子健全人格的形成。每每读到这些缺乏真情实感、毫无生趣的文字，我们除了无奈之外，更多的是忧心。教者静思其因，绝不能只找学生主观因素，应该从我们的语文教学、作文指导等客观方面上去分析问题，探寻到小学生作文真情实感的源头。

在作文课《观察力训练》课堂上，当老师拿着一个方形盒子走进教室，小心翼翼地把它放在讲台上时，一下子就引起了孩子们的注意。"今天我给大家带来了一个有趣的盒子，里面装着一个我最喜欢的非同一般的小家伙，你们猜猜会是什么呢？"学生的好奇心如同火苗般被点燃，且在一次次猜测中越燃越旺。"第一个上来揭开谜底的人选怎么产生？写！谁能把自己的心情写出来，谁就第一个上来看。"学生此时正在强烈的好奇之中，想先睹为快成为习作的动力，加上描写的内容正是此时最想表达的感受，学生写起来很顺手。接下去的观察、揭秘、写作，都紧紧围绕着"神秘的盒子"展开。学生们始终处在一种积极求解，大胆表达，主动交流的状态中，快速记录下自己的体验、感受成了孩子们的迫切需要，而一篇篇真实、有新意的作文也就随之而来了。以往需要两节课甚至更长时间才能写完的习作，在短短的一节课内就基本完成了：什么《神秘的盒子》《奇妙的体验之旅》、《原来如此》《惊心、快乐的作文课》等等，佳作频出。就连平时害怕作文，一节课都难"挤"出几行字的学生，也都洋洋洒洒地写出了真实又生动的文章。反思教学设计与实践，我有以下几点感受：

1. 切合实际定好习作训练计划。

结合课标第二学段习作阶段训练目标和苏教版习作安排，我定下了四年级习作训练计划，着重训练学生"留心周围事物，不拘形式地写下见闻、感受和想象，表达出自己的独特体验。"

2. 开掘学生真情作文的源泉。

"问渠哪得清如许，为有源头活水来。"习作的"活水"来源于生活与

阅读。"汝欲作诗，工夫在诗外。" 生活蕴含着大量的情感因素，只要我们热爱生活，经常体验生活，就会找到富于真情实感的素材。教师既要引导学生留心生活，用心感受；又要指导学生进行有效地阅读，开阔阅读源，避免由阅读模仿导致的习作模式化。

3. 巧妙创设情境引发写作激情，在体验中指导习作。

教师要有"大作文观"，善于发现和捕捉生活与学生情感的触发点，看似无意实为用心地创设写作情境，引导学生真情体验、迸发激情，进入创作的最佳状态。"无欲不举笔，无情难成文。"投其所好、欲擒故纵、即兴训练等，都是创设习作情境比较有效的方式。

4. 以评价为导向，鼓励学生说真话，写真情，创新意。

可以通过批阅、范文引路、集体交流等办法，鼓励学生在作文中把有真情实感的内容写充分。尊重学生，保护童真。

古人有"言为心声"之说，现代有"文章得失不由天（鲁迅《别诸弟》)"之训。每个学生都是独一无二的，他们都有着极其丰富的内心世界。作为教师，我们应该明确目标，不惧力微，从大处着眼，小处着手，引导学生写出具有真情实感的文章，做个真实敢言的有个性的人。

正如叶圣陶先生所说"要写出诚实的话，非由衷之言不发，非真情实感不写"，"我手写我心"。学生是作文的主人，要充分发挥学生的主动性和创造性，引导学生写出童心张扬、童趣盎然的好作文。在平时的作文教学实践与研究中，也要朝着这个方向努力。在学习、借鉴与实践、反思中，我提出了"话题速写"作文教学模式。其流程是：创设话题情境——观察体验——现场速写。老师要善于发现和捕捉生活与学生情感的触发点，看似无意实为用心地创设写作情境，引导学生真情体验、迸发激情，进入创作的最佳状态。投其所好、欲擒故纵、即兴训练。这种做法很好地激发了学生的写作欲望，充分调动了各种心理因素参与体验，培养学生有感而发，及时书写的写作习惯，提高了作文课堂教学的实效性。

第三章　个性化问题
——避免习作套路化

习作是学生语文综合能力的呈现，其中起重要作用的是学生的思维。套路化的习作表面上造成的是习作的千人一面，实际上是对学生思维的束缚。个性化的思维才能生成创新的意识。关注习作的个性化就是关注"人"的个性化。

一个故事

少给她些束缚

和朋友聊天时无意间谈到他正在上四年级的小女儿。"你是语文老师，你帮我分析分析，我闺女怎么就不喜欢写作文呢？"朋友一脸的苦恼。"说说具体情况。""这孩子现在写作文越来越磨蹭。每周他们老师都要布置一篇作文，你想给她辅导辅导吧，她倒好总是等到周日晚上了才动笔，耗到10点多也写不了几个字，你说气人不气人！""呵呵，别生气，别生气！"我连忙劝解，"生气可解决不了问题！你经常辅导孩子写作文吗？""那当然了。"朋友脸上显出几分自豪。"平时怎么辅导？""每次她写完作文的时候我都会给她看看。就是挑出错字、病句什么的，让她改改。内容方面给她指点一下。一、二年级的时候她还挺认真的，也爱给我看，谁知道从三年级开始就不行了。现在更是一要她的作文本她就烦！""孩子的作文都是老师定好的题目吗？""对呀！每次她的分数都很低，真是急死我了！"朋友满面愁容，看来真是没少为孩子的作文操心。

我低头想了想，说道："如果我对你说你家孩子不爱写作文责任在你身上，你能不能接受？""什么？我的责任？这怎么可能？""别着急否定，你先听我说。小孩子刚开始学习写作最需要的是自信和鼓励。总受到表扬，她就会越写越带劲，越写越有信心写好。可是你一辅导，给她挑一大堆错字和病句，她还哪有信心？你可以试试把辅导变成和孩子一起欣赏。多夸她哪个词用得好，哪个句子写得好。这种夸奖会让孩子很有成就感。至于错字和病句不要太较真，随着孩子年龄的增长，错字自然会减少。随着孩子读书越来越多，写作越来越多，病句自然也会减少。对于小孩子来说写得对不对不是关键，爱不爱写才是关键！"

"你说不关注她作文里的错字也许有点道理，可她写的作文没有内容总不能不管吧？可是我给她这方面的指导她也不接受啊！""内容方面的一些指导当然是必要的，但是你指导的时机不太合适。""时机怎么不合适？"

59

朋友迷惑不解。

"给小学生进行习作指导的最佳时机应该是她动笔之前。这时候孩子对于写什么内容一头雾水，如果家长给她一点提示和启发，她就能欣然接受。而你总是等她都写完了才告诉她什么该写，什么不该写，就有点马后炮的意思了。而且四年级的小学生还没有修改自己作文的习惯，指望她像大人一样反复修改自己的作文，要求就太高了。"看着朋友若有所思的样子，我接着说道："其实，对于孩子作文写些什么内容，怎么写，限制、束缚得越少越好。你刚才说孩子的作文都是老师命好题的，这并不好。小学生是在练习写作，怎么才能起到练的目的，就是要让她能主动写，主动多写。而只有孩子熟悉的、感兴趣的内容，她才乐于动笔。每个孩子感兴趣的内容都是不一样的。我们与其逼迫她写某个题目，还不如把自主权交给她，让她想写什么就写什么。这样孩子写的难度就低了，写的兴趣就有了，也就能够实现让她乐写、多写了！当然，老师给学生布置统一题目咱们也许无法改变，但也要考虑到能不能创造机会让孩子有选择写什么的权利。比如老师布置的题目是《难忘的一件事》，不要上来就启发孩子回忆过去的事，能不能先带孩子出去玩一玩，逛一逛。一天下来总会遇到一些有意思的事。这时候再启发孩子，提示她有什么内容可以写，孩子就会有意识地选择一下材料。既为孩子这次写作解决了内容，又锻炼了她选材的能力。也许选来选去也没有合适的，这也不要紧，可以让她把感兴趣的内容记在日记本上。这样的内容积累得越来越多，孩子再写命题作文时选择的范围也就越来越大，写起来也就越来越容易了。"

"我明白了，也就是说今后我要对孩子多表扬，少挑错；多在写前指导，少在写后算账；多培养积累习惯，少限制写的内容，对不对？""没想到你还挺善于总结的呀！""哈哈！"我和朋友都笑了！

谁抢走了学生的想象力

写作文有技巧！但比技巧更重要的是要让学生觉得作文有意思！所以我们指导学生习作的关键在于使学生意识到习作本身的趣味性！

新课标中要求在小学高年级段（5、6年级）学生能写简单的纪实作文和想象作文。有的老师认为纪实作文好教，只要强调写身边的事、真实的事，也就达到"纪实"的要求了。想象作文就难了，写什么？怎么写？怎么指导学生写？真的是不好"想象"，总不能发学生一张稿纸，然后说："你们想象去吧！"

其实孩子写想象作文并不难。有人说"儿童是天生的想象家。"这话不假！曾经有个人在黑板上写了一个"0"，然后问大学生这是什么，"0"大学生们异口同声。这个人又来到幼儿园，问小朋友同样的问题。"太阳！""饼干！""爸爸大叫的嘴！"……答案千奇百怪，无一雷同。这是多么丰富的想象力呀！一个普通的"0"可以引发孩子无尽的想象，而每天发生在孩子身边的"普通"事又有多少啊！所以学生写想象作文并不是没的可写！但事实又是学生写的想象作文确实不好。不是苍白无趣，就是满纸胡言、不知所云。

为什么想象力丰富的儿童写想象作文却不好呢？想象作文该怎么指导呢？要想解决怎么写想象作文的问题，首先应该知道什么是"想象"，为什么要"想象"。

什么是"想象"呢？想象是没有任何限制的，但和空想又有所区别。特别是到了小学高年级，孩子们理解能力强了，认识世界的角度广了，想象作文往往带有了"实用性"。在现实中想做而又做不了的，希望实现而又无法实现的事，统统通过想象得到满足。这也就是学生想象的目的。基于此在要求学生写想象作文时，就不能是真的胡思乱想，不能真是"白天说梦话"，应让学生的想象以现实为落脚点。

有个国外的故事，一个小孩想利用假期经商，但想了很多好主意都赚不到钱。后来一个成功的商人告诉他"经商的秘诀就在于能帮助人解决一个难题！"孩子恍然大悟，按照商人的指点果然赚到了钱。"为别人解决一个难题"是一个商人成功的诀窍，用到科技方面行不行？太行了！发明汽车解决了走远路的难题；发明纸张解决了竹简书写慢的难题。人们生活中遇到困难了，先通过想象设想人类可以怎样生活，然后再通过不断探索，找到解决这个问题的途径，这就是创新！

想象和创新是分不开的。想象的目的就是创新，创新是在旧的事物之上发展新的事物，也就是说仍旧有个以现实为基础的问题。

写想象作文和写纪实作文一样，同样需要指导。但方法和指导写纪实作文又有所区别。见到题目了，才使出浑身解数启发学生想象，总让人觉得晚了些。就好像要吃饭了，才发现家里没有米，然后才去插水稻一样。指导学生写想象作文功夫必须下在平时。做过这方面研究的同行不少，归纳起来有以下几个方面。

一、专项训练：有些老师设计了很多有意思的小练习，目的只有一个——让学生大胆想象

如：看图作文：老师出示一幅画，或学生自己找一张喜欢的画，根据画面的内容展开想象写作文。

听声作文：用录音机事先录下一些声音（如风声、流水声、青蛙叫声等）学生想象这些声音之间有什么联系，构成一个完整的故事。

听音乐作文：和上面练习类似，但播出的是一段乐曲，学生仔细听曲子，根据曲子给自己的感受写故事。

词语连文：出示一些词语，（如爸爸，公交车，售票员、雨、感激）要求找出词语之间的联系，构思成文。

二、与阅读结合训练：也就是在学习课文时有意识地培养学生的想象能力

如：续写：学完一篇课文，让学生大胆想象以后发生的故事，例如学完《龟兔赛跑》启发学生想象龟兔第二次赛跑会有什么结局。

插写：就课文当中某一个没有细说的情节，学生展开想象补充完整。例如学完《伟大的心》一课，医生问苏霍夫，"他就是这样把你带回来的？""是的，就是这样把我背回来的……可我一点儿也不知道啊！"苏霍夫的话中有一个省略号，就启发学生从苏霍夫的角度出发，想象他此时会想些什么，把省略的内容补充完整。

改写：小学课本当中古诗很多，每首诗都是一幅画，都是一个故事。要求学生根据古诗意思，加以想象改写成一篇作文。既加深了学生对古诗文的理解，又培养了学生的想象力

通过这些训练打开了学生想象之门，培养了学生爱想象的习惯，再让学生写想象作文就水到渠成了。

除了平时注意训练学生的想象力，对学生的大胆想象还应爱护，并加以鼓励。

曾听同办公室的老师提起这样一件事，一位老师问学生"雪化了是什么？"有个孩子说"是春天！"老师说："真笨！连雪化成水都不知道，坐下！"

孩子"笨"吗？雪化成水是纪实，雪化了变成春天是想象，而且是多么丰富的想象啊！老师的一句"真笨"，无情地扼杀了孩子的想象欲望，折断了学生想象的翅膀。那些只会说"0"是"0"的大学生们，他们不也曾有过儿童时期吗？为什么长大了想象力却退缩了呢？

这应该是我们每一个语文老师思考的问题！

想和猫交朋友的老鼠

四年级五班　马昕航

今天，是小老鼠灰灰的生日，它请它所有的朋友来参加它的生日舞会，比如蝙蝠、田鼠、鼹鼠等等。灰灰想，如果让猫也来参加我的生日舞会的话，岂不是更好！说不定从此老鼠和猫就能成为朋友了，我们之间的战争就结束了。

于是，灰灰就去请黑猫警长。到了黑猫警长家，灰灰在门外大声地说："黑猫警长，我今天请你去参加我的生日舞会。"黑猫警长想，请我去参加生日舞会，你这个小偷是不是发烧了？也好，我正好可以来一个一锅儿端。于是，黑猫警长就跟着灰灰参加了生日舞会。黑猫警长刚一进门，它就乐开了花，这么多老鼠，这下我可立功了。于是，黑猫警长就坐在沙发上，一边悠闲地喝了一杯果汁，一边笑眯眯地看着屋子里的老鼠。老鼠们看到来了一只猫都吓傻了，站在原地不敢动弹。突然，一只老鼠大喊一声："有猫呀！"老鼠们终于回过神来了，都尖叫一声，四散奔逃。灰灰急忙跳出来，"黑猫警长是一只好猫，大家不要怕。"就在这时，黑猫警长突然跳出来一把抓起灰灰，奸笑着说："当然了，我是一只会捉老鼠的好猫！嘿嘿嘿……"不一会儿，所有的老鼠都被抓住了。黑猫警长高兴得喵喵直叫。

就在这时，黑猫警长忽然捂着肚子弯下了腰。"哎呦，哎呦，肚子疼啊！"原来老鼠的果汁都是过期的饮料，猫喝了过期的饮料闹肚子了。黑猫警长疼得在地上直打滚，老鼠们趁机都跑开了。"活该，看你还捉老鼠！"老鼠们解气地说。灰灰看警长疼得汗都下来了，心软了下来。"我们还是帮帮他吧！"于是灰灰找来了治肚子疼的药给警长吃了。不一会，警长的肚子不疼了，他看着救了他的小老鼠感到很不好意思。"谢谢你们！"黑猫警长小声说。"噢！"老鼠们高兴极了，这可是猫第一次感谢他们呀！

从此，黑猫警长和灰灰他们成了好朋友。灰灰他们也不再做小偷了，而是成立了一个森林诊所，专门治疗肚子疼。

练练你的观察力

有的同学辛辛苦苦写了一篇作文，可是老师总没有给好成绩，原因是观察不够仔细。确实，观察力对于写作文来说真是太重要了。鲁迅爷爷就曾说过："此后要创作，第一需要观察。"那么，我们该怎样培养自己的观察力呢？

其实大家不要着急，像其他能力一样观察力也可以通过锻炼来提高。

一、瞬间观察，练练你的记忆力

看一盆花，先仔细看一两眼，然后马上把视线移开或闭上眼睛。想一想花的颜色、形状、大小，叶子的样子等等。想好了再看这盆花，看看刚想的和实际的花儿一样不一样。经常做这样的练习，我们的记忆力就会有所提高，慢慢地就会对周围的事物"过目不忘"！

二、跟踪观察，练练你的敏锐力

太阳每天都会从东方升起，但每天的日出都不会是一样的情景。且不说朝霞的形状、颜色会千变万化，就是初升的太阳的颜色在不同的季节，不同的地点，因为不同的云霞映衬，也会有细微的差别。再比如树，一年四季都是这棵树，但树的样子在四季不会一样，今年的树和去年的树也不会一样。我们选好类似这样的一个对象，在一段时间里（比如一个月、半年、一年），不断观察，并把观察结果记录下来。慢慢地，你就会发现，你能敏锐地发现事物细微的变化了。

三、对比观察，练练你的辨别力

有的同学一写花儿就是五颜六色，一写草就是碧绿碧绿的。好像花草都是一个样子的，这就说明在观察时我们的辨别力不高。怎么办呢？不妨试试下面的方法。找几种不同的花，先分别观察，把观察的结果分别写下来，再对比着看自己的描写，看看自己是否把这些花的相同之处和不同之处描写清楚了。

除了以上的方法外，我们自己还可以想一些其他的方法来提高自己的观察力。

斗蟋蟀

五年级四班　李聪聪

小时候，我和小伙伴们很喜欢抓小虫。

一天，我和小伙伴走在路上，忽然，草丛里传来一阵鸣叫声"吱、吱、吱……"原来是蟋蟀。我们很高兴，立刻就向它扑去，可是蟋蟀很机敏一下跳到远处。就这样，这只蟋蟀跳来跳去，费了好大劲我才捉住它。我的伙伴后来也抓住了一只。只不过，我抓的蟋蟀比他的大一点儿。我仔细地观察了一下蟋蟀，它有两条粗壮有力的大腿，两只大眼炯炯有神，它椭圆的大脑袋上有一对长长的触角，绿色的翅膀扇动得很快。"我们来斗蟋蟀吧？"伙伴高兴地说。"怎么斗？""把它们放到小罐里就行，我在电视里看过。"我们找了一个小罐头瓶，把两只蟋蟀放了进去。没想到，它们不但不打，反而想爬出来。"真奇怪，为什么它们不像人家斗蟋蟀一样打起来呢？"伙伴抓抓脑袋疑惑地说。

我回家问爸爸，爸爸看了看罐里的蟋蟀说："开玩笑，你们抓的蟋蟀一公一母，怎么可能打起来呢。必须两只都是公蟋蟀才行。"

原来如此。我和小伙伴又到草丛里抓了两只差不多的蟋蟀，把它们放在小罐里。这次，小小的罐头瓶里仿佛有两辆小坦克在打仗一样，升腾起"战火"。我给我的蟋蟀取名叫"壮壮"，小伙伴的叫"强强"。战斗开始了。它们先用徘徊战术，两只蟋蟀在罐子边上慢慢移动，之后慢慢靠近，最后厮杀起来。"强强"先给了"壮壮"一个下马威，直扑过去。"壮壮"也不甘示弱，把"强强"踢得"蟀"扬马翻。"强强"又把"壮壮"打了个"蟀"吃屎。这样的战斗持续了两分钟。最后，一个缺腿，一个少翅膀。还真是惨烈呀！战斗虽然结束了，可是，我的疑问又来了，为什么两只雄蟋蟀在一起就会打起来呢？

我回家查资料发现，这跟蟋蟀的生活习惯有关，每只雄蟋蟀决不允许别的雄蟋蟀同它在一起。如果碰到了一起，它们马上就会咬斗起来。

这次，我斗蟋蟀不仅得到了快乐，也得到了许多知识呀！

多种形式记日记

同学们,你们是否曾经为写作文没有材料而发愁?是否为提起笔想写一件有意思的事儿却怎么也想不清当时的情景而苦恼?生活是那么多彩,每天我们都会遇到许多事,一件件事就像一颗颗闪亮的珠子,如果把这些事写进作文,珠子就变成了珍珠。如果任这些事在身边溜走,珠子就变成了石子,甚至尘土,消失了! 怎样才能把珠子一颗一颗保存起来呢? 最好的方法就是记日记。记日记的形式多种多样,除了普通的一事一记、每日一记外,还可以采取这些形式:

一、"六点"日记

记叙文有六要素,时间、地点、人物,事情的起因、经过、结果,日记就重点记这六个方面。

二、一句话日记

有的事儿很简单,就可以用一句话记下事件大概内容,或谈谈自己对事件的感受。这样的日记很简单,我们就可以一天记几件事。

三、图画日记

有的事儿非常有意思,我们可以"少记多画",把事情经过变成一幅幅生动的图画,当我们日后看到这些日记时,头脑中就会自然而然想起当时的情景。

四、剪贴日记

平时在报刊上看到的文章,参观时游玩的门票,我们可以留下来粘贴在日记本上,在下边写上读后的感受或参观的经历。

五、学科日记

老师上课都讲了什么内容? 你学会了什么? 还有什么不明白? 记在日记本上就是一篇学科日记。有个孩子每天都把数学老师讲数学题的经过记在日记本上,慢慢地不仅作文成绩提高了,数学也越来越好。可见写学科日记是很有好处的。

六、系列日记

大家可以确定一个固定的观察对象，门前的小柳树，鱼缸里的小金鱼都可以，我们每天观察对象的变化，记在日记本上，可以大大提高同学们的观察力。

七、合作日记

小组合作，或者全班合作，围绕一个主题每人每天记一篇日记，汇总起来就成了一本本故事集，比如《假日小队每一天》《班级故事》等。

总之，记日记的形式有很多，同学们还可以开动脑筋设计更适合自己的形式，愿大家都爱上记日记！

风的性格

六年级四班　王凌钰

有人说，风是一个调皮的孩子；有人说，风是温柔的小姑娘；有人说，风是助人为乐的好少年；也有人说，风是冷酷无情的坏蛋；而我却不这么想，我认为风是喜怒无常的。

你看，春天到了，风暖洋洋地欢迎着春姑娘。暖风吹融了冰雪，暖风吹醒了动物，它与孩童们嬉戏，它护送着一只只风筝飞上蓝天。风把青草吹绿，风使鲜花盛开，它带着燕子归来，它与船只共同起航。它吹动着女孩子的长发，它带着祝福飞向远方……一切都是那么和谐，风显然现在正欢笑着。

但是转眼间，风就变了脸，它催促着春姑娘离开，还极不欢迎夏哥哥的到来。它卷起许多泥沙，直直向人们冲来，它将所触到的一切转换成巨大的冲击力，形成了龙卷风！老天爷由不得风这样做，生气地下起暴雨来，雷电帮助着配乐，只见风满不在乎地将冷气传送向雨滴，使雨滴变成了冰雹。它似乎有意向人们作对，把冰雹砸向房子，让人们无家可归，还把树连根拔起，风的威力可真大啊！吸取了老天爷的教训，风终于平静了下来，它开始为刚才所做的一切而后悔起来。于是，风准备将功补过，它揪出太

阳和白云，不一会儿，大地就恢复了一片生机。没想到，太阳将炽热的光芒投向大地后，竟把人们晒得受不了了！太阳还赖着不走，风只好飞向人间，给人们送去一片片的清凉，风还降下了小雨，使人间湿润了下来。

秋妹妹姗姗来迟，累得不行，便央求又换了一种性格的风去调换季节。风欣然答应，它赶着大雁向南飞，它吹红了一片一片树叶。风调皮地拂过熟透了的果子，可爱地与黄色的麦子玩耍，它把农民伯伯的帽子吹走，它钻进小朋友的衣袖里……还没等风闹完，冬爷爷就大驾光临。

调皮的风孩子被严肃的冬吓了一跳，使劲往别处逃。而冬呼了口气，就让风改变了性格。它怒吼着冲向人们的房子，震得窗户直颤，它冰冷如水地向孩子冲去，冻得小孩子冰住了手脚。它又逼老天爷下起了雪，将寒冷送向了各地，听到对自己的责怪，风更生气了，使劲拍打着窗户，让人们惊恐万分，不能安然入睡，它还令动物们左逃右窜。唉，没办法，谁让它是风呢？！

"解落三秋叶，能开二月花。过江千尺浪，入竹万竿斜"。伴着风的呓语，我吟起诗来，直到目送风离开。

读古诗，学作文

中国是诗的国度，古人为我们留下了无数名篇佳句。在小学课本里，我们已经接触了很多优美的古诗。不过大家可能没有想到吧，学习古诗除了能陶冶我们的情操，继承、发扬中国的传统文化以外，还能提高我们的作文能力！

不信吗？咱们读读下面的古诗。

"横看成岭侧成峰，远近高低各不同"。这是北宋杰出文学家苏轼所作的《庐山游记》中第五首诗中的名句，形象地勾画出了庐山的奇妙和迷趣。诗人生动地告诉我们，从不同的角度看，庐山给人的印象都不一样。在习作当中，有的同学总以为自己的作文之所以不好，是因为选择的内容不新颖，于是就挖空心思编造一些不切实际的、离奇的故事，结果当然不理想。其实，真正的新颖不见得总是"新事"，平凡的事只要从不同的角度思考往往也能变得新颖。比如，一只小蚂蚁在爬墙，总是爬到一半就掉下来，多数的同学都表现小蚂蚁的顽强精神，而有一位同学却认为小蚂蚁很笨，说它做事不爱动脑筋，只会一条道走到黑。换了个角度，使得一个普通内容立即焕发出新意。

"忙趁东风放纸鸢"。这是清朝诗人高鼎《村居》里的句子。读着这首古诗，不禁使人头脑中浮现出这样一幅画面——春光明媚、柳絮纷飞时节，活泼的儿童舒臂牵线，喜放风筝，风筝高高飞翔在蓝天白云之间。风筝为什么能飞得那么高呢？因为有东风。如果没有东风这个前提，风筝也就无法飞起来了。如果把我们习作中的主题比作纸鸢，那么东风是什么呢？对，就是文章中的铺垫。在习作当中，同学们大都不太注意文章前后的关系，使得文章的主题显得不够深刻。如果我们想在文章结尾使得主题进一步升华，就必须在前文有所照应。只有这样才能使得文章主题，像纸鸢一样"高高飞起"。

"水光潋滟晴方好，山色空蒙雨亦奇"。苏轼赞美西湖的名句，同样可以给我们启迪。同学们写作文时总喜欢写"大事"，好像只有大事才值得写，而那些小事"没有意思"，也就不愿写了。其实云有云的韵味，雨有雨的风姿；山有山的伟岸，水有水的柔情。轰轰烈烈的事自然可以写，但我们平时毕竟不常遇到那样的事。而每天都发生的小事，虽然普通，但只要我们细细体会，也能发现她的"美丽"之处。

"夜来风雨声，花落知多少"。孟浩然的《春晓》独辟蹊径以鸟鸣带人进入慵懒的春日阳光中，接着笔锋一转，一夜风雨至，梦里花落有多少——几分清新、几分寥落、几分尽在不言中的情思，就任由读者信马由缰地去驰骋了。真正的好诗就是这样一片开阔的草原——它自有蓝天白云，但那纵横天地的快乐需得读者自己骑马一试方知。作文同样要讲究这样的意境。有的同学唯恐自己的作文别人不明白，就不断地"添枝加叶"，更有的在作文结尾处把自己的文章主题毫无修饰地大写特写，使得文章的意境大

减，读者读来索然无味。试想，如果孟浩然在文章的结尾再加两句——清晨出门看，花落八九枝，也许这首诗就流传不到今天了。

对我们习作有启迪的古诗远不止这几句，大家在今后学习中如果能留意类似的句子，并细细思考，定会对大家的习作有所帮助。

放飞蜻蜓

六年级四班　王凌钰

昨天的那场大雨引来了一位不速之客。

它停留在吊兰的叶子上，不安地扇动着它那两双晶莹无比的翅膀，这是一种多么美丽的生物啊！我忍不住打开窗，伸出手去。它没有飞走，好奇地看着我的一举一动。我扯住了它的翅膀，妄想将它带进我的房间。直到这时，它才使劲挣扎起来，但这并没有改变什么，我小心翼翼地将它放在了纱窗上。它急躁了起来，用尽全身的力量去撞那坚固的窗户，那窗户纹丝不动。它终于意识到了，这样做是徒劳的，于是它开始等待，等待这扇窗户灰飞烟灭。它真是傻得可爱，毕竟，它只是一只昆虫啊。

那是一只蜻蜓。

蜻蜓是益虫，以蚊子为食，它成长两年后才变成成虫。两年才能长大，这只蜻蜓真是来之不易，怪不得小区里不常见到它们，它们还没长大呢。

蜻蜓异常的安静，这使我有机会近距离地观察它。小小的头上缀着一双巨大的淡青色眼睛，眼睛里是一汪深不见底的湖水，毛茸茸的背部长着4片透明的薄翼，翼上有着细密的黑色纹路。翼下伸出6只黑色的细腿，紧紧抓住纱窗。背部下端是一条黑色与金色相间的身体，有节奏地跳动着，身体中央还掺着一层似有似无的青纱，美丽极了。它正发出着一种很奇怪的声音，我知道，它是饿了。

蜻蜓一天能吃几千只蚊子，而我们小区的蚊子又都很猖狂，不如把它放了，让它替我去消灭蚊子，给我报仇吧！想到这儿，我便打开窗，将蜻蜓放了出去。望着它模糊的背影，我在心里默念：蜻蜓，一定要多多消灭蚊子，替我报仇呀！

作文也有"时差"

一个人如果从美国的东海岸乘飞机来到北京，那么他下飞机的第一件事就是调整他的手表，因为北京与美国有时差。这是两地位置不同而产生的必然现象。你是否意识到，在我们写作文中同样存在"时差"呢？

有的同学在生活中遇到一件特别有意思的事，于是把它写到作文里。满以为这次的作文一定可以得到老师的表扬，谁知道老师却说读不明白，也不觉得作文里的事如何有意思。为什么一件自己亲身经历的，自己感触很深的事，到了作文里却不能打动读者呢？这就是因为我们忽视了作文时的"时差效应"。作者和读者处于两个不同"位置"，读者不知道这件事发生的前提，也没看见事情发生时的经过，更加不了解这件事结束时产生的影响，作者和读者之间存在"时差"。要想把自己了解的一件事通过作文告诉读者，我们必须考虑到读者是这件事的"局外人"。

如何处理作文中的时差效应呢？

一、开头要有铺垫

开头不仅应交代清时间、地点、人物等作文基本要素，还应写清楚事件发生的前提、背景。如你想写在生日时得到一个足球，令你非常高兴这件事，在开头就应点出"我早就想得到一个足球了，可是爸爸总是以学习为由拒绝实现我的愿望"。盼望得到而总也得不到的心情使后文的"非常高兴"有所依托，令人觉得真实可信。

二、叙述经过要有条理

事情总是一步一步发生的，虽然我们自己已经经历过这件事，很清楚这件事中什么地方最有意思，但在写时不能仅仅描写重点部分，否则作文就显得干干巴巴，毫无趣味。比如上面的例子，在见到爸爸买来的足球之

前，我们可以写一写自己猜测爸爸可能买什么礼物，盼爸爸赶快回家的急切心情等等。有了这样的描写，再写见到爸爸送"我"的礼物竟然是足球时的兴奋心情就能感染读者了。

三、结尾要留些余地

用笔描写一件事和用摄像机拍摄一件事是有区别的。后者是全面的记录一件事，而前者是艺术地再现一件事。读者读完你的作文所产生的感受，有可能和你这个当事人相同，也可能不同。如果我们把自己的感受在结尾毫无保留地描写出来，往往会使文章苍白空洞降低文章的意境。如上面的例子，可以这样结尾："看着手里这个漂亮的足球，想着爸爸刚才说的话，我陷入了沉思……"沉思什么？作者没有写出，给读者留下了思考的余地，让读者也去深思，从而把读者这个"局外人"也纳入了事件中，避免了读者和作者之间的"时差效应"。

其实，避免"时差效应"也很简单。只要我们在写作文时，多从读者的角度出发，想一想我这样写读者明白吗？能产生和我一样的感受吗？以读者的眼光审视自己的作文，相信大家一定能够写出既能打动自己，又能打动读者的优秀作文。

难忘的回忆

五年级四班　张紫昱

我最爱的人是我的爷爷。他生前是一位军人，所以很少跟我在一起，每当爷爷回家时，我都很高兴。

爷爷对我是百般疼爱。那时我才六岁，但哥哥们都不敢招惹我，因为爷爷会打他们的。爷爷经常让我骑着他的脖子，带我去看戏、看表演，还经常带我去买好多好吃的。如果我不高兴，或者哭了，爷爷就会慢慢的安抚我，我看着爷爷那慈祥又布满皱纹的脸，对爷爷说："爷爷您真好，我长大一定给您买大别墅，大汽车，让您好好享福！"爷爷听了，呵呵地笑了。过了一年我七岁了，上小学二年级，回爷爷家的时间越来越少了，但是我对爷爷的感情还是没有变！不久，听爸爸说爷爷住院了，我担心极了，赶忙让爸爸送我去医院看望爷爷，我问爷爷怎么了，爷爷说没事儿，一点小病。我这才放下心来，又跟爷爷说说笑笑起来。不一会儿，妈妈就催我回家，说别打扰爷爷休息。爷爷摆着手说："不碍事，不碍事，让我大孙女多待会！"我搂着爷爷的脖子冲妈妈吐着舌头，气得妈妈直皱眉头。我一直认为过不了几天，爷爷就能出院了，所以以后几天我都没有再去医院看望爷爷。可没过几天，爷爷突然去世了。我来到爷爷的坟前，跪了下来痛哭流涕，妈妈叫我不要太伤心，将来只要好好学习，爷爷在天上会看到的！

事情已过去三年了，可是每当看到爷爷的照片时我都忍不住难过，为什么我当时没有去医院好好守着爷爷呢？爷爷，我如今已经长成大丫头了，学习不错，钢琴也很棒，不知您在天上看到了没有？

巧设悬念

有的同学问我,怎样才能让自己写的作文让人爱读呢?我告诉她秘诀就是巧设悬念。

比如我们听评书，为什么总是盼着"书接下文"呢？因为说书人在结束时总会留下一个悬念，不管当时情节多么紧张，故事多么精彩，说书人总是不紧不慢地在"下回分解"中结束。听书的人兴趣自然就被调动起来了，就会产生第二天继续听的冲动。这就是悬念的好处。

我们课文中也有许多这样的例子，如著名作家巴金写的《鸟的天堂》这篇课文当我们第一次看到标题时肯定会想到这篇文章肯定和鸟有关。可是作者开篇似乎忘掉了这个标题，写晚霞、写河流、写划船，就是没有一点写鸟的文字。读者自然会产生疑问，"鸟"的悬念也就不知不觉产生了。从而使其继续阅读下文，一探究竟。

再如《草船借箭》，谁都知道诸葛亮十天内造出十万支箭是不可能的，

可是作者偏不说他该怎么办。而是叙述他向鲁肃借一些和造箭无关的东西，读者本来已经悬起的心也就越吊越高。直到课文最后诸葛亮让兵士把"借"来的十万支箭从船上卸下来，读者才知道谜底。而一个足智多谋的诸葛亮形象也浮现在读者面前。

由此可见悬念设置得好，可以使文章起伏跌宕，一波三折，这样的文章读者自然就爱读了！

我尿裤子了

五年级四班　巴　图

今天发生了一件令我无比尴尬的事——我"尿裤子"了。

中午，我们像往常一样在食堂里吃饭。夹菜、吃饭、喝汤，一切和往常都没有两样。没意思，不如来点恶作剧！我把掉在桌上的一粒米饭扔到李聪聪的盘子里，"不许浪费粮食！哈哈！"看着李聪聪生气的样子我心里得意极了。我端起汤碗准备"痛饮一杯"，庆祝一下！哎呀！我不小心把汤洒在了裤子上。我连忙站了起来，几个同学见了，就嘲笑我说："巴图尿了！巴图尿了！同学们快来看啊，巴图尿了！"李聪聪也不生气了，只顾蹲在地上笑。这件事迅速地在班里传开了，许多同学都跑来"欣赏"，并对我冷嘲热讽。尤其是班里那个讨厌鬼高潜，他说得最欢："哦！原来是巴图尿了！怎么这样顽皮呢？哈哈！"把我气得脸都红了。"看清楚这是汤，不是……"这时，邱泊清来了，他可是我最好的朋友，我本以为他的到来可以帮我解围，可没想到，邱泊清还没把话说出口，就已经笑得上气不接下气了："哈哈哈！巴图……哈哈，哎呦，我的肚子！"他竟然笑得肚子都疼起来了。我的心真是凉到家了，还好朋友呢！这时，班长朱宇旋来了，我心想：班长啊班长，我可算把你给盼来了，我的希望全在你身上了。可她一开始表现还挺好的，教训同学们不要笑话我。可后来她看了看我，又看了看我的裤裆，也情不自禁地笑了起来。我真是要气死了！真想和他们大吵一架，我"刷"的一声站了起来，同学们的目光则"刷"地一下看向了我的裤裆，便笑得更厉害了。

我害羞极了！本想给别人来点恶作剧，没想到我自己却成了"笑话大王"。唉！真是老天不做"美"呀！

巧妙思维，让旧题出新意

同学们都知道有新意的作文能使读者眼前一亮，能让作文获得出人意料的成功。可是如果老师给出的题目很平淡，我们该怎么出新呢？其实，只要多动动脑筋，在审题时多下点工夫，旧题也可以出新意。

一、逆向思维——横看成岭侧成峰

逆向思维就是反着想。比如"我讨厌＿＿＿＿＿"这个题目。一般我们都把注意力集中在横线上填什么，而很少思考横线前面的文字。确实，讨厌的意思谁都懂，就是不喜欢呗，有啥好想的？其实不然。这个题目也可以写喜欢的内容。比如有个同学起的题目是"我讨厌爸爸"，因为爸爸总是把"我"的事忘记。出差去外地忘了给"我"带礼物，却给奶奶买了一件毛衣，结果遭到"我"和奶奶的一致批评；开家长会忘了来参加，因为忙着在公司开会，搞得同学怀疑"我"爸爸和妈妈是不是离婚了。最后小作者在结尾处写道：这就是我讨厌的爸爸。不过亲戚邻居，甚至爸爸公司的同事却都说爸爸这也好，那也好，真是让人搞不懂啊……

这个同学就很好地利用了逆向思维。表面看"我"很讨厌爸爸，其实却是很喜欢爸爸；表面上写的都是批评爸爸怎么不好，其实却是把爸爸孝敬老人、工作认真的特点大大地表扬了一番。结尾的"真是让人搞不懂啊"更是揣着明白装糊涂，让读者在回味之时也深深喜欢上了"我"的爸爸。

二、发散思维——柳暗花明又一村

发散思维就是从多个角度思考。比如还是"我讨厌＿＿＿＿＿"这个题目，有个同学在"我"字上做起了文章。"我"不就是指自己吗？这有什么好琢磨的。可这个同学却让"我"成了一条小狗。他用第一人称的写法，写一

条小狗怎样委屈。由于小主人不讲卫生，把脏衣服扔了一地。妈妈下班回来很生气，质问小主人为什么乱扔衣服。谁知小主人却说是"我"叼的，结果"我"挨了妈妈打；第二天，"我"看到小主人又扔了一地衣服，赶紧躲进厨房，满以为可以躲过小主人的诬陷。谁知小主人却说："妈妈您看，小狗叼完衣服就躲进厨房了，它是怕您打它呀！"结果，"我"又挨了打。当"我"第三次看到小主人乱扔衣服时，心想"干脆我替他捡起来得了，省的妈妈回来受苦的还是我。"谁知我刚叼起一件上衣，妈妈就进来了。得！这下"狗脏聚在"，又是一顿打。小作者以小狗的口气说出"我讨厌小主人"，文章风趣幽默，充满新意。

三、引申思维——唯见长江天际流

引申思维就是根据题目的意思做联想，在不改变题目意思的前提下扩展题目的含义。比如"一件小事"这个题目。表面看是要求写一件事，而且是小事。如果按这个思路去想，那么作文写出来难免琐碎平淡。有个同学这样写：我有个同学有句口头禅，"这不过是件小事。"上学不带红领巾，给班里丢了分，班干部批评他，他说："这不过是一件小事。"上课不带书，只能和同桌看一本，同桌讽刺他，他满不在乎地说："这不过是一件小事。"其他同学做作业，他用小纸团丢别人，结果打到了同学的眼睛，同学哭了，他说："这么点小事，至于吗？"后来同学都不和他做朋友了，他表面装得无所谓，其实已经后悔。看着大家离去的背影，他结巴着说："这……这只是一件小事……"正是一件件小事，造成了最后"失去所有朋友"的大事。一个普通的题目让读者深思不已。

怎么样同学们，看了上面的介绍，你的思维是不是也活跃起来了。那不妨试试思考下面的题目，看看可以怎样思维，能让这个题目充满新意。

练习

1. 《我的老师》（提示：老师一定是教语文的王老师或教数学的张老师吗？可不可以是一本书，一位小朋友？可不可以是一只小昆虫）

2. 《难忘的一件事》（提示：难忘的事一定是那些值得自己一辈子珍藏的事吗？可不可以是自己希望马上忘掉的事？比如上学时尿了裤子，自己

很不好意思。这件事已经过去很久了，你希望大家都快点忘了它，可是同学们还是不时拿来取笑你。这样的事算不算"难"忘）

给你的游记画一幅路线图

什么叫游记？游记就是我们出去旅游时，把游览这个地方看到的景物按一定的顺序记叙下来的文章。说起旅游，同学们一定都觉得非常高兴！到风景胜地游览，既能欣赏到秀丽的自然风光，又能增长自己的见识，是一件多么令人向往的事情啊！可是说到写游记，就不那么令人高兴了。请看下面一位同学写的游记。

游桃源仙谷

六年级一班　左致豪

今天，爸爸带我们去了桃源仙谷。

桃源仙谷最惊险的地方在峡谷的最深处，那里有一段很陡的上坡路，旁边没有护栏，它高二百米，倾斜度为三十五度，感觉几乎和地面垂直，路宽一米，蜿蜒曲折，而两侧又是万丈深渊，掉下去绝对没有绝处逢生的可能，令人魂飞魄散。还有一个地方，路曲折无比，宽三米，也没有护栏，据说在早晨，当雾从山谷里升起来的时候，整个山谷浸在乳白色的浓雾里，根本分不清哪里是路，哪里是山谷。如果掉下去，那小命就保不住了。想起来真是可怕，我们几个孩子不再嬉闹，我更是紧紧抓住爸爸的手……

桃源仙谷也很美丽。在我们下车不远处就能看到一个高达三百米的瀑布，使人不禁想起李白"飞流直下三千尺"的名句。沿着梯子向上走，声音越来越大，水撞在石壁上水珠四射上，好像一颗颗珍珠。梯子很陡，但和我们后来走的陡坡相比就算不了什么了。走上山顶，发现一个大洞，里面黑黑的，长三百多米，扶着栏杆，里面还有恐龙的叫声，总觉得像是回

到了原始时代。还有一个地方要从水上面的石头上经过，水很浅，有个伙伴滑了一跤，滑到水里，弄成了个落汤鸡。我故意跳到水里，学海豚的动作，惹得大家直笑。就在我们嬉闹欢笑时，又一个宽两百多米长四百多米的瀑布出现在我们的面前。前面有一个吊桥，从上面走过去，一颗颗水珠很快落在身上，如一颗颗流星快速的划过天空，爽极了！过了瀑布，就到了美丽如画的桃源，那里是粉红色的天地，总面积达一万五千平方米以上，呈现出一派迷人的自然风光……

桃源仙谷真是太有意思了！好似分为两部分，开始环境优美，花香诱人；到了峡谷深处环境恶劣，两侧万丈深渊，置身其上，令人不寒而栗。我喜欢这既美丽，又惊险的桃源仙谷。

从这个同学的游记中我们可以感受到桃源仙谷的确是个好玩儿的地方，这个同学也玩儿得很开心。可是这篇游记却让人觉得有些晕头转向。他究竟是从哪里开始游览的呢？从文章看应该是先到的峡谷深处，可他又说"梯子很陡，但和我们后来走的陡坡相比就算不了什么了。"这真是让人有些摸不着头脑，难道是这个同学在谷里来来回回走了好几次？要解决这个问题其实并不难，只要我们同学学会画路线图。路线图就是我们游览一个地方走的路线。语文书中有篇文章叫《记金华的双龙洞》。作者是从金华城出发，过了罗甸就进了山，然后到了洞口，参观了外洞后从一个空隙来到内洞，从内洞参观完就出了洞。如果画出路线图就是这个样子的：

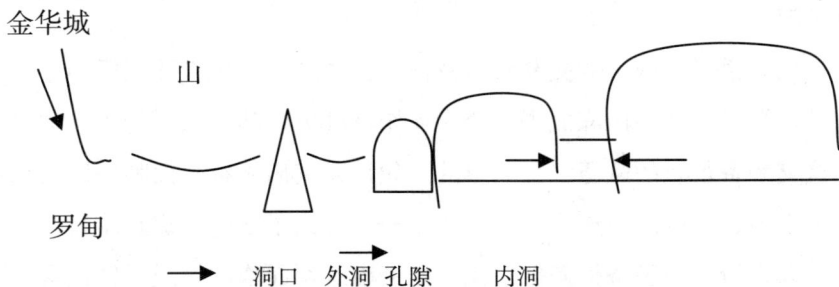

从路线图中我们可以清楚地看出作者由进到出的游览顺序，使读者也仿佛和作者一起游览了美丽的双龙洞。

上面那位同学写的游记如果画出路线图应该是：

下车 ➡ 游览谷口 ➡ 峡谷深处 ➡ 出谷

所以应当把二、三自然段颠倒顺序，先写谷口看到的景色，再写峡谷深处的惊险，就觉得很顺畅了。可见，如果这个同学在写作之前先列出一个游览路线图，就不会把文章写得次序混乱，令读者晕头转向了。同学们，你们学会画路线图了吗？

不要忽视自然环境描写

昕昕：马老师，我上次写的作文您说要注意环境描写，是什么意思呀？我那可是一篇写人的文章呀！

马老师：呵呵，写人、记事的文章也经常会有自然环境描写呀！好的自然环境描写，就像电影的背景音乐，不知不觉中一点点唤起读者的内心情感，强化、升华文章的主题。但是，同学们往往不太重视环境描写，有时仅用"天气晴朗，一丝风也没有。""天空乌云密布,不一会儿下起雨来"等简单一句话就一笔带过。这样的环境描写与主题关系不紧密，甚至毫无关系，不仅不能起到烘托、渲染的作用，有时甚至是画蛇添足。

昕昕：那么，怎样才能写好环境描写呢？

马老师：咱们学过的课文中就有很多自然环境的描写，我给你举几个例子吧。

比如说《丰碑》一文开头这样描写："红军队伍在冰天雪地里艰难地前进。严寒把云中山冻成了一个大冰坨。狂风呼啸，大雪纷飞，似乎要吞掉这支装备很差的队伍。"简单的几句话，突出了红军面临的巨大困难：冰天雪地、云中山冻成了一个大冰坨——突出了寒冷、道路难行；狂风呼啸，大雪纷飞与装备很差作对比——突出红军面临的挑战。使读者不由得为红军战士担心，认为他们无法应对这样的困难。这就为后文军需处长把棉衣让给其他人，自己穿着破旧的单衣被冻死的崇高行为做了铺垫，使这种行为在这种特定的环境中熠熠生辉。

同样的行为，在不同的环境中，产生的作用是不一样的。如果军需处长是在一个普通的冬日把棉衣让给战士，必然不会如此的震撼人心。而《爱的奇迹》中小比利如果不是在一个极度干旱的季节捧水给小鹿喝，他的母亲也断不会被儿子的行为感动得落泪。

昕昕：可见，若想使作文中的人物真实感人，开头写清环境、做适当的铺垫是非常重要的。

马老师：说得对！环境都是为中心服务的。不论在文章中何处描写环境都要和此时人物的情感有关联。而人的情感是最为丰富的，且主观性很强，即使同样的景物，因人的心情不同，给人的感受也不尽相同。秋雨在烦恼的人眼里是寒冷，在高兴的人眼里是浪漫。而在同一篇作文中，环境大致是相同的，而人物的情感却一般都会发生变化。如果在情感起伏处重复描写同一环境，往往会突出这种变化，使读者对引起这种变化的原因深深思索。

《草地夜行》几次写道"狂风"、"大雨"、"茫茫的草海"。表明小红军面临的困难并没有变化，但他的内心却由开始的"无助"到"痛苦"再到最后对前方充满希望等经历一系列变化。是什么力量使小红军有了这种变化？

昕昕：是老红军那种舍己为人的品质，对革命无限的忠诚，使得小红军燃起了斗志，能勇敢地面对困难。

马老师：对，一次次的环境描写突出了老红军对小红军的精神鼓舞，也使老红军的精神一步步得以升华。

昕昕：看来环境描写的作用真的很大，下次我在写作文时，一定多描写环境。

马老师：呵呵，也不能太多。写人、记事的作文主要还是要写好人物和事件，如果环境描写太多了，反而喧宾夺主。

昕昕：啊？那我写多少合适呀！

马老师：什么时候要描写环境，该写多少，并没有统一的标准。不同的内容要做不同的安排，有时，一枝红杏也可写尽满园春色，而有时唯有万紫千红才能表现春天。一般来说，写人记事的文章环境描写不宜过多，只要渲染一个大背景即可，类似于作画时先确定一个底色，作曲时先确定一个基调。底色、基调既成，剩下的就是雕琢重点人物和事件了。但有时也可分几次进行环境描写，类似于诗歌中的间断重复，一步步深化事件和人物。

　　比如《手术台就是阵地》一文中，几次提到敌机和炸弹：第一次炸弹落在小庙前的空地上，第二次落在小庙周围，第三次庙的一角被炸坏，门帘被烧着，火苗甚至扑向手术台。这样的环境描写给你什么感觉？

　　昕昕：情况越来越危急了，可是白求恩还是在认真地做手术，他可真伟大！

　　马老师：不错，越来越危险紧张的环境，把白求恩一心抢救伤员，将生死置之度外的品质表现得越来越高大。好的环境描写是调味剂，能使文章更生动；好的环境描写也是催化剂，能使文章更感人。希望你能在写作文时重视环境描写，写好环境描写。好吗？

　　昕昕：　好，我一定重视，谢谢马老师！

谈作文修改

出示要求：

1. 将阅读中体会到的表达感受的方法运用到习作中去，初步学会在习作中融入自己的联想和想象。

2. 能细致正确地将自己的感受表述出来。

3. 要注意详略。

　　师：同学们对吹拉弹唱、琴棋书画一定不陌生，而在学习时的酸甜苦辣也一定各不相同。这次的习作就是要求同学们将自己的故事讲出来与大家共享。这次习作要注意两点：首先是要细致正确地将自己的感受表述出来。在学习一门艺术时，我们的目的不一样，因此开始学习时的心情也不

会一样；经过一段时间的学习后，或有了兴趣，或感到厌烦，于是心情又发生了变化。在习作时一定要把心情的变化过程把握好，表达好。其次要注意详略。和主题关系紧密的内容要详写，关系不密切的内容要略写。如学习的过程，内心的变化，应详细交代，而学习的原因就可以简单写了。除写学习艺术外，同学们还可以写自己喜欢的一件艺术品，或写参加一次艺术活动的经过等。

学生习作原文

梅花香自苦寒来，宝剑锋从磨砺出

乔兆羽

此时的杭州正赶上台风，空气中飘着绵绵细雨。我在后台等候，一股风吹过，不是舒适，而是让我更紧张了。

"乔兆羽 舞蹈《吉赛尔》"啊呀！都到我啦。我深深地吸了口气，虽然都是第三次比赛了，但我还是提心吊胆的，生怕出什么差错。我随着音乐跳起舞来，听着这婉转悠扬的乐曲，我也好像走进了这音乐之中。舞蹈跳完了，向观众行礼后，我长长地呼了口气。轮到评委点评了，评委说："你的动作很优美，控制力也不错…但是就是后的转圈抬脚有点'脏'。"听了这一番话，我无比激动，虽然被挑出弱点很不好，但是我庆幸我没有摔倒，这对我来说是天大的喜事！因为我成功了！我的辛苦没有白费，我的汗水没有白流！

我回到座位上，眼前浮现出这样的画面：第一次比赛是集体舞，没有几天就要比赛了，可是忽然有位家长因花费太高而让孩子退出了比赛。后来只得到银奖。第二次的独舞也是银奖。这次，我希望在杭州的比赛能得全奖。妈妈这回可没少掏钞票，光服装费就1100多元，这回是个长裙子，飘起来特别好看。妈妈为了能让裙子飘起来，特意让老师给我加了转圈的动作，说起转圈，可是我的苦恼啊，经常使我眼花缭乱，找不着北。而且这回还必须要往反方向转，我连学都没学过，怎么办呢？现在只有一个办法：不转也得转，那就练呗！开始的时候，我不是站不住，就是连不起来，一次又一次的尝试，一次又一次的失败，不一会儿，脚趾就疼了起来，但还要坚持练，最后，连立都立不起来了。休息的时候我才发现，小脚指活生生地被磨掉一块皮！当时只有一个念头，我不练转圈了！可心里这样想实际也不能这样做呀。第二天我又练了起来…功夫不负有心人，在几天的练习中，我终于有些进步。但是看起来去很难受，时间过得飞快，一个星期又过去了。可我现在还是有些没谱。在剩下的三天里，我只好每天都顶着火辣辣的太阳去排练室自己练习，在34度的高温下不能开空调电扇，而且一回就是 3 个多小时。那种永远也练不完的感觉真是苦哇！回到家里，把皮筋解开，头发直往地上滴水，如洗了一般。我敢说，我这三天流的汗绝对不会少于两升！经过这 3 天 9 个小时的练习，我心里也渐渐有了底。

也正是这样，我才能取得这样的进步。真是梅花香自苦寒来，宝剑锋从磨砺出啊！

师生修改：

师：下面我们来分析这篇文章的问题。

生：老师，我觉得开头有些别扭。

师：怎么别扭？

生：感觉好像很突然。

师：说得好。就是这样，之所以会让人觉得突然，是因为起因交代得不清楚。

师：还有什么问题？

生：比赛的结果也没有交代清楚，中间的部分感觉也有点乱，不清楚她的心理变化。

师：好！下面请乔兆羽同学根据这个意见修改自己的作文。

修改稿：

彩虹总在风雨后

乔兆羽

暑假我来到杭州参加芭蕾舞比赛。此时的杭州刚刚刮过台风，空中飘着绵绵细雨。我在后台焦急地等候点名，一股凉风吹过，让我更紧张了。

"31号，乔兆羽，舞蹈《吉赛尔》"呀！到我啦！音乐响起来了，台下一片寂静，我随着动听的音乐"飘上"舞台。婉转悠扬的乐曲，似欢快的溪流，像清幽的微风，使我的心慢慢沉浸在音乐之中。舒臂、弯腰、抬腿、低头，我随着音乐尽情舞蹈。"你的动作很优美，控制力也不错，音乐感比较强，整个舞跳得非常流畅，这个舞相对比较难，能完成到这个程度很不错！"听着评委的点评，我长长地出了一口气，心里无比激动。

带着喜悦的心情我回到座位上。忽然感到脸上凉凉的，用手一摸，竟是泪水。是啊！我怎能不落泪呢？这是我第二次参加舞蹈比赛，第一次我只取得了第十五名，为了这一次能有个好成绩，我付出了多道辛苦呀！不要说平时的艰辛，就是这次比赛前的准备也的确让人不堪回首啊！妈妈这回给我订了个长裙子，飘起来特别好看。她为了能让裙子飘起来，特意让老师给我加了转圈的动作。说起转圈，可是我的苦恼啊，经常使我眼花缭乱，找不着北。而且这回还必须要往反方向转，我连学都没学过，怎么办呢？现在只有一个办法，练呗！开始的时候，我不是站不住，就是连不起来。一次又一次的尝试，一次又一次的失败，不一会儿，脚趾就疼了起来，但我还是坚持练。最后，连立都立不起来了。休息的时候我才发现，小脚指活生生地被磨掉一块皮！当时我脑海里只有一个念头，我死也不练转圈了！可心里虽然这样想，第二天我又练了起来……在最后的三天里，我每天都顶着火辣辣的太阳去排练室自己练习，在34度的高温下不能开空调电扇，而且一练就是3个多小时。那种永远也练不完的感觉真是苦哇！回到家里，把皮筋解开，头发直往地上滴水，如洗了一般。我敢说，我这三天流的汗绝对不会少于2升！功夫不负有心人，在几天的练习中，我终于有些进步。

"乔兆羽，荣获本次比赛一等奖。"啊！会不会是我听错了，可是那位著名的舞蹈家正对着我微笑呀！

在回宾馆的路上，雨已经停了，太阳出来了。雨后的杭州真美呀！我把那鲜红的获奖证书捧到胸口，不禁唱起一首老歌："彩虹总在风雨后……"

教师点评：这篇习作的成功之处在于，作者细致描绘了自己的心情变化。比赛前的紧张，比赛时的沉醉，训练时的辛苦、灰心，成功时的喜悦，点点滴滴，形成一条完整的心路历程，使读者跟着作者紧张、激动和喜悦。小作者还很注意详略的安排，将平时的训练一笔带过，详细叙述了赛前刻苦练习高难动作的过程，突出了好成绩得来不易，点明了"成功的彩虹总在风雨后"的主题。此外，小作者还巧妙地运用了倒叙的写法，先交代比赛时的情景，然后再叙述平时训练的经过，使得主题更加突出，显示了小作者扎实的作文基本功。

如何让人物精彩亮相

俗话虽说"人不可貌相"，但在写作文时恰当的外貌描写却相当于舞台上演员的精彩亮相，对衬托人物品质起着很大作用，能使人物形象更加生动。描写人物外貌时，大家可以从下几点考虑。

一、外貌特点在于特别

世上找不到两片完全相同的树叶，也不会有两片完全相同的雪花。同样，这个世界上也不存在完全相同的两个人。即使是双胞胎，也会有细微的差别。在描写人的外貌时，最重要的就是把这个人和别人的差别突出出来。比如我们在纸上画一个小圆脑袋，添上眼睛、鼻子、嘴巴。没有人知道我们画的是谁。但如果我们在这个小人儿头上画三根头发，相信别人一眼就会看出这是谁了——三毛！为什么猜得这么准？因为三毛有个最大的

特点——头上只有三根头发。这是他和别人最大的区别，突出了他这个特点，也就等于把三毛画"活"了。同样道理，写文章时如果把人物的特别之处写具体了，这个人物形象也就鲜活了。

如《挑山工》一课，作者这样写挑山工的外貌：矮个子，脸儿黑生生的，眉毛很浓……一句话把挑山工那种勤劳、朴实的形象就写具体了。挑山工最大的特点就是"脸儿黑生生的"。因为成年累月挑担子上山，脸就显得黑。如果作者没抓住这个特点，写成："矮个子，眉毛很浓，一双炯炯有神的大眼睛。"读者就不知道这是挑山工，还是董存瑞了。

二、外貌描写在于描"心"

千言万语总关情。一篇文章不论选取什么内容，不论怎样遣词造句，都不能偏离文章的中心。一篇文章该不该写人物的外貌，该怎样描写人物的外貌，都不能随心所欲，而应考虑这样写对表现文章中心，衬托人物品质有没有好处。那种为了写外貌而写外貌的情况是应该避免的。有的同学认为写人的文章开头一定要写一写这个人的外貌，好似演出前要让演员先亮个相，然后才好让他们表演。这是个错误的想法。外貌描写未必总要放在开头，而不论出现在哪总要让它能为中心服务才好，否则，这样的描写非但不能给文章增色，反而会添乱。

如一位同学写妈妈，开头写道："我的妈妈很漂亮，一头乌黑的长发披在肩上，一对有神的大眼睛，一笑起来，腮边就会出现两个小酒窝儿。"这位同学后面描写的是妈妈为了这个家很操劳，他很感激妈妈。可从前面妈妈的外貌中能不能看出这种操劳呢？不能。前面的"美女型"妈妈和后面的"操劳型"妈妈是对不上号的。有了这样的外貌描写，反而让读者对这篇文章的真实性有了怀疑。

《草地夜行》中有描写老红军外貌的一段话："他比我高两头，宽宽的肩膀，魁梧的身材，只是脸又黄又瘦，两只眼睛深深地陷了下去。"写"宽宽的肩膀，魁梧的身材"，给人感觉这是一个坚强的红军战士；写"脸又黄又瘦，两只眼睛深深地陷了下去"。给人感觉老红军此时也是又累又饿，疲惫到了极点，这样的外貌描写，为后文老红军背着小红军赶路的艰难，为了救小红军而牺牲，都做了很好的铺垫，使读者为老红军忠于革命的精神深深感动。

可见，好的外貌描写不是指把人的外貌写的好看，而是要突出人物特点，使人物鲜活。同时要时刻考虑文章要表现什么中心，使外貌描写巧妙地衬托中心。唯如此，外貌描写才会成为文章的点睛之笔。

我这样给毕业生复习作文

小学升初中考试是对六年小学学习效果的检验，毕业考试中的作文令许多教师颇感头痛。那么究竟小学毕业作文考试是什么呢？我们不妨来分析一下。中考作文以高考作文为导向，小学作文自然紧跟着中考作文。近几年，高考作文的不断变化，也间接的影响到了小考作文的命题走向。认真分析近几年的小考作文题，主要有这几个方面的变化：开放性题型增多，所谓"开放性命题"主要指的是"半命题"和"自命题"的形式；降低审题难度，近两年的小考作文题，一般都写出提示语，来帮助考生打开思路；淡化文体，就是考题不硬性规定体裁，使学生有选择的充分自由，有综合运用多种表现方式的自由，它提供考生一个更大的平台；题材贴近学生生活，考试作文不能是自由写作，否则难以统一评分标准，还要防止学生套用现成文。因此总是既有一定限制，又有启发性，使学生有事可叙，有人可记，有景可写，有情可抒，有感可发。所以近几年的小考作文命题非常贴近学生生活；想象类作文命题浮出水面，想象类作文命题是近几年很提倡的类型。这类题型有什么好处呢？其规定的内容与原材料或生活有较大距离，这就为考生提供了开阔的展示想象能力和创新意识的空间。如"假如我是——"这个题目，学生就可大胆想象，只要情节合理，内容具体，感情真挚即可。

不少老师往往认为作文没法复习。在面临作文考试时，大多采取这种态度：考前猜猜题，背几篇文章，交给学生套题的方法，学生考试往往不

是照抄范文，就是凑几百字了事。这样做，莫说很难碰上题，便是侥幸碰上题，也是高分低能，升上中学后跟不上班，是不足取的。

那么，应该怎样复习作文这门课程呢？

课标对作文的要求

作文是字、词、句、段等语文知识的综合运用。《语文课标》关于作文的总目标是："能具体明确、文从字顺地表达自己的意思。能根据日常生活需要，运用常见的表达方式写作。"在阶段目标部分，课标实际上将一到九年级的写作分为三个阶段：写话、习作、写作。而小学阶段的最高目标是——习作。《语文课标》很少提到写作知识方面的要求，而是把注意力放在写作的实践上。主张多写、多改，在实践中提高写作能力，因而在各学段提出了写作次数、字数的量化要求；同时就写作实践本身，提出一系列能力要求，而有意淡化了文体，只在第三学段（小学 5—6 年级）提出"能写纪实作文和想象作文"。到了初中才就文体的分类分别提出记叙文、说明文、议论文、应用文等的具体要求。可见，《语文课标》在写作方面重视的是过程和方法、知识和能力之间的融合。

课标还指出：写作知识的教学力求精要有用。应抓住取材、构思、起草、加工等环节，让学生在写作实践中学会写作。重视引导学生在自我修改和相互修改的过程中提高写作能力。

毕业班作文复习的目的及原则

系统地复习小学阶段学生接触过的各种文体，突出系统性。

在复习的基础上，使学生的作文能力有所提高，讲究实效性。

有目的地复习，强调针对性，不能全方位、面面俱到地讲授性复习。

复习的手段要精心选择，重视新颖性。

具体建议

1. 各种文体的复习：

从上文引述课标的内容可以看出，文体在小学阶段并不是最重要的内容。因此，在复习时，我们对文体的复习不应重在概念的重申，而应在学生实践当中稍加点拨即可。

(1)记叙文。引导学生回忆往事；为学生的习作创造素材，如各种小的语文活动。

(2)想象作文。重在强调大胆的想象力，以及想象以现实为基础。

(3)书信等。强调格式。

2. 作文基础知识的巩固。习作重在实践，但必要的知识还是应该得以巩固。如审题、选材、构思、开头、结尾、过渡等，都是写一篇文章所不可或缺的能力，必须在复习时有所涉及，但也应注意融合在具体的习作训练当中。

如复习开头的写法。如果我们仅仅把开头的各种形式概念性地告诉学生，当然不会收到好的效果。此时我们不妨设计一个题目，在学生草稿完成之后，出示不同的开头，使学生便于比较、理解。

例：《我们的班级》

(1)以描写开头。

这是一间窗明几净的教室，教室前的黑板上方挂着一面五星红旗，红旗的两旁有隶书剪贴的八个大字：团结勤奋，合作创优。黑板的右侧挂着五张奖状：分别是："先进集体"、"优秀中队"、"运动会第一名"、"卫生优秀班集体"、"乒乓球比赛冠军"。教室里坐着 55 名同学。这就是我们的班集体。

(2)以对话形式开头。

"你是哪个班级的？"

"我吗？我是六年级（1）班的。"

"行啊！怪不得你的数学那么好！到底是优秀班级的学生！"

嘿！只要说到我们六年级（1）班，哪个老师不夸赞，哪个同学不羡慕？

(3)以某一人物开头。

蛇无头不行，鸟无头不飞。说到我们的班级，不能不先说说我们的班长。

除了这种对一个题目的对比专题训练外，还应和复习课文结合起来，

这样才能事半功倍。如复习作文结尾的几种基本方法，我们就可以把教材上的课文作为例子，加深学生的理解。

(1)自然结尾。话说完了就自然结尾，一般叙事的文章，往往事情叙述完了就自然结尾。如《猫》一课的结尾："它们是那么生气勃勃，天真可爱！"写完了"满月的小猫更可爱"，就自然结尾。对小学生来说，自然结尾是最常用的方法。事情写完了就干脆利索地结尾，不要拖泥带水。

(2)总结性结尾。这种结尾的方法能使文章的中心突出，给读者留下深刻的印象，如《养花》、《我的伯父鲁迅先生》等。

(3)照应开头。文章结尾与开头相呼应使文章结构完整，中心更加鲜明。如《詹天佑》等。

(4)引发想象。有的文章结尾意思含蓄，给读者有想象的余地，言已尽而意无穷。如《穷人》、《卖火柴的小女孩》等。

3. 淡化讲授、强调实践。

以新颖命题训练写作。只有当学生爱写作文，爱在我们的复习指导下多练习写作文，我们的作文复习课才可能会有实效。因此，我们进行训练的命题必须是经过精心设计的，足以调动学生的写作欲望。对于毕业班的学生来说，繁重的学习是他们深恶痛绝而又无法逃避的，如果我们此时设计一些更有趣味性的题目，使他们在愉快的心情下写作，无疑是有必要且必需的。特级教师张化万提出一种新的作文课形式——玩玩说说课。每次习作前都有一项妙趣横生的小活动，如叠飞机、摔鸡蛋等。在活动中，学生思维活跃，有写的欲望。通过实践，我们认识到这样的复习性训练，不仅能复习巩固，还能给学生积累素材创造条件。

4. 引导学生独立复习。

（1）引导学生系统总结自己作文中的经验教训。

复习作文并非无本本作依据。单课内写的加起来就不下几十篇，这些作文，都是在老师指导下写的，有些还是由老师认真批改、讲评过的。从这些作文中，可引导学生总结自己的成功经验，以及失败的教训。还可以挑选其中写得较好的文章，进行认真修改，要求学生编成一本自己写的"作文选"。这是很有意义的。由于回顾以往自己作文练习走过来的路子，从自己作文实践中把写各种常见文章的经验整理一遍，临场应考无论碰到哪种类型的题目，都容易心中有底，思考有路，这比猜题碰运气好多了。同时，升学之后继续练习作文，也容易提高得快。

(2)引导学生归类整理自己作文中的错字病句。

别看同学们作文每篇都有错字病句，但归纳起来无非下列几种类型：错字，有因增笔、减笔、误笔写错的。有因辨别不清而写成与之形相近、音相同、义相似的另一个字的；病句，有成分残缺的、重复啰嗦的、用词不当不合事理的，等等。这些错字病句，平日老师在批改、讲评中屡次指出过，但是有的同学硬是不注意。如能借总复习之机，要求学生把这些错字、病句一一抄出，按不同类型归并起来，容易引起学生自己的警惕，查明其产生的原因，防止错误再次出现。

(3)结合复习课文，引导学生纠正自己的作文弊病。

不少老师复习课文，往往是孤立地回顾课文中的字词句和阅读课时已经讲解过的教参上的内容，不能把课文跟作文挂起钩来。这样复习是不利于提高学生的写作能力的。如何把课文跟作文挂起钩来呢？

①对比法。复习课文跟学新课文不同，因为课文都是熟的，每读一篇都很容易想到和它体裁相同、写法相似的其他题目。因而我们不妨把课本原先排列次序打乱，把类似的课文连到一起复习。这样便于对类似课文进行仔细比较，从而掌握这类文章的基本写作要领。再引导学生用这些课文跟自己的同类文章认真比较，就容易纠正自己文章的弊病，缩短自己作文跟范文的差距。

②设想法。读课文，感到某个地方写得很好，就引导学生设想一下，假若让我写这篇文章，这个地方我将怎样处理呢？这样一边读，一边联系着自己的写作实际想法就会从范文中学到更多的东西。

5. 重视个别辅导。

学生的作文水平参差不齐，如果我们不重视个别辅导，往往会出现有的学生"吃不饱"，有的学生"不消化"的现象。我们班有个学生作文比较

差，怎样帮他复习呢？我采用了每天通信的方法，即每天要求学生给我写一封信，我给他回一封信。在通信过程中，学生的练笔经历了一次集训，同时在我的回信当中，习作的一些基本知识得以不露痕迹地渗透给学生，收到了不错的效果。

当然，作文复习绝不仅以上所介绍的一些内容，这些只当作抛砖引玉罢了。但只要我们一切从实际出发，不断思索，相信定能发挥作文复习的作用。

一点实践

激发游戏之情，写真实文字

——《电脑游戏——想说爱你不容易》教学设计

教学目标

1. 能把自己的真实感受表达出来。

2. 能根据题目和自己的感受确定写作重点。

3. 启发学生了解到写作的素材就在身边，鼓励学生多对身边的事思考，并养成勤动笔的习惯。

教学重难点

能把自己的真实感受表达出来。能根据题目和自己的感受确定写作重点。

一、开阔写作思路

谈"喜"

1. 你知道哪些电脑游戏？玩过其中的哪一些？简单介绍一下游戏的内容。

2. 在你玩游戏时，心情怎么样？描述一下。

板书：喜欢（或高兴、兴奋等）

说"烦"

3. 一般在什么时候玩儿电脑游戏？家长同意你们天天玩儿吗？举个例子说明。（引出：家长对于孩子玩游戏的限制，引导学生再现家长是怎么制止孩子玩游戏的。比如家长怎么说的，什么表情，理由是什么等。教师可适当归纳为影响学习，影响身体，有的游戏内容不健康等）

板书：想说爱你不容易

道"忧"

4. 家长不愿意大家沉迷于网络游戏，但有些人却盼着大家天天打开电脑玩呢。想一想他们是干什么的？目的是什么？（引出唯利是图的商人）说一说你知道那些由于沉迷于游戏而毁掉自己一生的例子。

教师引出玩游戏过多的害处：分散学生的学习精力，有趣的游戏内容，精彩的游戏画面极大地刺激了学生的感官，很容易让我们上瘾。有损于学生的身体健康，电脑的屏幕具有一定的电磁辐射。现代医学研究表明：长时间接触电脑，会引起神经衰弱、视力下降等不利于青少年身体发展的疾病。产生人格的缺陷，由于现在很多游戏本身内容上的不健康，加上青少年缺乏对事物辨别是非的判断能力，很容易引发人格发展的不健全。虽然电脑游戏可以为学生带来玩伴，但毕竟只是人机对话，如长时间得不到纠正，甚至可能引发孤独症。

5. 一方盼着大家玩儿，一方为大家玩儿游戏担忧。从这不同的态度中你体会到什么？领悟到什么？

引"思"

6. 说说该不该玩游戏？

教师根据学生的发言总结：说起电脑游戏，有的人叫好，有些人反对。讲游戏好的人说：电脑游戏可以起到休闲娱乐的作用，在玩游戏当中可以使我们精神放松，为下一步紧张的学习作准备。讲游戏不好的人说：因为不少学生由于玩游戏而视力下降，成绩下滑。听说有个同学还沉迷于游戏而精神失常。有个别家长说：有些游戏中还有血腥暴力等不良的东西，有

些同学整天泡在非法网吧中。白白浪费很多时间、金钱，甚至在没有钱上网的时候偷家里的钱，这样的事情不是屡屡发生吗？电脑游戏可爱吗？也许吧。电脑游戏可恨吗？也许吧。也许决定电脑游戏可爱还是可恨，最终还是要看我们自己。

二、找到写作点

（爱玩 家长限制 商人诱惑）

结合你的经历说说，哪些内容让你觉得感受深？

三、出示题目，动笔作文。没时间写了，怎么办——引出列提纲

1. 你爱玩电脑游戏吗？游戏带给你的是快乐？烦恼？痛苦？把下面的题目补充完整，列出作文提纲。

电脑游戏，让我（　　　　　　）

2. 面对那些只顾游戏，忘记父母期望，不顾自己身体的孩子，你能否给他写一封信，以具体的一件事来劝说他，使他有所转变吗？如果以"给游戏迷的一封信"为题，你重点讲些什么内容？

3. 今天课上我们谈论的话题中，还有哪些内容让你有所感悟？自拟一个作文题目，列出提纲。

四、教师巡视

五、随机指导

在巡视过程中，对学生普遍的问题集中指导。重点关注学生确定的内容，是否有利于把自己的真情实感写具体。

板书：

爱玩　　家长限制　　商人诱惑

喜　　　烦　　　忧　　　　思

第四章　引导学生透视生活
——比语言更重要的是角度

　　习作的角度就是思考的深度，思维的广度，思想的高度。一个只懂得堆砌辞藻，卖弄文字技巧的作家一定不是一位流芳百世的大作家。在习作教学生训练学生多角度思考，就是引导学生对生活多角度观察，是促使学生对生活更加关注，更加思考，更加热爱。

一个故事

把童话世界留给孩子

还记得那个老故事吗？一个人在黑板上画了一个圆圈，分别问大学生、中学生、小学生和幼儿园的小朋友这是什么？我们当然知道故事的结局，并慨叹：为什么随着年龄的增高孩子的想象力就降低了呢？是啊！每个儿童都是天生的诗人，因为他们都有一双纯净的眼睛。他们会给布娃娃盖上被子，怕它着凉；他们会和小兔子聊天，因为他们相信小兔子能够听懂他们说的话。在每个孩子们的内心深处，都有一个色彩斑斓的童话世界。这份纯真的童心，显示了孩子们对世界的美好希望，指引孩子们更加热爱生活，热爱这个世界。当我们这些成年人为自己再不能拥有这样一颗童心而惋惜的时候，我们不妨问问自己：怎样做才能让孩子们的天真童趣长久一些呢？答案只有一个：把童话的世界留给孩子们。

语文教材中的童话故事有很多，引导孩子们阅读这些故事，不仅能呵护了孩子们单纯美好的心境，同时也向孩子们传递了善良、正义、勇敢、坚强、勤劳……动人的童话故事给予孩子们一生需要的精神养分。有的老师可能会说，现在的孩子们不像以前的孩子那样幼稚了，他们会怀疑童话故事的真实性，他们会说："这是真的吗？"作为教师，先不要急着回答孩子童话故事是真是假，先不妨想一想，孩子们为什么会提出这样的问题？是由于信息沟通便捷使孩子们见多识广了，还是由于营养充分使孩子们都早熟了？也许这些都是原因。但更重要的也许是我们教师自己做得太多了。我们太习惯于告诉孩子们答案是什么，太习惯让孩子们都说一样的话，却不允许孩子们有自己的想法。没有童话的童年将是苍白的童年，缺少想象力的民族将是没有前途的民族。因此，在进行童话教学时，教师必须尊重儿童，把童话看作儿童的真实世界来对待。即使有的孩子怀疑故事的真实性，教师也要毫不犹豫地告诉他："即使现实世界里没有白雪公主，没有海的女儿，他们在我们的心里却是真实存在的。"

把童话世界留给孩子，就是真正的爱孩子。

一点实践

不可否认，现在的作文课很大程度上还是以教材中的习作为主要任务。正应为如此学生习作千人一面的问题非常严重。教材中的作文一点要按照固定的思路来写吗？答案肯定是否定的。那么，该如何来指导学生写好教材中的习作呢？

十年后的国庆节

题目与要求

回忆，美好而甜蜜。每年的 10 月 1 日国庆节，你都会沉浸在幸福之中。展望，充满着期盼。展开你想象的翅膀，畅想 10 年后的国庆节：那一天你目睹了哪些变化？那一天你看到了什么动人情景？那一天你参观了什么地方？那一天你和谁做了什么事……然后选择最感兴趣的内容，要有国庆的特点，题目自拟，写一篇作文。

解题指导

一、在现实的基础上展开想象的翅膀

要想把想象作文写好，想象的内容一定要合情合理。也就是说，想象不能漫无边际，一定要有生活中的依据。比如我们想象 10 年后人们通过高新科技，使首都北京成了全世界最适合人类居住的地方，这里的天最蓝，水最清。之所以这样想，是因为保护环境是我们现在非常重视的。通过文字，就把自己的愿望和情感表达了出来，使读者感觉亲切可信。

二、用身边细微的事件表达真挚的情感

有的同学一写与爱国有关的作文，要么不知从何下笔，要么就写得大而空。其实，人的情感是非常细腻的，对祖国的情感也可以通过细小的事件反映出来。《枣核》一课中，那几颗普通的枣核，奥运冠军那望着国旗冉

冉升起时盈满热泪的双眸，不都蕴藏着人们浓浓的爱国之情吗？所以要多从身边的人、事、物上入手，展开想象，使读者觉得可亲可近。

三、抓住国庆的特点，写出节日的气氛

本次习作要求大家围绕"国庆节"这个特殊的日子来写，所以不论我们如何想象，都要突出国庆节的特点。人们如何为祖国庆祝生日？阅兵式上又有哪些新的内容？祖国又长一岁，哪些方面变得更加强大了？我们要通过自己多彩的笔描绘出那幅将来的盛世画卷。不能只顾描写高科技，使习作变成对未来生活的想象，而不是对未来国庆的展望。

佳作欣赏（1）

十年后的国庆节

北京印刷学院附属小学六（一）班　王滢钰

今天是 2024 年 10 月 1 日，新中国的 75 岁华诞。我已经大学毕业成为了一名摄影记者，今天我要到天安门广场拍摄国庆庆典的盛况。

晨风送来清爽的空气，天空碧蓝如洗。广场上花团锦簇，人山人海。来参加庆典的人除了中国人，还有来自世界各地的外国友人。瞧，几个外国人正争相向机器人宣传员索要宣传画，他们决定要搬到中国来居住。原来北京经过十几年的环境治理和节能减排，空气质量明显提高，早已成了世界上最受人喜爱的城市。

"庆典开始了！"不知谁大喊了一声，随后广场上爆发出一阵热烈的掌声，我使劲踮起脚尖向前看。远远地看见游行车队缓慢开过来了，我们的国家主席站在第一辆车上向道路两旁的人群挥手致意。广场上的四个大屏幕放映着新中国成立以来的国庆庆典场面和几十年来中国取得的令世界瞩目的丰功伟绩。看到几十年前后的画面对比，许多老人都流下了激动的热泪！

阅兵式开始了，展现在我们面前的是无数先进的武器，解放军昂首阔步向前行进。广场上的群众也高昂着头，每个人的脸上都显得无比自豪。

十年后的国庆节，天比以前更蓝了，人比以前更多了，笑声比以前更大了！咔嚓，咔嚓，一个个感人的场面被我记录了下来。我心中也不禁想到，今天我们的祖国如此富强，再过十年又会是怎样的盛况呢？

佳作点评

小作者从一个摄影记者的角度，为我们展现了 10 年后国家的变化，国庆典礼的盛况，叙述角度非常新颖。作者抓住两个细节：外国人争相要来中国定居；国人看到祖国几十年的变化落泪。突出了祖国的强盛，祖国的日新月异。作者没有详细叙述阅兵式，而是抓住群众的神情，将国人的自豪表现了出来。使读者感到亲切，可信。结尾处，作者再次展开想象的翅膀，对再过十年的国庆节展望，引发了读者的共鸣，令读者也不禁和作者一起思考，一起想象！

佳作欣赏（2）

十年后的国庆节

北京印刷学院附属小学六（一）班　王垚瑶

今天是 2023 年 10 月 1 日，新中国的生日——国庆节！我和爸爸一起买了火星 3 号飞船的航天票，准备参加我国的第一次火星国庆节。

我在飞船上坐了大约半个小时，就抵达了目的地——火星。来到这里，就像来到了另一个世界。站在火星上，仰望天空，你被一个巨型保护罩包裹着。由于土质不同，路边到处开着七色的花，芬芳扑鼻。按着路标，我走到了广场上。哇，真是人山人海，热闹非凡啊。在这个时代，虽然已经有了全功能机器人，但是我们的志愿者们还是不辞辛苦地来到这里，做中外游客的向导，指引道路，向过往的行人发送宣传画。她们脸上洋溢着自豪的微笑，好像在说"我是中国人，我为我的祖国感到骄傲。"

突然，响了一声礼炮。真神奇啊，烟花竟然是彩色的文字。在天空，烟花慢慢展开，上面写着"2023 年国庆节正式开始"，文字越放越大，最

后消失天边。看到这几个令人激动的字，刚才还喧闹的广场顿时肃静下来。人们自觉排好队，眺望国旗。伴随着《义勇军进行曲》，国旗慢慢升起，我们的手，也在不知不觉中举过了头顶，向着国旗敬礼。看着国旗缓缓升起，就像看到我们的国家在慢慢强大。仰望国旗，所有人都十分激动，有的甚至感动得哭了。是啊，从原来的那个"东亚病夫"，一转眼便成了世界强国，哪个中国人不感到自豪呢！

之后我又看了阅兵式。阅兵式上并没有展现武器，而是一排排的军人，步履整齐地从我们眼前走过，以此表示和平。

十年后，中国用自己的智慧、勤劳、和善引领世界，成为世界强国。通过这次国庆节，我感觉中国人民真的出人头地了！真的站起来了！我每次想起国庆节的盛况，心中都会喊出一句话"我是中国人，我为我的国家感到骄傲。"

佳作点评

小作者的想象力非常丰富。乘着想象的翅膀小作者描述了我国第一次火星国庆节的盛况。宏大的场景，高超的科技变成背景，而为祖国强大而自豪的情感在字里行间流露出来。令每一位读者情不自禁地随着小作者去想象，令每一个中国人都油然而生一股自豪之情！

拓展练习

同学们，10年后你们就要大学毕业了，那时的你们将成为祖国的栋梁，那时的你如果回到母校，会看到什么？想到什么？请以回到母校为主题，自拟题目写一篇作文。

写游记

题目与要求

学习《天然动物园漫游记》的写法，自定内容写一篇游记。不仅要写看到了什么，还要写出参观者的感受。做到层次清楚、内容具体、语句通顺。

解题指导

一、行走山水间，心随风光动

写游记就是把游览过程中自己的所见、所闻、所感诉诸笔端，与他人分享。怎样才能写好游记？首先，我们要准确描述游览中自己的感受。在动笔之前，在心里先要问自己，我为什么要把这次旅行记录下来？它带给我怎样的收获？哪些景点给我这种感受最大？找准了心动的原因，找准了心动的地点，为什么写，写什么，也就解决了。

二、寻路探深山，柳暗花明处

写游记一定要注意叙述的顺序，线索要清晰。如《记金华的双龙洞》一课，作者用洞口、外洞、空隙、内洞、出洞的明线，和一路欢快溪水的暗线。共同组成整篇文字，使得文章层次清楚。写游记不能平均使用力量，对于一些重要的，自己感受深刻的景点，要多花些笔墨。而次要的，不太典型的景点，要简单写。做到有详有略，给人柳暗花明之感。

三、明眸凝妙境，画影忆当初

在游览时，不能走马观花，而应养成时时驻足凝视的习惯。只有将那些刹那间触动我们心灵的一山一水，一草一木看仔细了，在描述的时候才不会出现"欲待寻景无踪迹"的尴尬。同时，我们也要注意把一些景点拍成照片。在描述不清时，找出照片看一看，重现当时的情景，找回当时的感觉。

四、风光有时尽，有感自当书

平时，我们要养成边看边记，每看必记的习惯。因为即便我们留存了当时的照片，也会因时间、地点、心情的不同，而再也找不到当时的灵感。所以游览回来后，马上动笔就显得非常重要了。平时注意多积累，那么写游记时只要在原有文字的基础上进行修饰就行了，写游记也就更容易了！

佳作欣赏（1）

游颐和园

北京小学大兴分校　马昕航

据说颐和园是我国现存规模最大，保存最完好的皇家园林了。于是，我产生了要到那里看一看的想法。

今天，我和爸爸妈妈来到了颐和园。首先，我们先找到知春亭，书上说那里可是赏春的好地方，还可以看到颐和园的全景呢！我想，既然可以看到颐和园全景，那里一定很高吧！可到了知春亭一看，却和我想的完全不一样。知春亭确实可以看到颐和园的全景，那是因为它就在昆明湖边上，前面是空旷的、波光粼粼的昆明湖。向远处望去，其他建筑都是沿着湖岸而建，难怪可以看到全景。走进知春亭，看着那碧波荡漾的昆明湖，还有那远处重峦叠嶂的山峦，真让人心旷神怡。湖中间有一座长桥，如一条长虹横卧在昆明湖上。这就是十七孔桥吧？我赶紧数了数，果然是十七个圆孔。一个个半圆孔连着水里的倒影，仿佛天上的明月。"海上生明月！"我不禁想起了这句诗。

看完知春亭，我们又去昆明湖划船。妈妈提议把船划到十七孔桥下面去，我当然一百个赞成。于是，我掌舵当船长，爸爸当水手，向十七孔桥进发了。中途，我们还唱起了"让我们荡起双桨"的歌曲，十分开心。不一会儿，我们来到十七孔桥下面。桥有五六米高，孔洞由小到大，又漂亮又壮观！阳光被水面反射，映在桥洞上面，像是绘上了光亮的壁画。桥有一百多米长，这么长的桥，就是现在也不容易建好，可古人却用他们的辛勤与劳动把这座桥建了出来，真是令人钦佩呀！

划完船，我们又去了佛香阁、廓如亭……每一处都是那么精美，让人流连忘返。颐和园真不愧是皇家园林，我感到不虚此行！

佳作点评

小作者重点写了游览知春亭、十七孔桥的情况，略写了其他景点，详略得当，布局合理。详写的两个景点，看出小作者观察很仔细，并巧妙地把自己的感受融入其中。字里行间，有景有情，情景交融。

佳作欣赏（2）

美丽的水域村

北京印刷学院附属小学　王垚瑶

寒假，爸爸带我到水域村玩。清晨，我走出农家院，伸伸懒腰，开始欣赏美丽的水域村。在那里天空是蔚蓝的，空气是清新的，使人还未见到风景，就似乎在那甘甜的空气中闻到了山的味道。

这里的山既不像泰山那样雄伟，也不像华山那样险峻，而是十分温柔、亲切。综观全景，一座座山峰就像一个个大家庭，三五成堆，没有一座孤峰独立，陡峭险峻。山的位置，交叉错杂，在这儿一座，在那儿一座，没有一点规律。虽然已经进入冬天，但山上仍然草丰林茂，只是枝条和绿草，已经由鲜艳的翠绿，变成墨绿，显得苍老，仿佛一位慈祥的老人，正向你微笑。

走进山中，你会发现，这里远比你在外面看到的美。山上一草一木都十分清晰。树上的叶子，地上的小草，各不相同，但这样奇异的组合看起来竟然一点也不凌乱，反而使山显得更加粗犷。微风中，树叶翩翩飞舞、上下翻飞，就像一只只蝴蝶不甘只在夏天出现，跑到冬天来展现舞姿。落在地上，积得很厚，脚踩上去十分舒服。

我越爬越高，已经到了峰顶。在这里小桥、山峰、人家，都可以看见。望着四周的山峰，仿佛置身于古韵古风的水墨画之中。细看，你会眼前一亮，画山的人还真细心哩！看，山腰处不是还有些橘黄的柿子，它们像一颗颗橘黄的钻石，给这茫茫绿色中添加了点睛之笔，使它瞬间活泼起来。

纯朴的水域村啊，有着俊山秀水，却并不招摇；美丽的水域村啊，并非云横峰顶，却温柔、慈祥。

佳作点评

这是一篇非常优秀的游记。作者按由远及近，从上到下的顺序，描绘了水域村的景色，观察细致，语言优美！小作者特别善于把自己欣赏景色时的愉悦心情融入景色的描写之中，如"使人还未见到风景，就似乎在那甘甜的空气中闻到了山的味道。""就像一只只蝴蝶不甘只在夏天出现，跑到冬天来展现舞姿。"有景有情，让人如临其境！

拓展练习

同学们，你欣赏过哪些美景？游览过哪些名胜？访问过哪些独特的地方？找出当时的照片，在班上做一次展览，给大家讲讲你的游览故事吧！

在困难（或挫折）面前

题目与要求

题目：在困难（或挫折）面前

要求：

1. 写清楚遇到了怎样的困难（或挫折）.

2. 写清楚在困难（或挫折）面前是怎么想、怎么说、怎么做的，结果如何。

3. 写出自己的真实感受。

解题指导

一、打动人心唯真实

人生道路总会有坎坷。一次考试，一场比赛，一件普通的家务活，都不会一开始就一帆风顺，总会有一些"绊脚的石头"等待我们。"搬石头"的过程最痛苦，但战胜困难，成功完成任务时的笑容最甜美。这次的作文训练，就是要求你把面对困难，战胜挫折时的所思、所说、所做叙述出来，使读者了解你面对困难，战胜挫折的过程，从而受到启迪，增强生活、学习的信心。因此，事件的真实性最重要。哪件事完成后你笑得最开心？就选择它来写吧！这件事既然让你久久不忘，也定会打动读者。

二、文似看山不喜平

你遇到了什么困难？怎么想的？怎么做的？为了战胜困难我们可能想了好多办法，尝试了好几次，可每次都失败了。而文章最打动人的地方，就在于每次失败后你能鼓起勇气的一瞬。读者会从你每次跌倒中看到顽强，每次站起时看到希望，会深深被你的故事吸引。因此，在写这次作文时，一定要注意把战胜困难的过程写具体，同时要注意情节的曲折。详细的叙述，曲折的情节，会牢牢抓住读者的心。

三、酸甜苦辣"我"自知

"我"的内心想法一定要突出。不要隐瞒初遇困难时的胆怯，也不要讳谈屡次失败时的焦急，因为这才是最真实的情况。写心理活动可以直接描述，也可以借助环境描写、他人反应、自己的神态等侧面描写。当读者随着你的描述能够时而凝眉，时而紧张，时而欣喜，时而失落时，恭喜你，你的作文成功了！

佳作欣赏（1）

在困难面前

北京印刷学院附属小学　龚绮萱

人生难免会有些挫折。在我九岁那年，一件很难的事出现在我的面前，战胜困难的过程很痛苦，但足以让我回味一生。

一次，我和同学们出去玩，他们都骑着自行车，就唯独我没有骑，看着他们高兴地骑来骑去，我羡慕极了！当伙伴们知道我竟然不会骑自行车时，他们就嘲笑了我好几天。经过这件事，我下定决心一定要学会骑自行车！

傍晚，我推着妈妈的自行车，来到小花园。握紧车把，左脚登上了脚蹬子，还没等我抬另一只脚，自行车就朝我倒过来。吓死我了，再来！把

车子往外推了推，我再一次尝试。这次还好，车没有偏。学着妈妈的样子，我一只脚蹬着自行车，另一只脚在地上蹬了几下，上去！我的另一小腿刚抬起来，自行车就像发疯了一样，猛地一歪，哗啦，我一下子和自行车都趴在了地上。我的手擦破了皮，膝盖也划了一个小口子。好疼啊，我的眼泪差点掉下来。放弃吗？可一想到同学嘲笑我的样子，刚刚萌生的想法又消失了。我爬了起来，开始第二次尝试。就这样一次次摔倒，一次次鼓起勇气，一次次重复着同样的动作……经过无数次的失败，我丧失了信心，坐在地上，我的脑海中重复着一句话：为什么别人可以做到，而我却不能？我的眼里噙满了泪水。就在我失魂落魄的时候，妈妈来了！她帮我掸了掸身上的泥土，微笑着说："别着急，再试试，也许这次就行了。"我点点头，又扶起了那已经无数次摔倒的自行车。深深地吸了一口气，开始重复那已经非常熟练的动作。蹬地，抬腿，上车。车子又歪向一边，我使劲往回一带，啊！车子平稳了，我骑上自行车了！我终于成功了！

　　这件事让我明白，人生中有许多的"拦路虎"，只要我们勇敢面对，不退缩，那么这只"拦路虎"一定会在我们面前跪地求饶！让我们迎来美好的成功！

佳作点评

　　骑自行车很简单，但在小作者的眼里它却是一只"拦路虎"。因为它，小作者受到伙伴们的嘲笑，于是萌生了一定要学会骑自行车的想法。点明了故事的起因。随后，小作者通过一系列的动作，以及心情的变化，具体生动地描绘了学骑自行车的过程。读来真实、自然。

5

佳作欣赏（2）

在困难面前

北京印刷学院附属小学　王垚瑶

　　坚强的人说："困难是山，翻过它就可以见到成功的大海。"勇敢的人说："困难是荆棘，拿出胆量来劈开它，面前会出现更宽阔的道路。"是啊，在困难面前，只要勇敢去面对，就一定会成功。

　　前不久，我去参加《芝麻开门》节目，两队相战，竞争十分激烈。到了最后一轮，场上比分2:1，我们队暂时领先。下面面对最后一关——五谷画。这一局决定着我们队是胜利，还是平局。对手十分狡猾，他们的材料比我们好，水粉、彩笔全都有，而我们呢？只有白乳胶。

　　一开始我们还能自我安慰，因为这次画的是五谷画，不能用太多水粉、彩笔，可是没有这些，还是比他们做起来困难。一颗颗豆粒粘在板子上不容易啊，白乳胶又不容易干，只能一颗一颗的往上摆，小豆子总是歪，令人没有耐心。我们中途几乎放弃，但是不拼一下怎么会赢呢？我们互相鼓励着，凭着这仅有的一点希望和耐心我们完成了这次任务。但是这还没有结束，下面还要给作品介绍。我是唯一的女生，于是迫不得已，由我来介绍。虽然语文还行，但这几分钟也太短了。我观察后发现，其实对方画得也不怎么样，但是好歹能看。而我们的则是什么也看不懂，花花的一片。我硬着头皮走到台上，心怦怦地跳得飞快。"这是一幅风景画……"我拼命克制自己的紧张，开始介绍。一定要说好！我在心里不停给自己打气，不能让大家的努力白费。评分时，我们都必须闭上眼睛，把校服的边掀起，呈一个兜的形状，准备接柿子票。在那个瞬间，我紧张极了。我们到底会不会获胜？会得几票？过了会儿，我感觉衣服里好沉，猜想我们可能赢了。结果我们4个，对手2个。我们真的胜利了！

　　在主持人宣布我们队获胜的那一刻，我们高兴地跳了起来！这不仅是

因为我们胜利了，还因为它使我明白了，只要在困难面前并不退缩，勇敢前进，就会成功。

佳作点评

　　这篇习作的成功之处在于，作者细致描绘了自己的心情变化。比赛前的担心，比赛时的紧张，成功时的喜悦，点点滴滴，形成一条完整的心路历程，使读者跟着作者紧张、激动和喜悦。

拓展练习

　　第一次做一件事时，总会紧张。但第一次做成一件事时，总会令我们无比激动。以"第一次（　　　）"为题，把题目补充完整写一篇作文，把你第一次做某件事的心情告诉大家吧！

名字的来历

　　题目与要求

　　北京的许多胡同名、商店名、地名……大都有一定的来历。比如，"头发胡同"因其又窄又长而得名；又如，西城区和平门外有一条街，从元朝开始设立了许多琉璃窑，专门烧制琉璃瓦片，故称为"琉璃厂"。了解这些名字的来历是很有趣的事。请大家自愿组成小组，开展一次综合实践活动。

　　解题指导

　　一、寻根问底乐无穷

　　我们身边的每一条街道，每一座建筑都有自己的名字。这些名字或隐含深意，或包含一段历史故事，或伴随一段神话传说，或记载了一个地方的历史变迁。探寻这些地名的来历，不仅能够让我们更加深刻地了解一个地方，更能开阔我们的视野，带来无穷的乐趣。比如我们大兴区的县城黄村，原本叫荒村，因为那时这里非常荒凉，后来改名叫黄村，那是因为一到春天黄村就黄沙漫天。现在，随着我们大兴区越来越现代化，黄村也被称为卫星城、新城了。面对身边众多的地名，该选择哪个地名来写？注意不要总关注那些有名的景点，而应更多地把目光投向身边熟悉的地方。因为熟悉，写起来才会有感情；因为探寻，才会更加喜爱这个地方。

二、亲身实践总有情

要想把这次作文写好，我们首先要按照教材中的指导结好小组，订好计划，通过调查、访问等方式搜集充分的材料。然后小组内的同学要及时交流，把自己的见闻和伙伴说一说，互相补充。这种亲身体验不仅会增长我们的知识，还能带来无尽的乐趣。调查到哪些让你大开眼界的内容？调查过程中有哪些有意思的事情？调查的结果给你带来哪些感受？这些体验就像给这次写作准备了一个取之不尽的仓库，都可以化作你写作的内容。因此，在活动过程中我们要准备一个小本子，随时把这些触动你的内容作为素材记录下来，并简单地分析素材背后的意义。因为一篇作文的优劣固然要看写了什么事儿，更要看你写这件事说明了什么，也就是你这篇作文的意义、价值。这样充满感情与思考的素材反应到你的作文里，自然就会使你的文章内涵丰富，让读者回味无穷。

三、天机云锦用在我

面对丰富的材料，我们究竟该选择哪些来写？从哪个角度来写？用什么方式来写？要解决这些问题，你只需问自己哪个材料让你感触最深，是觉得活动过程更好玩？还是觉得调查结果更有益？确定了感受最深的点，那么这就是你这次作文的内容了。你可以用小记者的身份写成一片采访稿；可以作为参观者写成一篇游记，介绍地名的故事、传说；也可以以地名为主人公，自己叙述名字的变迁写成一篇童话；还可以写成调查报告，按调查目的，调查过程，调查结论把自己的收获和建议写出来，然后寄给有关部门。

佳作欣赏（1）

王府池子

北京印刷学院附属小学六年级一班　王滢钰

　　我的家乡是济南，在那里有一个地方叫王府池子。据妈妈说，那是一个非常美丽的地方，她幼时喜欢去那里玩水、嬉闹……王府池子？真是一个奇怪的名字。

　　去年暑假，妈妈带我去了王府池子。那里的水虽做不到清澈见底，但是却格外的绿。墨绿的潭水似一缸陈酒，随着风儿轻轻摇晃，泛起粼粼绿光，又衬托着蓝天白云。池子四周颇有古朴风味的房子把这个小池子包围起来，乍一看，竟有种水城威尼斯的感觉。房子间的小道里，时不时还会传来自行车清脆的铃铛响，好一幅和谐美丽的画卷！

　　当我问起关于王府池子名字的来历时，妈妈便向我娓娓道来。原来王府池子不但是一个旅游胜地，还潜藏着一段历史的记忆。

　　王府池子，又名濯缨泉，原来是山东巡抚衙门，再早是明代德王府。当时在王府院内的王府池子是老百姓见不到的。后来清军攻占济南后，废德王府为巡抚衙门，将王府池子划了出来，流落到民间，但名字依然不失气派。现在呢，王府池子已是露天的大众游泳池，并不收费，许多慕名而来的游客都会来这里游玩留念。王府池子什么时候都不会闲着，里面总有人在游泳，欢声笑语从未间断！

　　旧时王谢堂前燕，飞入寻常百姓家。王府池子的景色令我着迷，那段曲折的历史也深深地吸引了我……

佳作点评

　　一处寻常的地方，小作者通过这里的名字探寻出一段令人感慨的历史变迁。"旧时王谢堂前燕，飞入寻常百姓家"。没有更多的抒情，却能引发读者更多的思考。

佳作欣赏（2）

有趣的地名

北京印刷学院附属小学六年级一班　龚绮萱

北京大兴区有个安定镇，那是我的家乡。说起我的家乡有一点最可笑，这里的村名也不知是谁起的，竟然叫什么"马房"、"驴房"，你说好玩不好玩儿！为了知道这些名字是怎么来的，我准备在网上实行"大搜查"。

功夫不负有心人，经过一番艰苦搜索，胜利的果实终于呈现在了我的眼前！

据说明初燕王朱棣扫北时，大军曾驻扎在安定。因这里水草肥美，适合军队驻屯休养，于是取了这个名字。安定作为朱棣统帅的几十万明军的总大营，营寨绵延周边几十里。为便于往来送信的军士了解各处营寨所在，各营寨的房舍都根据各自职能张挂了标记。如"火房"、"水营"、"驴棚"、"马棚"等。因战马较多，马棚也就多，便把营寨统兵将领的姓氏加在前面，如："潘马棚"、"通马棚"、"查马棚"等。后来，明朝从各地移民来此地垦荒。最早到来的移民大多暂居在当初军队遗留下来的房舍里，并按原籍语言习惯改"水"为"汤"，"水营"便成了"汤营"，又把"驴棚"的"棚"改为"房"，成了"驴房"、"潘马房"、"通马房"等。

乾隆皇帝下江南时，有一回一路颠簸，途中还受到了惊吓，一直走到这里眼看皇宫就快到了，才踏实下来，就降旨把这里改称安定。

真想不到，我的家乡还有这样的历史。那曾经让我倍觉可笑的名字，现在却让人又是自豪，又是感叹！

佳作点评

"驴房"、"马房"，可笑的名字引起小作者的好奇，也吊起读者的阅读兴趣。随着小作者的娓娓道来，表现出小作者对自己家乡变迁的感慨。三、四两段引入资料很自然，如果能把自己的心理活动再突出一些就更好了！

拓展练习

同学们，我们每个人都有自己的名字，我们的名字无不包含着父母、长辈对我们的希望或寄托。钱钟书先生一生与书打交道，贯通古今，融通中外，为一代宗师。其名仲书，是因周岁时抓周抓到一本书，家人因此而取的。你的名字有什么含义？寄托着爸爸妈妈怎样的希望？请你采访爸爸，写一写你的名字来历吧！

我的读书故事

题目与要求

同学们，大家喜欢阅读课外书吗？书是人类的朋友，书中蕴藏着人类最伟大的智慧和品格。阅读是快乐的，有人说热爱阅读的孩子会获得最美丽的童年！大家平时爱看什么书呢？看书的过程中发生过什么有意思的事？你有什么收获呢？请以"我的读书故事"为主题，自拟题目，写一篇作文，让同学们来分享你的阅读心情，分享你的阅读收获，共同在阅读中成长吧！

解题指导

一、未曾动笔先有情

同学们都爱听故事，这次的作文就是要大家来讲一讲自己的读书故事。怎样才能把读书的故事讲好呢？关键是表达出自己的情感。因此，我们在动笔之前要把那些吸引我们，陪伴我们无数时光的书籍找出来，给自己创造一个情景——再现美好时光。翻开这些书籍，回忆以前阅读时的点点滴滴，那些有书籍伴随左右的日子，那些因为精美的故事而点燃的梦想，那些已经变得模糊的记忆，重新出现在自己的脑海当中。我们仿佛又回到了那些快乐的日子，话匣子自然就打开了。俗话说得好：文章不是无情物。当我们唤醒心中对过去阅读课外书时的记忆，情感的闸门轰然打开时，我们就做好了为别人讲述自己读书故事的情感准备。

二、抓住"故事"，畅所欲言

本次作文的关键词是"读书故事"。"故事"的范围很广，你可以给大家介绍自己平时爱看什么书，说说这本书的来历和读完这本好书后的感受。比如通过阅读我们增加了什么知识，增长了什么能力，培养了我们什么品格。这些收获如华丽的花束，一丛丛地绽放在我们的童年大道上。也可以写一写自己平时怎么与书为友，说一说和读书有关的趣事。比如你在书店背着售货员偷偷看书的经历，比如和同学们一块儿抢着阅读一本书的快乐，比如你在家里瞒着家长偷偷看漫画的惊险。只要是属于你的读书故事都可以写。这些有趣的故事如美丽的繁星，一颗颗点亮我们童年的生活。围绕读书，同学们可以畅所欲言，把你和书之间发生的感人事、有趣事写出来和大家分享。

三、突出"读书"，写清经过

怎样才能让自己的读书故事感染读者？我们必须写清故事的经过。首先，我们要写清书的名字和内容，写清楚我为什么喜欢读书？我为什么喜欢读这本书？我被书籍吸引的原因是什么？随后要详细描写有书陪伴的日子是怎样一步步营造起来的，把这个过程中看到的、听到的、想到的描写具体。特别是自己的内心思考我们要特别重视。因为读书的过程，是感悟的过程；爱上书籍的过程，是心灵成长的过程。当我们第一次拿起一本书时，是欣喜的，当我们读完一本书时，是满足的，当我们每天都离不开书时，生活是幸福的。当我们把自己与书结缘的情感变化展示出来时，将会成为触动人心的细腻文字。

四、围绕"我的"，分享智慧

书籍里包含人类最伟大的智慧。我们在阅读中慢慢成长，书籍让我们在故事中明白了很多道理，体验了人类的正义、邪恶；有些故事看完让我们泪流满面，而有些故事又让我们哈哈大笑……好的书籍仿佛一盏明灯，可以给我们指明前进的方向，而好的读书故事能给人启迪。读者通过分享我们的读书故事，会感受到阅读带来的快乐，并会由此产生阅读你推荐的书籍的冲动。因此，我们要把自己的阅读收获描写出来。书中哪段内容打

动了你？哪段描写启发了你？哪段文字改变了你为人处世的做法？都可以和同学们来分享。这里要注意的是，大家要尽量少摘录书籍原文，可以只摘一段，一句，甚至就是一个词就行了。而重点把自己的阅读收获、感悟，书籍对自己的影响写出来。

佳作欣赏

我的读书生活

北京印刷学院附属小学　赵博迪

我爱读书，这是从小养成的习惯。

每个月我都会催促妈妈带我到书店选书。记得那次寒假妈妈说要带我去买书，我高兴地都要跳起来了。一进书店发现书太多了，有故事书，漫画书……让妈妈在收银台那里等我，我就迫不及待地杀向书架。大约过了1个小时，我抱了一大摞书过去找妈妈，一数共12本。妈妈吃惊地问我说："你看得完吗。""当然看得完。"我一边说一边紧紧地抱着书，生怕妈妈拿走几本，把收钱的阿姨都逗笑了。在车上我就忍不住拿起了一本小说津津有味地读起来，要不是后来妈妈叫我，我差点坐过了站。

为了看书我可没少挨爸爸妈妈的批评。每天放学回家，我总是直奔我的屋里看书。到了晚上9点多，妈妈叫我吃饭都叫两次了，我还是说："再等一小会儿！"这下老妈可生气了，下了狠话，"再不吃饭以后就不让你看书了！"不是吧？不吃就不让看书？我只得不情愿地来到餐桌旁。好不容易吃完饭，刚要起身，老爸又发话了："晚上不许看书。""为什么呀？为啥不让我看书？"我一听就急了。"晚上早点睡，每天还要早起呢！"真是的，我一点儿也不困呀！可爸爸就是不听我劝。一抬头看见我的书桌上有手电，一下就有办法了。我把书放进被子里面，再把灯关了让妈妈爸爸以为我睡着了，然后打开手电趴在被窝里看书。哈哈！这真是个天衣无缝的计划呀！

就这样书籍每天都陪伴着我，给我带来知识，更给我带来无尽的欢乐。

佳作点评

看得出，小作者是个真正的小书迷！买书，看书差点坐过站，为了看书挨批评，躲在被子里偷偷看书。小作者通过一件件小事表现出自己对书的兴趣和感情。这种用事实说话的写法特别值得鼓励。除此之外，小作者还特别注意细节描写：到了书店"杀向"书架的急切，爸爸不让看书"我一听就急了"的焦急，都很好地表现出小作者对书的重视和热爱！

拓展练习

在所读过的书中，你最喜欢哪本书的故事？将这个故事改编成小话剧，和同学们演一演吧！相信会有更多的同学爱上这个故事，爱上这本书。

难忘的一件事

题目与要求

在日常生活中，我们要经历许许多多的事情。想一想，有哪些事情给你留下了比较深的印象，让你难以忘怀，选择一件写下来，把这件事中让你难忘的地方写清楚。

解题指导

一、打开思路话难忘

这次作文训练要求大家写一件难忘的事。生活中什么样的事儿令人难忘呢？高兴的事儿、感人的事儿令人难忘，委屈的事儿、惭愧的事儿也令人难忘。可以说，只要是触动了我们心灵，深深地印在脑海中的事儿都可以称为难忘的事儿。同时，大家也要注意到，不要把目光只投入到那些应该被我们牢牢记住的事上。有时候我们特别希望某件事别人马上忘记，却偏偏总是被人提起，令我们不胜其烦。比如有个同学不小心把水洒在身上，却被人当做尿了裤子。这件事过去很久了，班里还是有人拿这件事嘲笑他。他多希望大家赶快忘了这件事啊！这算不算"难忘"的一件事呢？

二、动笔之前先思考

在动笔完成这篇作文之前，大家先要思考三个问题：是什么？为什么？怎么样？"是什么？"是指令你难忘的是什么事。这要求大家要想清楚这件事的时间、地点、人物、起因、经过、结果。也就是说，要对事件的框架有一个整体的把握。"为什么？"是指要弄清这件事之所以令你难忘的原因是什么。这也将是你写这篇作文的主要目的。"怎么样？"是要思考从哪些地方能够看出你的难忘，我用哪种形式才能更好地表现出我的难忘。想清楚了这三个问题，也就解决了我们"写什么？"、"为什么写？"和"怎么写？"的问题。

三、让作文有双美丽的眼睛

本次作文要求大家自拟题目。有人说，作文的题目就是文章的眼睛。好的题目能够吸引读者，让读者产生阅读期待。因此，大家要认真思考，力争给作文起一个有内涵的名字。题目可以点明事件，如《不平安的平安夜》；可以点明自己的想法，如《恼人的"黑珍珠"》；还可以设置悬念，引发读者兴趣，如《想起这件事，我就……》。起个好的题目等于作文成功了一半。你想好自己的题目了吗？

佳作欣赏

我的"黑珍珠"

董　薇

我从小就是一个好奇心很强的女孩子，正是因为我对什么都好奇，所以做了许多可笑的事，其中有一件事令我终生难忘！

那年我五岁，有一次去姥姥家玩。姥姥家在农村，那里有一小片荒地，开满了不知名的小野花。我和小表姐手拉手来到荒地采野花。忽然，我看见草丛里有许多小小的、黑黑的、圆圆的小东西。这是什么？我十分好奇，就顺手捡了几个。"嘿，别拿，脏！"小表姐大喊着，要抢我的"宝贝"。"不给，不给，是我捡到的黑珍珠！"我把黑珍珠藏到身后，撅着嘴瞪着小表姐，生怕她来抢。表姐看我的样子哈哈大笑。"好啊，那你就留着吧！"我感觉她笑得坏坏的，也许她是想趁我不注意再来抢，就赶紧攥着宝贝黑珍珠跑回姥姥家。

我把黑珍珠放到姥姥床上仔细看，真不错！黑黑的，硬硬的，还挺光滑。"洗手吃桃子了！"姥姥在外屋喊我。我放下黑珍珠去洗手，回来一看，黑珍珠竟然不见了！一定是被小表姐偷走了，我可急坏了，大声哭起来。一边哭，一边大喊："我的黑珍珠，还我的黑珍珠……"姥姥闻声赶紧跑了进来。"怎么了，出什么事了""我的黑珍珠不见了！""黑珍珠？"姥姥愣了一下，随即哈哈笑了起来。"是这些珍珠吗？"姥姥指着床边的土簸箕说。呀！我的黑珍珠原来在这里呀！我刚要去捡，姥姥一把扯住我。"宝贝儿，这不是珍珠，这是羊粪蛋儿，是羊拉的臭臭啊！"什么？我一下傻了眼，我竟然把羊的臭臭当宝贝了，太恶心了！

唉！好奇心害死人呀！因为这件事后来我可没少受小表姐的嘲笑。同时，我也深深地恨上了绵羊，真是太讨厌了，拉粪就拉粪，干吗把粪蛋弄得那么可爱呢……

佳作点评

小作者描述了一件让人忍俊不禁的童年小事。语言自然、诙谐、充满童趣。恰当的心理描写把"我"捡"珍珠"、护"珍珠"、恨"珍珠"的情感变化表现得非常细致。

学写说明文

题目与要求

从下面的内容中选择一个写一篇习作，也可以自定内容。

1. 在超市购物（要写清楚购物的方法、过程）。

2. 介绍自己熟悉的一种电器（如 DVD 播放机、数码照相机等）的使用

方法（要写清楚这个电器应该怎样使用）。

3. 查某个不认识的字的方法、过程。

解题指导

一、要抓住事物的特征

这次的作文训练要求大家写一篇说明文。什么叫说明文？说明文是一种以说明为主要表达方式的文体。它是对客观事物的性状、特点、功能和用途等等做科学的说明。它不像记叙文那样重在记叙、描写和抒情，而是要通过准确说明客观事物，使人增长知识和技能。那么，怎样写好说明文呢？首先，我们要细致观察，抓住事物的主要特征。然后用简练准确的语言，把观察所得表述出来。可以说读者能否通过你的文章对某一事物有具体而明确的认识，与你是否抓住了事物的特征有直接关系。

二、说明要有条理

要想写好一篇说明文，除了要抓住事物的特征外，还要注意按一定的条理把事物的特征，事物各部分的关系说清楚。做到行文线索清楚，层次分明，不能想到哪里，写到哪里。比如介绍一种植物，可以从它的外形、颜色、生长特点、用途等几方面介绍。介绍一件物品可以从它的大小、质地、功能等几方面介绍。我们曾学过《只有一个地球》一课，作者是从地球的大小、位置，地球的资源，要保护地球等几个方面来介绍地球的，结构严谨，条理清楚。同学们在动笔完成自己的作文前，可以再读一遍这篇文章，揣摩它的写法。

三、巧妙运用说明方法

我们已经学过列数字、作比较、打比方等说明方法，灵活运用这些方法，可以使我们的作文更加引人。比如要说明一个物体的大小，你可以直接列数字，说它有多高，多宽，多重。也可以用作比较的方式说它"有三层楼房高"，"还没有一只小蚂蚁重"。这样一比较，既具体，又生动，很有说服力。有时我们需要把事物描述得非常准确和翔实，但我们又不可能事事亲身经历，比如我们要说明小闹钟的内部结构，总不能把闹钟拆了看一看里面，这就需要查阅资料。只要我们上网一搜索，把你查到的资料引用到作文里就行了。

佳作欣赏（1）

我的笔袋

北京小学大兴分校　马昕航

　　不少人都有铅笔盒，都说铅笔盒又结实又美观。其实，在我心目中笔袋可比铅笔盒好多了。

　　我的笔袋非常漂亮，是黑色的，上面还有一个篮球少年的卡通图案，真是惹人喜爱。我的笔袋"身高"约21厘米，别看它瘦瘦的，它可是能装很多文具呢。拉开拉链，你会看到里面分好多层。在最外面的一层最大，足够放下许多把尺子，把10多把不同大小不同式样的尺子放在里面还有很多空间。其他层略小一些，可以放一些小卡片或小纸条，这样一来，我记家庭作业的小卡片就可以放在里面了。在笔袋的下面有一条拉链，拉开后就像进入了一个大房子。在"房子"的左边是笔的"床"，水性笔就躺在"床"里"睡觉"。在右边，有一个透明的小袋子，里面可以放照片。"房子"的其他地方也不会浪费，各种各样的笔都聚集在一起，有钢笔、圆珠笔、水笔等，像是正在做游戏的伙伴。

　　笔袋的优点很多，其中最好的一点就是掉在地上没有声音。以前我有一个铁的铅笔盒，一不小心掉到地上文具就会散落一地。这还不算什么，关键是它还会"哗啦"一声发出巨响。要是发生在上课的时候，准会吓人一跳。笔袋就温柔多了，只有一点点声响，有时笔袋掉在地上连我的同桌都不会发现。

　　总之，笔袋既漂亮，又实用，非常惹人喜爱！

佳作点评

　　小作者先是从内到外介绍笔袋结构，然后再写笔袋的好处。条理清晰，结构完整。在叙述时语言简洁、准确，能够灵活地运用说明方法。如巧妙地和铅笔盒作比较，用数字法来描述笔袋的大小，用打比方的方法描述笔袋内部结构，读来自然、准确。

佳作欣赏（2）

我的电脑

北京印刷学院附属小学　张　龙

在我的书桌上，有一台电脑。

在许多电器里，电脑是最复杂的。从结构上说电脑分为显示器和主机。我的显示器的长度大约是40厘米，高度大约是30厘米，厚度只有2厘米那么厚，是典型的"木板"电脑。屏幕的旁边，有一只很小的"老鼠"，它的面部是分开的，分开得还很均匀。在裂缝里探出一个小转轮，它就是鼠标。它有一条很长很长的尾巴，一直连接到主机。主机上有电源开关、硬盘指示灯和电源指示灯。电源开关是主机上最大按钮，它的作用是开关电脑；电源指示灯是个小绿灯，在打开电脑后会一直亮着；当读写硬盘上的数据时，硬盘指示灯会亮起来，它是指示硬盘工作情况的。电脑主机就像是人的大脑，所有的重要硬件都位于这里。但仅有硬件还不行，要想让电脑顺利工作，还要给电脑安装软件。软件系统是看不见，摸不着的，它控制着电脑的各种信息，就像存在我们大脑里的各种知识和思维方法一样。通过各种软件，电脑就能根据指令进行各种运算，给出各种答案。

电脑的用途很广泛。它就像一位老师，知道许许多多的知识，当我们遇到不明白的题目，可以上网去"问"它。它既是一位老师，也是一位朋友。在我无聊的时候，可以上网玩游戏、听音乐。

佳作点评

好的说明文能使读者获得相应的知识。这篇文章介绍了自家电脑的外形、组成、使用方法和用途，让读者对电脑有了较为清楚地认识。读者如同在作者的指引之下，一路从显示器，看到鼠标、主机，然后进入到电脑的内部，看到了电脑的硬件和软件。叙述非常流畅，显示了小作者扎实的作文基本功。

拓展训练

你知道吗，咱们中国的菜肴做法独特、种类繁多，在世界上非常有名。请你通过查找资料或向家长请教，调查一下咱们中国菜有什么特点，分为哪些菜系，和外国菜有哪些区别，然后写一篇说明文。

如何写好读后感（1）

题目与要求

任选一篇文章阅读，可以是本册学过的，可以是第 9 册《语文读本》中的，还可以是其他读物上的。读后你有什么感想？请写一篇读后感。

解题指导

一、熟读深思

读后感，是指看了某篇（部）作品后，根据自己的感想所写的文章。因此，读后感要想写好，"读"是第一步。有的同学总说不知道读后感怎么写，就是因为"读"这一步没有过关。古人说："书读百遍，其义自现。"就是说只有把书读透了，读进去了，才能深刻领会书中的涵义。在读书（文章）时，我们应思考这本书（文章）写了什么？怎么写的？为什么要这样写？弄清楚作者写作内容、写作目的和写作手法，是写好读后感的前提。

二、选准感点

读后感贵在把自己读书的收获写清楚。读书的好处非常多，增加知识、增长见识、提高修养、愉悦思维、陶冶情操……写读后感时不能面面俱到，要抓住感受最深的一点来写。这一点就是我们要写的读后感的感点。感点可以是一句话，一个人物，或是一个内容，一个主题。围绕感点要思考你是明白了一个道理还是被书中人物的品质、精神所感动？或者是让你在生活中有了某种启示？一般情况下，"感点"应与原文主旨相符，也就是说我们的感受要符合作者的写作目的。但也不绝对。同样读《假如给我三天光明》，不同的人会有不同的收获。写读后感提倡"百花齐放"，不要人云亦

云，文章才会引人入胜。

三、重视结构

读后感可分为五个方面：概、引、议、联、结。"概"就是概括文章的大意。这部分要写得简洁，切忌大段摘抄原文。"引"就是引用文章中令你感受最深的某个词、某句话，这部分要写得少。"议"就是针对引的内容发表自己的观点，这部分要注意把自己的观点表述清楚。"联"就是要联系生活实际谈感受。这部分要写得详细。读后感是对原作品的再创造。阅读好的读后感能加深读者对一部作品的认识，对生活的感悟，获得新的理解，新的收获。因此我们要注意联系自己亲身经历的事，用具体的事例来证明自己读文后的收获或观点，给读者以启发。"结"就是汇总自己的感受，在篇末点题。这部分内容要少而精。

佳作欣赏（1）

《海底两万里》读后感

北京小学大兴分校　马昕航

我对神秘的大海很不了解，《海底两万里》这部书为我打开了一道通往海底世界的道路。

这部书主要写了法国作家阿罗纳克斯和他的伙伴乘坐一艘名叫鹦鹉螺号的潜艇，跟随着尼摩艇长在茫茫大海里作了两万里的环球航行的故事。

这部书为我增加了许多关于海洋的知识。有一次电视里正好在演海底世界，主持人忽然说道："湾流的力量非常强大，甚至能够影响气候……""湾流？"爸爸一脸迷惑。我便解释道："大西洋里有一股名叫'湾流'的大暖流。这股暖流从佛罗里达海峡流出，在流入墨西哥湾以前，它又在北纬44度附近分成两股。主流流向爱尔兰和挪威海域；而支流则往南流向亚速尔群岛附近，然后转向非洲海岸，划了一个长长的椭圆形，又拐到安地列斯群岛。"爸爸的眼睛瞪得大大的，惊奇地说："你怎么知道的？"我说：

"当然是看《海底两万里》知道的喽!""呵呵,我儿子快成地理学家了。""那当然,嘻嘻!"

这部书的作者儒勒·凡尔纳想象力特别丰富。比如海底森林打猎,"鹦鹉螺"号搁浅,进入珊瑚墓地,经过阿拉伯海底地道,让人仿佛身临其境、如痴如醉。

听爸爸说,儒勒·凡尔纳一生创作了一百多部科幻小说,被人们称为"科学幻想小说之父"。在那还没有发明电灯的年代,他那大胆的想象力和渊博的学识真令人叹服。

这本书给我丰富了许多关于海底的知识,拓宽了知识视野,我很喜欢这本书。

佳作点评

一部书籍就是一扇通往世界的窗户。小作者在阅读过程中不仅感受到作者的非凡想象力,体会到如痴如醉的阅读享受,更获得了许多知识,以至于在爸爸心中都快成"小地理学家了"。全文叙述详略得当,重点突出,让读者也产生了愿望。

佳作欣赏(2)

每一位母亲都是天使
——读《生命流泪的样子》有感

北京印刷学院附属小学   王滢钰

《生命流泪的样子》这本书使人感动、催人泪下,因为她让我懂得什么叫做"母爱"!故事中的戚心怡拥有一个幸福美满的家庭,是爸爸妈妈的"心头肉",每天都生活在幸福快乐的世界中。可是,谁都没有料到,欣怡的妈妈得了不治之症,家庭因此发生了翻天覆地的变化,孤独和恐惧双双向她袭来。年仅十二岁的欣怡在刚刚意识到自己应该珍惜母爱的时候,就

永远失去了这份爱，这对年少的她是多么大的打击啊！

看完这本书，我沉浸在故事中久久不能自拔，我被故事中的情节深深地感动了。母爱，就像一盏灯，照亮我们的前方；母爱，就像一个避风港湾，在你身心疲惫的时候，让你歇脚，给你温暖……生活中的我又是怎样面对母爱的呢？我开始自我反省。

母爱，总是那么细小，总是那么容易被我忽略啊！记得每天早上闹铃响起后，妈妈总是告诉我可以多睡一会儿，当她把所有都准备好了以后，才叫我起床。记得每天早上上学时，妈妈总是告诉我多喝水，认真听课。记得每天下午放学后，妈妈总是叮咛我把作业先做完，把书包收拾好，然后便变魔术般端上可口的晚餐和水果……一幕一幕，妈妈的动作，妈妈的叮咛，妈妈的仔细，都不知不觉让我成为了习惯。以至于我习以为常的同时，竟总觉得有些烦。如果有一天，妈妈突然不在我身边了，没人唠叨我了，没人督促我了，那我的世界将会是什么样子呢？是时候，该珍惜最宝贵的母爱了。

其实，每一位母亲都是上天派给我们的一位天使，用她们的一切保护我们，用她们细腻的爱陪伴我们……

佳作点评

"树欲静而风不止，子欲孝而亲不在。"小作者通过阅读一个感人的故事懂得了母爱的可贵，获得了"每一位母亲都是天使"的人生感悟，很好地体现了"读而后有感"的读后感原则。全文叙述通顺，感情真挚。

拓展练习

最近看了什么电影？哪部电影让你印象深刻？拿起笔，写一篇观后感吧！

怎么写好读后感（2）

题目与要求

本单元讲述的几个故事深深地感动了我们。请选择其中的一个（也可以选择课外读物中的文章）写一篇读后感，表达出真情实感。题目自拟。

解题指导

一、为什么要写

读后感就是记录自己阅读后的思考。阅读时并不是一定要写才能思考，但相比较而言，一边读，一边写，一边思考，效果更好。对于自己而言，写读后感可以让我们理清思考的过程，记录瞬间阅读收获，对文本理解更深刻，阅读收获更大。对于他人而言，可以提供借鉴、参考。世界上值得阅读的好文章（书籍）实在太多，你的读后感可以帮助他人确定自己是否需要阅读此文，从而节省了阅读时间。

二、写什么

本单元的几篇文章都是侧重记事的文章。记事文章是通过描述事件的过程反应某个主题。因此，我们在写读后感之前，首先要反复阅读文章，抓住文章描述的重点，体会作者描写的故事中蕴含着什么意义。是成功的经验，还是失败的教训；是人生的哲理，还是成长的启迪。只有深刻领会作者的创作意图，才能使读后感主题明确，才能给他人以借鉴。

三、怎么写

有的人总结出读后感可以包括四个方面：概、议、联、结。这有一定的道理，但大家不必死记格式。如果每一篇都必须按照这个格式来写，读后感就成了"八股文"了。读后感就是文章的内容、情感、主题和我们自己人生体验融汇时内心的收获。因此，我们只要抓住阅读时怦然心动的一瞬，把自己的感受和生活实际相联系写出来就可以了。通过原汁原味的生活场景品味文本的内容，印证文本的意义，升华文本的情感，就是一篇成功的读后感。可以说，读后感就是加入自己的理解和认识后，对文本的再创造！

佳作欣赏（1）

泪眼中的微笑

北京小学大兴分校　马昕航

都说母爱伟大，可我却不觉得。直到我读完《母爱》这篇课文后才对"母爱"这个词有了深刻的理解。

这个故事讲的是在西部的青海省，那里严重缺水。一头憨厚老实的老黄牛挣断绳索，跑到了运水车的必经之路上。老黄牛任凭人们打骂，一动不动。有个司机被感动了，说他愿受一次处罚，端了水给老黄牛喝。出人意料的是老黄牛自己没喝，却叫来远方的小牛来喝。等小牛喝完后，老黄牛带着小牛慢慢地走了……

故事中最打动我的一个情节，是小牛喝水时，母子俩眼中都满含着泪水。不知怎地，我总觉得老牛眼中没有悲伤，那是喜悦的泪水。看到孩子有水喝了，她喜悦！看到孩子把水都喝了，她满足！在那泪眼中我仿佛看到了老牛最开心的微笑。

在那一瞬间，我忽然想到了我的妈妈！那次我们家吃带鱼和米饭，我一直大口大口地吃，忽然发现我碗里的带鱼一直不见少。我抬头一看，原来是妈妈在给我弄鱼刺。妈妈每弄好一块鱼，就微笑着放在我的碗里。那就是妈妈的喜悦吗？

还有一次妈妈决定亲手给我做一个生日蛋糕。她边看说明书边做，忙了整整一个下午。当满头大汗的妈妈把蛋糕端上桌，只因我说了一句"蛋糕真好吃！"妈妈就笑个不停。那就是妈妈的满足吗？而我当时在做什么呢？我心安理得地享受着妈妈弄好的鱼，享受着妈妈做好的蛋糕。

在这一刻，我觉得自己不如那头一边喝着水，一边流泪望着妈妈的小牛。小牛不会说话，但他一定了解妈妈的心，他知道妈妈希望他喝水。于是他就喝了，合着自己与妈妈的泪水喝了，他知道只有这样，妈妈才能真正地开心……

在这一刻，我想冲进厨房，对依然忙碌着的妈妈，说一声：谢谢……

佳作点评

小作者抓住"母子俩眼中都满含着泪水"这一情节，和自己生活中的两个小场景相联系，表达了自己对"母爱"的理解。文章感情真挚！

佳作欣赏（2）

别伤害爱你的人

王凌钰

《天蓝色的彼岸》是一部关于亲情与死亡的小说。

相传天堂之上，有一片天蓝色的彼岸，善良的灵魂只要了结了心愿，融入那片天蓝色之中，就会找到自己的归属。傍晚，一个小男孩跟亲人生了气后，毅然闯出家门，就在这时，一辆卡车冲向了男孩，他遗憾地离开了人世。小男孩这才想起了父母给予他的爱，但他再也感受不到了。亲情不断地在他的眼前回放，终于，他克服了种种困难回到父母身边。可是父母再也看不见他了，唯一能做的只能是一个吻……了结了心愿的男孩微笑着进入了天蓝色的彼岸！

而他的父母又会怎样呢？

在我童年时的印象中，母亲是令人畏惧的。记得孩提时，别的孩子尚在家中享受精心的呵护，母亲就将我送入托儿所。她的同事路过见我坐在阴暗的房间一角号啕大哭，就劝母亲去看我，但母亲总是一笑置之。经过整整两周的终日啼哭，我终于适应了那里的一切。到了小学，别的孩子都坐着父母的自行车上学下学，我却只能背着书包提心吊胆地独自横穿马路。那时，我总是对母亲心怀不满。

时至今日，当我再回首过去的点点滴滴，一些从前被我刻意忽略的东西又浮现在我眼前，让我的眼睛湿漉漉的。夏日里，当我双手举着小伞走进小区时，总能看见母亲穿着雨衣站在铁门后，一绺湿漉漉的头发贴在额

前；当我写作业时，母亲为了不影响我学习而看"哑巴"电视……母亲从不曾减少一分对我的爱啊！

贝用血肉孕育了珠，珠回报贝的是耀眼的光彩；母亲用生命养育了我，我要回报母亲的是什么呢？

小男孩回报母亲的是伤害。他到了天蓝色的彼岸，而他的母亲却在此岸落泪……

佳作点评

爱有很多形式。慈祥是爱，严厉也是爱；呵护是爱，放手也是爱……小作者感慨于故事中的小男孩对爱迟来的感悟，提出不要伤害爱我们的人，是对原文的再理解，再认识，再创造！

拓展训练

和几个小伙伴一起阅读一篇文章，分别写出读后感，然后大家分享交流，说一说自己是怎样创作这篇读后感的。相信你对读后感的写法一定会有更深刻的认识。

学写活动

题目与要求

同学们，你们出过黑板报吗？做过手抄报吗？有什么有意思的经历？如果没做过，大家可以自由结合成小组，确定一个主题办一期小报，黑板报或手抄报均可。然后，围绕这次办报活动写一篇作文。

解题指导

一、当好小编辑，获得实践体验

办小报是一项语文综合实践活动，可以锻炼多种语文能力。因此，深受广大师生的喜爱。首先我们要组建一个"小编辑部"。组内成员按其特长分别担任文字编辑、美术编辑、责任校对等，而且不要忘记推选一名同学担任主编。然后确定小报的主题，给小报取个好听响亮的名称并精心撰写、选择稿件。刊头是一份报刊的眼睛，是灵魂，同学们要高度重视，精心设计。比如一只雄鹰正展翅高飞，象征同学们张开理想的翅膀，飞向知识的海洋，飞向美好的未来；一支精致的钢笔，加上"小小作家"，说明同学们胸怀大志，要用手中的笔描绘五彩的人生。最后把小报分成不同的栏目板块，将相应的内容誊写上去，一张异彩纷呈、图文并茂的小报，在我们苦心经营下就新鲜出炉了。

二、确定写作角度，抓住重点内容

这项活动中可写的内容很多，同学们在动笔之前要先确定从哪个角度写最好。是以介绍小报的内容为主，还是以介绍出报过程为主；是突出小报本身，还是突出自己的体验。如果我们想给大家介绍小报本身，那么我们应该写清：为什么要出小报？选择了哪些内容？这些内容好在哪里？同学们的反响如何？其中小报的内容和特点是文章的重点。如果想突出自己的体验，就应该写清自己在出小报的过程中听到了什么？看到了什么？遇到过哪些苦难？怎么解决的？内心有什么感受？其中，解决困难的经过和自己的内心感受是文章的重点。

三、突出内心感受，让文章真实感人

文由心生。阅读文章就是读者和作者心灵的对话。通过揣摩作者的心灵轨迹，读者也会获得心智的成长。因此，无论从哪个角度来写，都要注意写清自己的心理活动，突出内心的感受。出小报之前你心里想些什么？过程中你心里有什么情感变化？听到同学们对小报的议论，你有什么收获和体会？是成功的喜悦，还是失落的郁闷？通过描绘自己的心路历程，不仅使文章更加具体生动，也能使文章更加真实感人。

佳作欣赏（1）

第一次出板报

北京印刷学院附属小学　王垚瑶

我第一次出黑板报，是在三年级。那时是九月，教师节主题。

妈妈说可以写"金秋感恩"四个大字，再配些短小的文章。于是，我就在妈妈的帮助下找了好多材料。妈妈还说最好配上一些枫叶做装饰，既美观又有意义。一切都计划的很好，自以为明天只要画出来就行了，可结果却大大出乎我预料。

几个简简单单的字，在黑板上却总写不好，仅仅"金秋感恩"四个大字，就浪费了整整三个课间。枫叶在纸上其实挺好画的，可是一到黑板上，总是感觉不对劲，好像被恶魔诅咒了似的。不是太小了，就是画歪了。粉笔在手里也不老实，一会儿滑到一边，一会儿又断掉了。总之，一切进行得都不顺利，一切计划都打乱了。"只能画别的花边了。"我无奈地想。没办法，虽然我也为我精心准备的计划被换掉而感到失落、惋惜，十分不舍当初的设计，但是我更想尽快地完成板报，完成我的任务。之后我们画了花儿，擦掉了，因为不符合主题；画了气球，也擦掉了，因为太过幼稚……我有些气馁，想要放弃，可每当看到已经写好的字，已经画好的画，那用我的手，一笔一线描绘出的字和画，都好像听到他们在对我说："不要放弃，就快成功了！"

功夫不负有心人，板报终于还是出好了。我和"共患难"的同学高兴得大喊大叫，那一刻我明白了坚持的含义。

如今，我是我们班板报小组的组长。班里的板报已经记不清换了多少期了，但在我心里第一次出板报的经历至今还记得……

佳作点评

万事开头难。小作者第一次出黑板报遇到很多困难，特别是画插图，小作者通过心理变化，把自己当时无奈、失落的样子描绘得非常细致。结尾巧妙点题，让作者也在阅读中明白了"明白了坚持的含义"。

佳作欣赏（2）

我是策划师

北京印刷学院附属小学六（1）　孙博洋

　　我非常喜欢做手抄报，做过各种各样的手抄报。最近，在我们亲爱的马老师影响下，我和同学们都迷上了读书。于是，我开始制作主题为"读书悦享"的手抄报。

　　"悦"表示喜悦，说明读书对于我是一件快乐的事。"享"表示分享，蕴含着我要和同学们分享的意思。

　　作为策划师的我，在"读书悦享"手抄报中设计了四个板块。"读者须知"是秘密武器，它能为我们掌握读书方法、提高阅读能力提供帮助。比如：一位好读者需要做的事；如何做好读书摘记等。"美文欣赏"如同亲密伙伴，我们和它通过阅读并肩作战，品味优美的意境，与作者进行心与心的对话，本期录入的美文是《飞翔的精灵》。"集腋成裘"是成长果实，它包括对好词佳句、经典段落和修辞方法的收集，记录了我日积月累，不断成长的过程。"好书推荐"如同一盏明灯，为我和同学们接下来的选书指明了方向。在这里，有我最想读的书，也有马老师为我们推荐的书，这盏明灯指引着我和同学们不断攀登在进步的阶梯上，不停地畅游在书的海洋里。

　　"胸藏文墨虚若谷，腹有诗书气自华。"这是我最喜欢的一句话，我会继续坚持制作"读书悦享"手抄报，做优秀的策划师，做快乐的读书人，做有价值的分享家。

佳作点评

　　小作者条理清晰地介绍了自己制作手抄报的过程，制作的目的，每个板块的内容，自己的感受，都叙述得很明白。可以看出，小作者不仅作文功底扎实，更是一位爱读书的人！

拓展训练

新年就要到了，为你的爸爸、妈妈做一张贺卡，把你对他们的感激、祝福写在上面，这一定会是爸爸、妈妈收到的最好礼物！观察他们收到礼物后的变化，然后写一篇作文。

学习写人物

题目与要求

世界上没有两片完全一样的树叶，同样也没有两个完全一样的人。我们每天都要接触许多人，亲人、朋友、邻居、老师……这些人给你留下怎样的印象？请抓住一个人的特点，自拟题目写一篇作文。

解题指导

一、让人物精彩亮相

俗话虽说"人不可貌相"，但在写作文时恰当的外貌描写却相当于舞台上演员的精彩亮相，对衬托人物品质起着很大作用，能使人物形象更加生动。在描写人的外貌时，最重要的就是把这个人和别人的差别突出出来。比如我们在纸上画一个小圆脑袋，添上眼睛、鼻子、嘴巴。没有人知道我们画的是谁。但如果我们在这个小人儿头上画三根头发，相信别人一眼就会看出这是谁了——三毛！为什么猜得这么准？因为三毛有个最大的特点——头上只有三根头发。这是他和别人最大的区别，突出了他这个特点，也就等于把三毛画"活"了。同样道理，写文章时如果把人物的特别之处写具体了，这个人物形象也就鲜活了。同时大家要注意，那种为了写外貌而写外貌的情况是应该避免的。有的同学认为写人的文章开头一定要写一写这个人的外貌，这是个错误的想法。一篇文章该不该写人物的外貌，该怎样描写人物的外貌，都不能随心所欲，而应考虑这样写对表现文章中心，衬托人物品质有没有好处。外貌描写也未必总要放在开头，而不论出现在哪总要让它能为中心服务才好。否则，这样的描写非但不能给文章增色，反而会添乱。

二、让人物说自己的话

同学们在写人物时经常会犯一个毛病，就是会过度修饰人物的语言。使得每个人物好像都思想水平极高，给人一种虚假的感觉。鲁迅曾说："人物语言的描写，能使读者由说话看出人来。"达到这境界就要注意人物语言的描写必须符合人物的年龄、经历、身份、文化教养等特点，必须反映人物的特征。比如你给老奶奶让座，老奶奶会夸你"真是个好孙子"！而不会夸你"真是个新时代的好少年"！再比如你欺负了弟弟，弟弟会哭着说："你欺负我，我告诉妈妈去！"而不会说："你这样做是不对的，这不符合小学生文明守则。"总之让人物说自己的话，说符合身份的话，能增强现场感和立体感。读来会身临其境，如见其人，如闻其声。

三、写好人物"周围景物"

有的同学在写人物时只关注主人公，忽视主人公以外的人、景、物，这是不对的。红花还需绿叶衬。对主人公当然应该浓墨重彩，但主人公周围的人、景、物同样要重视。比如适当的环境描写。就像电影的背景音乐，会不知不觉中一点点唤起读者的内心情感，强化、升华主人公的特点和文章的主题。再比如适当的心理描写。你作为第一观察人，看到主人公所说、所做会想些什么？心态会有什么变化？通过描绘自己心中最深层的丝丝脉络，就会突出主人公的形象，使其有血有肉。我们还可以通过描绘周围其他的人物，通过侧面人物的言行、神态，来衬托主人公，使其形象更加丰满。

佳作欣赏（1）

一位好阿姨

北京小学大兴分校　马昕航

寒假里，我和爸爸、妈妈去颐和园玩。冬天的颐和园和平时可不一样，昆明湖的水都结了厚厚的冰，像一面漂亮的大镜子。好多人都在冰上玩儿，我们也来到冰面。

突然，我们看到石舫旁边围了好多人，还有很多人正往那边跑。"不会是有人掉到湖里了吧？"爸爸说。我们也赶紧往前走，到近前一看，果然是一位老爷爷掉到冰水里了。在老爷爷落水的地方冰塌了一大片，还好这里水浅，只没到老爷爷的膝盖。有人找来一根木棍，想把老爷爷拉上来。可是木棍太短了，老爷爷够不到。老爷爷很着急，就一小步一小步地往前蹭，可是水底好像很滑，老爷爷好不容易前进了一点，身子一斜又滑回了原来的地方。这可怎么办呀？再不上来老爷爷肯定会被冻坏的。大家都焦急万分！这时有个阿姨解下她的围脖，把围脖系在木棍上，然后一手拽着围脖，一手把木棍扔向老爷爷。可是老爷爷没接到，木棍和围脖的一头都掉到水里了。"您别着急，我再扔一次！"阿姨一边说，一边把围脖拽了回来。阿姨先拧了一下围脖，冰凉的水落在冰面，马上就冻住了。然后阿姨使劲往前扔出围脖，这次老爷爷终于抓住了木棍，拉着木棍慢慢走出了冰水。周围的人都鼓起了掌，我也长出了一口气。老爷爷一个劲谢那位阿姨和其他的人，阿姨笑笑说："没事，没事！"然后解下木棍上的湿围脖，拎在手里，转身走了。

那鲜红的围脖，像冰面上的一道彩虹，美丽极了！

佳作点评

小作者通过自己内心活动、周围人的表现、环境描写等侧面描写手法，烘托出当时情况的紧急，从而衬托出阿姨的形象。小作者没有介绍阿姨的外貌，只通过"那鲜红的围脖，像冰面上的一道彩虹，"让读者自己去想象、品味！

佳作欣赏（2）

我的爸爸

北京印刷学院附属小学五年级一班　黄玉莹

爸爸对我很严格！

他非常关心我的学习，记得在三年级的暑假开始，爸爸让我每天写日记，哪怕是一句话也行。写完日记，还要给我检查一次，提出好多毛病，然后让我再修改。我当时觉得爸爸的话很烦人，总是怪爸爸给我压力太大。

期末考试很快又到了。考试那天我认真做卷，刚开始时我还感到一帆风顺。当我写到作文时，一下子被作文题目难住了。我又仔细一看，发觉这个题目，是我在日记里写过的。记得前几天，爸爸还给我检查过，并且还给我指出哪些地方写得不好，并让我修改！这时，我才发现爸爸的决策是多么正确。我满怀信心地按照我记忆中的日记写。第二天，成绩出来了。我得了98分，虽然没考100，但我还是很高兴的！我想如果不是爸爸让我天天写日记并给我检查，让我修改，我还能考98分吗？我高兴地把成绩告诉了爸爸。爸爸微微一笑，说："不要骄傲，你还要多努力！"一瞬间，我好像觉得爸爸的话也不是那么烦人了……

在学习中，每当我有所松懈时，爸爸都会对我说："你现在可能会埋怨我，但我还是会对你严格要求，将来你会明白爸爸的。"要等到将来吗？不需要。随着年龄增长，我越来越体会到爸爸的苦心。那以前听着总是很心烦的话语，现在却越听越觉着亲切。

佳作点评

文章结构安排合理，选材虽平实但是却能通过小作者生动的语言传达父亲那份严格的爱。感情真挚，能够引起读者的共鸣。

拓展训练

准备一个小本子，给你熟悉的人做一次"人物素描"。当然不是画下来，而是用语言描述下来。写完后给爸爸、妈妈读一读，让他们说说你写的像不像？然后把收获写下来，总结一下写人物的小窍门。

愉快的寒假

寒假到了，愉快的假期中一定发生了不少好玩儿的事吧？去滑雪了吗？打雪仗了吗？放鞭炮了吗？选择其中一件事，用你手中的笔，把这些快乐的事情，记录下来，让同学们来分享你的快乐吧！

解题指导

一、具体了也就生动了

本次作文其实就是写一件事。写事件最关键的是把事件写具体。首先我们要注意多器官参与，不能只顾"眼中之物"，笔下所写的只是眼睛获得的信息。比如写"冷"，我们不仅要写看到的内容，还有听到的，身体感觉到的，心里想到的。通过描写多个器官获得的信息，就把"冷"这个内容写得非常详细了。同时大家要注意多层次、多角度描写，把内容写丰满。往往越是复杂的场面，有的同学越是写不具体。究其原因，主要是总集中于一个角度去写，导致描写笼统、模糊。同学们在描写事件时，不能只抓住重点内容（如主人公的表现），而忽略周围环境和过程。这会造成叙述单薄，苍白。

二、要有读者意识

本次作文要求写一件快乐的事。可是有的同学总说，为什么一件自己亲身经历的，自己感觉很快乐的事，到了作文里却不能打动读者呢？这是因为我们写作文时忽视了"读者"。作者和读者处于两个不同"位置"，读者不知道这件事发生的前提，也没看见事情发生时的经过，更加不了解这件事结束时产生的影响，作者和读者之间存在"时差"。要想把自己了解的一件事通过作文告诉读者，我们必须在写作时有读者意识。首先，开头要有铺垫。开头不仅应交代清时间、地点、人物等作文基本要素，还应写清楚事件发生的前提、背景。其次，叙述经过要有条理。事情总是一步一步发生的，虽然我们自己已经经历过这件事，很清楚这件事中什么地方最有意思，但在写时不能仅仅描写重点部分，否则作文就显得干干巴巴，毫无趣味。最后，结尾要留些余地。用笔描写一件事和用摄像机拍摄一件事是有区别的。后者是全面的记录一件事，而前者是艺术地再现一件事。读者读完你的作文所产生的感受，有可能和你这个当事人相同，也可能不同。如果我们把自己的感受在结尾毫无保留地描写出来，往往会使文章苍白空洞降低文章的意境。我们在写作文时，多以读者的眼光审视自己的作文，会让自己的作文更加清楚、明白。

佳作欣赏（1）

我学会了滑雪

乔兆羽

在一个晴朗的日子里,我们全家前往北京昌平的雪世界公园滑雪。

滑雪场人很多，都穿着笨重的雪鞋，走起来一摇一摆的，就像企鹅一样，真好玩儿。爸爸也帮我拿来一双雪鞋，姐姐帮我穿好雪鞋后，就带我来到练习道上。她给我做了一次示范，我试了一下，感觉很简单。我和姐姐就一起坐牵引车上山了。从山顶往下看，雪道好像是一个大滑梯，很陡，也很长。一个人从我身边滑下去，转眼间就到了下面。天呐！要是我摔倒了可就惨了！姐姐仿佛看出我的心思，笑着说："不用怕！这只是初级道，慢慢往下滑就行了！"我试着往前挪动身子，可是滑雪板好像冻在了地上，一动不动。姐姐拍拍我的肩膀说："勇敢点儿，你能行！"我想，反正上来了，大不了就趴着下去呗。于是我咬咬牙，对姐姐说："没问题！"我挪动双腿往前蹭，由于紧张，我滑的很慢，动作笨拙，姿势也难看。这时，姐姐滑到了我的身边大声鼓励我。慢慢地，我的胆子越来越大了，姿势也越来越潇洒了。终于我们滑到了终点，我心里别提多高兴了。

正当我沉醉在欢乐之中时，姐姐拍了我一下，说道："咱们去那个小山坡上爽一爽吧！"我看了看，觉得不是很高，就爽快地答应了。等到了上面，我才意识到，这儿比刚才还要陡，而且不像刚才那样平，坑坑洼洼的。还

没等我准备好，脚下一滑就出溜下去了。吓得我和姐姐同时大叫一声。幸亏抱住了一棵大树，才没摔倒。我和姐姐都哈哈大笑起来。

滑雪真有意思！

佳作点评

小作者分三个层次来写滑雪：在练习滑、在初级道滑、在小山坡滑。其中详写在初级道滑雪的情景，略写其他两处，层次鲜明。小作者通过写自己的心理活动，姐姐和其他人的言行，衬托出我的紧张、喜悦心情。读来生动、有趣！

佳作欣赏（2）

呀！硬币！

乔兆羽

"噢！包饺子喽！"我欢呼起来。奶奶开始包饺子了，大家也跟着"凑热闹"

"皮儿太多了，包花儿形的吧。"奶奶提议，大家又忙碌起来。这时姐姐说要在饺子里放硬币。大家都一致同意这个想法。就包了两枚一角硬币。我问姐姐为什么要包硬币，姐姐告诉我："谁吃着硬币谁第二年就有好运。"饺子还没上来，大家个个摩拳擦掌，备好"武器"准备"开战"！终于，热气腾腾的饺子上桌了。所有人伸出筷子，瞄准饺子，出击！16根筷子挤挤碰碰互不相让。我好不容易夹起一个大饺子，谁知筷子一滑，又掉到盘子里，竟然被眼疾手快的姐姐抢走了。真是太气人了，一点也不知道照顾小孩。一眨眼的工夫，姐姐的碗里已堆满饺子。我顾不得和姐姐理论，忙着抢夺剩下的饺子。可是吃了半天，谁也没吃到。我们七嘴八舌说了起来，不对呀，应该就是这一盘里的，难道不是？大家还在思考中，只听姐姐兴奋地喊道："吃着了，吃着了！"我仔细一看，果然是一枚硬币，上面还流着肥油呢！一看姐姐吃到了我真是又着急又羡慕，心想：我不能"输"，一定要吃到。我快速地把饺子夹到盘子里，又一下子才到嘴里去，可是吃了半天还是没有。眼看饺子都快吃光了，仍旧没有第二个人吃到，我急得直跺脚。这时，我看到一个饺子特别鼓，硬币不会就在这个饺子吧，就去夹那个饺子。正当我要夹的时候，大大却开口说："那饺子里肯定没有。"我有点不知所措，不知到底要不要。后来，我还是要了。试试呗。一咬没有，本来要寻找下一个目标的，却惊喜地发现刚才那个饺子里有一个银色的东西，竟然真的是硬币。"我也吃到了！太棒了！"我高兴地手舞足蹈。

我也不知道这枚硬币是不是真的可以给我带来好运气，但是它确实给我带来了欢乐！

佳作点评

新年吃饺子是很普通的事，可是一枚小小的硬币，却让这件事充满了乐趣。看大家抢饺子时的样子，看我焦急的内心活动，读者也仿佛看到了那一大家子人，围坐在餐桌旁的快乐场景！

拓展训练

这个寒假你一定经历了很多事情，也拍了很多照片吧？给这些照片配上文字，编辑一张"我的寒假生活"的手抄报，开学时，让老师和同学都来分享你的快乐吧！

美丽的春天

题目与要求

春天来了，天气转暖，万物复苏，桃红柳绿，莺歌燕舞……请同学们快快投入春天的怀抱吧！请你把看到的春天的景物，对春天的感受，对春天的新发现等等，自选内容，自拟题目，写一篇作文，要抓住特点，表达出自己的真情实感。

解题指导

一、抓住特点

要想写好作文，必须要有一颗敏感的心。春夏秋冬，风花雪月，各自有各自的特点。我们不能马上就在屋内写春天，要先到室外去"找"春天，通过多种感觉器官，去发现春天。只有这样，我们才能写出春景，描出春意。你看清春花的样子了吗？你听清春水如何叮咚了吗？你感到春阳如何温暖了吗？……当你心中有了对春天的整体感受，对春天的细节理解后，也就清楚了这次作文要写什么？

二、言之有序

每一篇作文都要讲究顺序。写春天的作文可以按时间顺序，如可按照早晨、中午、晚上的顺序来写景物在不同时间里的特点；也可以按照观察的先后顺序，从上到下，从远到近，远近结合……层次分明，条理清楚地叙述。无论采用哪种顺序来写，都要以能够更好地表现景物和内心感受为出发点。

三、言之有情

古人说：年年岁岁花相似，岁岁年年人不同。景物都是相似的，只有看景的心不同。因此，我们不要仅仅把景物写出来，更要把自己的心情、感受表现出来。达到有情有景，情景交融的境界。因此，建议大家在动笔之前，先把观察到的景物在心里再过一遍电影，细细品味这些景物带给你什么感受。当这些感受越来越浓，化作爱春、惜春等对春天的情感后再动笔，笔下自然会流淌出富有情感的文字。

佳作欣赏（1）

投入春天的怀抱

北京印刷学院附属小学六（1）班 王垚瑶

春天是四季中我最喜欢的，只要听到她的脚步声，我就会激动，我就会欣喜!

　　带着寻找春天的愿望,我推开房门,开始寻找春天姐姐的足迹。看那里!桃花开了!我知道春天姐姐一定刚刚经过了那儿,只有它经过,桃花才会开得这么美,这么香。有的桃花犹如枝间戏蝶,开的大方,开的活泼,开得喜悦;有的却十分唯美,每片花瓣都开的恰到好处,完美极了,仿佛要和谁比一比,炫耀一番自己的美丽;还有的才刚刚含苞欲放,宛如一个蓬松的球,微微张着嘴,似乎在笑,又似乎在说着,赞美春天的歌谣。凑近闻闻,淡淡的花香就轻轻会流进心里,虽清淡而不失芳香,充满了春天的味道,久久环绕在心中。那纯白无瑕花瓣上还透着娇滴滴的粉色,好像是在害羞,是因为它听到了我们在赞美它吗?

　　看到了,那刚刚长出嫩黄色叶子的柳树!那一片片的细长的嫩叶,除了春天,谁还有这样的手艺呢?柳树看见我,特地炫耀地甩了甩那柔美的发丝,使它轻轻飘在空中,跳出优雅的舞姿,那样迷人,令人忍不住就这样呆呆地望着,静静地站在旁边。恍惚间,我仿佛也变成一棵柳树,在风中摇着,舞着……过了好一会儿,我才回过神来!

　　春天来了!春天真的来了,在春天的怀抱里,怎能不让我们欣喜?

佳作点评

　　桃红柳绿是写春天的老内容,似乎没什么新意。但小作者把眼前之景和心中之情融合在一起后,却令人忍不住遐想,忍不住陶醉!开头、结尾巧妙照应,使的文章情感真挚,语言简练。

佳作欣赏(2)

春天来了

北京印刷学院附属小学六(1)班　王滢钰

　　浅绿色嫩芽点缀着孤独的枝子,那有些枯黄的草中隐隐约约掺杂了几分绿色,原本一片沉寂的地方开出了一朵朵金黄色的花朵。春风拂过脸颊

后，仿佛在刹那，前几日的荒凉如上个世纪般遥远，一切冰凉都融化了。

推开大门，投入春天的怀抱。花园里的嫩草贪婪地汲取着喷水器喷洒的水，散发出的青草味儿，在这一刻比世界上任何一种香水都要芬芳。酝酿了一个冬季的枯枝努力地享受着春风带来的营养，一片片嫩绿娇小的叶子把自己的身躯展现出来，只有在春天，它才可以这样为自己自豪。野花也毫不示弱，黛紫色的，雪青色的，赤金色的……原本就美丽的花朵在嫩草的陪衬下显得更是和谐自然。远处，隐隐约约有东西飞来，从我眼前一闪而过，飞向远处，不一会儿，它又飞回来，在我身前身后徘徊。哟，是一只蝴蝶。

四月份，若有一场春雨降临人间，那便是春天最美丽的场景。连续三两天，地都是湿的。清晨，滴滴答答的雨滴打在窗户上，落在地上，从没关严的窗户缝中钻进你的房间，朦朦胧胧的雨好像给春天蒙了一层薄纱，显得这个刚刚睡醒的世界稍有些羞涩。走出屋子后，竟然会感到一丝凉意。这种凉，既不是冬天寒风划过脸颊刺骨的凉，也不是夏天树荫下的凉爽，只是提醒着你，该与上个季节的棉袄告别了。当街上的行人都打着伞时，那些花草正在享受大自然赐给它们的沐浴，透明雨水打在它们的花瓣上，放大了它们的美。有时，雨也会停那么一会儿，调皮的阳光会不管乌云的阻碍，冲出云层，露出它的笑脸。灰暗的大地上迅速有了几丝金色，有点像金色绸缎被撕开后铺在地上……

当杨絮柳絮飞舞代替了满天的雪花时；当身上轻巧的风衣取代了厚重的棉袄时；当金黄色的迎春花取代了一片片干枯的枝子时，那个如姑娘一般顽皮可爱的春天正在一步步朝我们走近……

佳作点评

春草的芬芳，蝴蝶的飞舞，春雨的朦胧，小作者抓住这些景物的特点，用诗般的语言，描绘出春的迷人！

拓展训练

清明节是我们的传统节日，你去踏青了吗？去放风筝了吗？到亲人墓前祭奠、扫墓了吗？请自选内容，围绕清明节写一篇作文，注意把自己的情感与景物、事件结合起来。

我正在长大

题目与要求

不知不觉间，你已经是五年级的学生了。在低年级同学的眼里，你是大哥哥、大姐姐。回首从前，思考现在，你有了怎样的人生感悟？一次挫折，一次失败，你懂得了怎样的人生哲理？长大，意味着明悟与收获，当然也可能有烦恼！请以"我正在长大"为主题，写一篇作文，说说你对长大的理解，表达你的心声。

解题指导

一、学会审题，明确重点

审题是一种非常重要的作文能力。所谓审题，就是要仔细观察题目，明确题目的含义，抓住题目中的重点（也就是我们常说的题眼。）本次习作主人公是"我"，说明要用第一人称来写。题目中规定了要叙述的是"长大"的内容，"长大"不仅指个子长高，更指思想、学识、待人处事等方面的进步。"长大"意味着一种变化，一种区别，意味着生活中在经历某件事后的明悟。"正在"说明我们正在经历，正处在成长的过程中，这一点尤其要引起我们的注意。

二、巧用对比，突出主题

对比就是作比较。可以自己和自己比，如选取"我"成长过程中前后两件事中自己的不同表现对比来写，以突出"我长大了"这一主题；也可以自己和他人比，还可以将别人对自己的评价进行对比，通过侧面描写点明"我"真的长大了。有时我们自己对于"长大"感觉并不明显，反而是别人感觉很清晰。比如妈妈见我们主动做晚餐，感慨几年前还在为你不好好吃饭而苦恼。比如老师见你提前把功课预习好，感慨你以前还经常不完成作业。他们所感慨的真实你的"长大"。我们只要把这些人物说了什么，怎么说的，说的话激起你怎样的内心波澜写清楚，就能很好地突出"正在长大"的主题了。

三、抓住细节，写好心理变化

成长是个缓慢的过程，但意识到自己的成长往往是在一瞬间。可能是看到母亲鬓角一丝白发的心灵震颤。也可能是听到他人一句赞美后的心灵顿悟。这一瞬间看到、听到的信息会在你心灵的海洋中激起涟漪，掀起巨浪。我们应抓住这一瞬间，把看到、听到的信息尽量写细致，并把自己内心的变化尽量写清楚。我们可以像电影中的特写镜头那样，定格在一瞬间。把这一瞬间中人物的外貌、神情变化，细微的动作交代清楚，并用画外音的形式详细描写你的内心想法。如此一来，读者就会更加清楚你的，产生感同身受的效果。

佳作欣赏（1）

我正在长大

北京印刷学院附属小学六（1）班　王垚瑶

让我记忆最深的事，是妈妈的离开。她并没有去世，而是抛弃我和爸爸，去自己一个人生活了。

记得得知消息的那天，我真的很伤心，为什么啊？我难道真的那么不乖吗？真的那么令人讨厌吗？为什么妈妈要离开？我想了很久，一直这样想着，一直想到头疼得要命。毕竟这个打击太大太大，小小的我怎么能这么快接受呢？从此我变得很少说话，喜欢独自一人，安静地待着。后来，我转学了。来到了新的学校，新的班级，我也开始想变回原来的我，可是，突然发现，真的太难了。每当我想笑的时候，却突然想起了悲伤，一次又一次，始终没能成功。渐渐地，我，被孤立了，因为我的性格太过冷漠，也因为长时间的沉默，让我更加不擅长与人交流。时间一点点流逝，而我竟然变不回去原来的那般活泼开朗了。

再次转校。我也不知道为什么又想转校了，可能是因为孤单吧，真的想再交一些好朋友吧，真的想再像从前那样毫无顾忌地笑吧。第一次来到这所新学校，我很努力地向同学们笑着自我介绍，自我感觉十分不自然。心想：这次又泡汤了，难道这点都做不到吗？心里自嘲着，坐到了自己的座位上，等待着下课。果然不出我所料，下课有很多同学围到我身边，毕竟是来了新同学嘛。和第一次转校时的情节一样，她们对我很好，拉着我一起玩。我呢，也很开心，但是还是笑不出来。我努力调整自己的情绪，冲大家笑，微微的一笑，自己感觉那笑一定像哭一样难看。我估计过不了几天，她们也会不理我的。但是这一切始终没有发生，大家依然对我很好，没有丝毫敌意。而我也下定决心要改变之前的孤单，重新开始生活。于是，每天我都对大家笑，微笑，小声笑，大声笑，想不到，我真的学会笑了，重新学会的！我的朋友也越来越多，我重新拥有了以前快乐的生活。

在那一刻，我忽然醒悟：你想收获欢笑，先要对别人笑。生活中并不缺少笑声，只要自己先笑起来！

佳作点评

文章截取了小作者成长道路上的两次转学经历，反映了自己在遭受生活的打击后，如何消沉，孤单，最终又是如何转变的过程。文章中心明确，语言流畅。

佳作欣赏（2）

我正在长大

北京印刷学院附属小学六（1）班　王滢钰

五年级时，我曾参加过一场英语比赛。从初赛到半决赛，我一路过关斩将，以优异的成绩、绝对的优势进了总决赛。可惜，我有点飘飘然了，偏偏在总决赛的时候出了那么一点点小差错……

那是夏天，火辣辣的太阳放肆地烤着地面，伴随着南风吹过，那火急火燎的感觉真让人窒息。"爸，我要买一根冰糕。""还吃啊你，不赶快再背一背演讲稿？""哎呀放心吧，冠军非我莫属。"原本应该紧张的日

子却被我弄得如此轻松，原因很简单，我认为跟这些人比赛根本算不上什么难题。

"有请 3 号选手上台进行展示！"听到主持人提示的刹那，我才懂得什么叫做紧张。我假装若无其事地走上台，脚下的凉鞋却像肥皂一样滑，冰冷的空调吹得我后背有些发凉，台下一双双眼睛盯着我，像刀子般围在我眼前，似乎一个不小心就会失去性命。我努力控制自己的紧张心情，开始比赛。就在马上结尾时，起到点明中心作用的一句话，我却怎么也想不起来了。下台后，我几乎是瘫坐在椅子上，我知道，这次的我，与冠军无缘了。

果然不出我所料，成绩下来时，我只得到了亚军。那次比赛后，我好像一瞬间成长了许多。我学会了不能骄傲，不能自满，即使非常有把握也要防止意外的发生。那次亚军的证书，我一直放在最显眼的地方，有很多人问过我，为什么不放一张冠军的证书，我告诉他们，因为这张证书对我很重要！

是啊，成长是我们每一个人必须经历的蜕变。它也许会苦涩，也许会以某些惨痛的代价作为警示，但它总会让我们明白最重要的哲理。我们都会慢慢适应它，跟着它的步伐走向未来成熟的自己。

佳作点评

本文叙述了小作者人生中的一件小事，这件小事让她明白了"最重要的哲理"。小作者细腻的心理描写使得文章内容真实可信，能够引发读者共鸣。

拓展训练

谁在你悲伤时安慰你？谁在你迷茫时点醒你？谁对你帮助最大？谁是你人生的引路者？请你以感谢为题，写写和他（她）之间的故事。

我们爱运动

题目与要求

生命在于运动，运动能增强体魄，运动也能给人带来欢乐。你平时喜欢什么体育活动？是怎样进行体育活动的？发生过什么有意思的事情？你的身边有没有不爱运动的小胖子？我们该怎样做才能让他们也爱上体育活动呢？请你以"我们爱运动"为主题，写一写在进行体育活动方面你的所做、所闻、所思、所感。

解题指导

一、要条理清楚

我们如果遇到一个说话颠三倒四，前言不搭后语的人一定不会喜欢他。作文就是说话，所以一定要注意条理性。作文有条理有两层意思：一是指每个自然段之间衔接合理；二是指句子通顺，句子之间联系合理。要想让自然段之间衔接合理，我们在动笔前可以先列一个简单的提纲，把要写几部分内容先想好，然后根据这几部分内容安排先后的叙述顺序。这样作文整体上层次就分明了。有了叙述的层次，我们还要想好每句话该怎么说合适，也就是打腹稿。不能边想边写，写到哪算哪。作文写完后，我们还应该反复读一读，看看有没有读着别扭的地方。这样我们就保证了每句话的通顺、有条理。比如这次习作，我们可以从爱什么运动？为什么爱运动？怎么爱运动？等方面先列出提纲。然后构思出每部分分别叙述什么内容，怎么叙述，最后再动笔。

二、要内容具体

什么叫内容具体呢？简单说内容具体就是既有完整的经过，又有细节的描写。有的同学比较擅长写活动的过程，却不太注意刻画细节。就像画一幅写意山水，使人只能看到山的轮廓，却看不清山上的花草树木，这就给人不具体的感觉。比如有的同学说自己特别喜欢掷实心球，他写了老师在体育课上进行动作分解示范的情景：第一步，握球，两脚分开，第二步，

举球，上身后仰，两腿用力蹬地，第三步，投球，收腹、挥臂，抬头迅速将球投出。你把这些步骤写下来，这很不错！但是你有没有关注到老师两脚分开有多大？两腿蹬地如何发力？收腹、挥臂的一刹那脸上有什么表情？这些内容就是细节描写。有了这些细节，读者才能清楚老师是怎么示范的，也才能明白你为什么会喜欢上这充满力量的体育项目。

三、要感情真实

写作文要写真实的感受，说真话。这样作文才不空洞，才感人。因此，再动笔前一定要静静地想一想自己到底喜欢哪项运动，为什么喜欢。最好是能够先到室外做一会儿这项活动，回忆一下自己以前的经历，把自己的真实情感唤醒。这相当于是对事件的再体验。不仅能使我们回忆起当时的情景、动作、心情，而且还能对当时一些被我们忽视的细节，有了更主动、清晰的意识。然后我们再动笔时，就会有下笔如有神的感觉，好像有说不完的话了。

佳作欣赏（1）

我爱踢足球

北京印刷学院附属小学五年级　沈俊宇

同学们，你们知道世界上的第一项运动是什么吗？也许很多人都说不清楚。让我来告诉大家吧。那就是足球运动。

足球被人们誉为"世界第一运动"。它不仅是青年人的运动，也深受我们少年朋友的喜爱。一场高水平的足球比赛，不仅可以令人赏心悦目，更重要的是它可以强身健体，让我们在运动的过程中体味到无穷的乐趣。所以我最喜欢玩足球了。

每周六，我和爸爸都要约上几个小伙伴在公园附近的空地上踢足球，那里是我们的乐园。伙伴们你追我赶，接球、抢球、守门、射门，我们玩得不亦乐乎。爸爸也是一个足球发烧友，他会毫不保留地把他的经验传授给我们，为我们指导动作。每次运动回来，大家都是大汗淋漓，但心情无比的愉悦。

足球是一项团体运动，从运动中我学会了密切配合。另外，足球比赛中千变万化，胜负难以预料，也提高了我的应变能力，这使我更加热爱足球了。

佳作点评

文章结构安排合理，详略得当。语句通顺，能够根据表达的需要恰当运用所学的词语。不仅写出了运动可以强身健体，愉悦身心，同时也写出了运动中学会了与人配合。

佳作欣赏（2）

我们爱运动

北京小学大兴分校　马昕航

运动，是一个人想要增强体质不可缺少的习惯。我们一家都很爱运动爸爸爱打乒乓球，妈妈爱跑步，我喜欢打篮球。可要说我们全家都喜欢的，那非踢毽子莫属。

有一天，爸爸看到我和妈妈包括他自己都太胖了。"人家运动员是八块腹肌，而我们都快成八块赘肉了！"爸爸用夸张的语调宣布了"残酷"的现实。于是，爸爸便决定开始全家踢毽子，来减掉身上的赘肉。

踢毽子这项体育运动，听着简单，做起来难。练习踢毽子可费了我们家不少心血呢。我见到毽子，便胸有成竹地说："踢毽子太简单了，我一下能踢一百个。"说完便拿起毽子，往上一扔，在掉下来的一刹那腿往上一踢，本以为能踢到的，谁知我踢偏了一点。不但毽子没踢到，反而摔了一跤。"啊！"我惨叫一声。爸爸过来后说："毽子不是这么踢的，小腿应该尽量做到与膝盖齐平。"我说："知道了。"便试了一试。果然好踢多了。

随后爸爸、妈妈和我就围成了一个圈子踢。你传我，我传你，像接力一样，非常有意思。从那以后，我们三个一有时间就下楼踢毽。小区里的人见了也加入进来，慢慢的我们竟然围了十多个人一块儿踢。

有位阿姨总说："就这样日复一日地炼。我肯定减肥成功了！"大家都哈哈大笑，十分开心！

佳作点评

小作者从为什么踢毽子，怎样踢毽子，怎样爱上踢毽子几个方面来叙述，全文层次分明。文章详略得当，既有"我"第一次踢毽时的细节描写，也有和全家以及和小区邻居一起踢毽的概述。语言简洁、风趣。

拓展训练

你喜欢玩游戏吗？玩过捉迷藏吗？玩过木头人吗？如果让你来设计一个游戏，你会怎样设计？这个游戏有什么规则？小伙伴一块儿游戏时开心吗？请以"我的游戏我做主"为主题，先设计一个有意思的游戏，然后写一篇作文。

我爱我家

题目与要求

家是心灵的港湾，家是幸福的源泉。每个人都有家，都从家里获得抚慰，都应为家贡献自己的力量，都应热爱自己的家。你的家里都有哪些成员？他们各自有怎样的特点？家庭成员之间发生过什么有意思的事儿？请以"我爱我家"为主题写一篇作文。说说你们家的好玩儿事，新鲜事，感人事……

解题指导

一、让人物"动"起来

爱"家"其实就是爱"家人"。因此，把家庭成员写好，是这次习作成败的关键。要想写好人物，就要让人物"动"起来。有的同学写人物时习惯于用"照相"的手法，把人物的外貌、神态用静止的语言来叙述，给人干巴、苍白的感觉。其实，人物外貌、神态的"不动"是暂时的，"动"才是永远的。只有"动态"的描写，才能看出这个人物的特点和本质特征。因此，我们应多用"摄像"的方法，关注人物神态的变化，人物外貌在不同时段给你的不同感受。这样就把人物写"活"了。

二、用事实说话

写人物就是写品格。每个家庭成员的品格各不相同，爸爸的忘我工作，妈妈的悉心照料，奶奶的慈祥，爷爷的疼爱，都是你"爱"的原因。表现人物这些品格时都要有具体的事例，要用事实说话，不能"空"，不能概括笼统。我们要围绕一件事儿，通过几个人物在事件中的言行举止，来表现他们各不相同的特点。

三、叙述角度要新颖

同学们在写人物的时候，往往直来直去，是好就写好，是不好就写不好。虽然语句也通顺，内容也清楚，但角度过于直白。往往让读者看到了开头就猜到了结尾，不能感染人，不能吸引读者阅读。我们不妨换一种角度来写人物，就是正话反说。比如可以从爸爸总是忘记家里的事儿，是个"忘事大王"，来表现他一心扑在工作上的精神；比如可以从妈妈一天到晚在"我"耳边唠叨，来表现她对我无微不至的照顾。这样，你的作文就会不落俗套，让读者眼前一亮。

佳作欣赏（1）

我爱我家

北京印刷学院附属小学 五年级 张 嘉

"我爱我的家，爸爸、妈妈和我呀……"我常常会这样不自觉地唱上这么两句，因为我有一个幸福而美满的家庭。在这个充满了温馨与幸福的家中，有我和蔼可亲的爸爸，善变的妈妈，还有文静的我。

　　我的爸爸是一个和蔼可亲的人。如果我不小心犯下了什么错误，爸爸从来都不会责骂我。他总是耐心地坐下来，正一正衣襟，然后慢条斯理地和我讲起道理来。爸爸对我的学习十分地关注，记得有一次数学考试我只考了88分，我很伤心。当然，心理更多的还是忐忑：爸爸会不会责怪我？即使没有责怪，单是想到爸爸那副失落的面容，我就已经觉得无地自容了。回家的一路，伙伴们有说有笑，而我尽是沉默。回到家，我把糟糕的考试成绩坦诚地告诉了爸爸，爸爸非但没有说我，反而让我把考卷拿来，坐在书桌前，耐心地帮我分析起来。我的忐忑与不安瞬间化为乌有，这个十几平方米的小书房中，留下的是我与爸爸温暖的身影。

　　我的妈妈是一个有点善变的人。她有时严格，有时温柔，还有的时候会很幽默。如果我犯了一件在妈妈看来很低级的错误，妈妈胸中那一团莫名的怒火就会如同离弦的箭一样喷射出来，背稿般地训斥我一顿。但是，妈妈高兴的时候，又会轻言细语的和我交谈，有时候还真是一时半会适应不过来呢。记得有一次，妈妈跟我开了一个很冷很冷的玩笑，搞得我两天没反应过来。这就是我的妈妈，有点小善变呦，不过还是很可爱的。

　　这就是我的家庭，家庭成员中的每个人都有自己独特的性格，但是又都能互相理解，互相关爱。这样一个幸福美满、温馨和谐的小家是不是很让你嫉妒呢？

佳作点评

　　文章开头引人入胜，吸引读者。内容具体，语言生动丰富，具有真情实感。

佳作欣赏（2）

我爱我家

北京小学大兴分校五年级5班　马昕航

我爷爷离我家很远，要走六七个红绿灯。爷爷是一个爱唠叨的"老头儿"，我总喜欢趁爸爸不注意，叫爷爷"爱唠叨的老爷爷"。爷爷听我这么叫也不生气，还呵呵地笑个不停。

有一天，下大雪，是爷爷接我放学。我兴高采烈地告诉爷爷："爷爷，我作业在学校就做完了。"爷爷说："你真棒，那就玩吧！""好耶！"我高兴地说。说完我就拿起遥控器开始看电视，一看就是23个小时。不一会儿，爸爸来爷爷家接我了。在出去之前，爷爷问我说："还有没有没拿的东西呀！""没了。"我漫不经心地说。"你再看看吧！""说没有就没有，您老这么唠叨不烦呀！"爷爷见我生气了便没有多问，默默地把我送到楼下。回到家，我还是先看电视，等看完了，我便去整理书包。"啊！"我大叫一声，爸爸、妈妈连忙跑出来问怎么回事。问了半天后才得知是我的水杯落爷爷家了，我十分着急，心想，我明天怎么喝水呀！就在这时门铃响了，我打开门一看，是爷爷！只见爷爷变魔术般拿出了我的杯子，笑着说："你个小迷糊，下次我可不给你送了。""您这次就不应该给他送，多大的雪啊！"妈妈，一边扶爷爷坐下，一边说。"呵呵，没事，没事，总不能让孩子明天没水喝。"

后来，我和爸爸、妈妈不顾爷爷反对，坚持一起送爷爷回家。我拉着爷爷的手，爸爸、妈妈挽着爷爷的胳膊，我们一家四口紧紧地依偎在一起，路灯将我们的身影映在厚厚的积雪上，构成一幅美丽的画卷。

我的心里忽然无比甜蜜，我觉得我们家是最甜蜜的家庭了，我爱我的家……

佳作点评

　　小作者通过一件小事，反映出家庭成员之间互相关心，互相爱护，营造出一个温馨的画面。

拓展训练

　　如果有你来当家，你会怎么做？计划一下家里的晚餐，设计一份营养菜谱，到市场上买菜，收拾整理房间，自己煮饭等，当我们用心做着这些事情事时，我们会遇到很多的困难，我们会有很多的想法，我们把它一一记下来，就可以写成一篇很好的文章。请以"今天我当家"为主题写一篇作文。

我的游戏我做主

题目与要求

　　我们的生活离不开游戏，我们几乎就是在游戏的陪伴下成长起来的。和伙伴、和父母、和同学，我们一定玩过很多游戏，也许有的游戏还是你亲自设计的。这些传统的、新发明的游戏带给你多少快乐呀！请以"我的游戏我做主"为主题，自拟题目，写一篇作文。

解题指导

一、写游戏要有"戏"

　　游戏虽然好玩儿，但不一定好写。我们必须要努力发现游戏过程中最有趣的部分，将之详细地写出来，才能让读者感受到游戏的趣味性。有个词叫"波折"，简单说就是情节发生了变化。情节有变化，作文才引人入胜。写游戏时，就要抓住游戏过程中的变化之处，如遇到了困难，规则发生了改变等等，将伙伴们的表现，你的内心想法等都写出来，才能使所描述的游戏妙趣横生。

二、写游戏要有主次

　　介绍一个游戏要像做游戏一样，有主有次，有详有略，还要有具体的动作和心理描写，这样才能使习作内容具体、形象生动、重点突出。比如我们玩游戏前肯定要先说说规则，然后再玩儿。这个说明规则的过程，肯定不是最吸引你的，所以要简单写，重点要写怎么玩儿的。而一开始玩，可能大家还不熟悉规则，总是会停下来讨论一番，然后接着玩儿。那这第一次玩儿就可以简单写，而把重点放在写第二次玩儿。把第二次热火朝天玩儿游戏的场景写出来，也就把你为什么开心？怎么开心呈献在读者面前了。

三、写游戏要有"人"

有的同学写游戏时比较关注游戏本身，先怎样，再怎样，叙述得很有条理，却忽视了玩儿游戏的人的表现。如有个同学写玩篮球，他不停地说谁把球传给了谁，谁又带球，然后又传给了谁。给人的感觉是一个皮球不停在场上飞舞，却看不到玩球的人。我们可以抓住游戏中的人的夸张动作、丰富表情，详细刻画。对于玩儿游戏的心情也不应只用"十分开心"、"非常快乐"就简单带过。胜利了很开心是怎么开心？有什么语言？什么动作？失败了很沮丧，怎么沮丧？有什么神态？什么心理想法？这些详细的内容才是将文字面前的读者拉入游戏中，和你同欢笑、共悲伤的魔法。这才是决定这篇习作成败的关键，希望同学们一定要引起注意。

佳作欣赏（1）

我是奥特曼

北京小学大兴分校五年级五班　马昕航

我正在草地上踢足球，突然，老天爷迅速地变了脸。一时间电闪雷鸣，只见一只怪兽从天而降，我马上召唤出奥特曼和怪兽开始了激烈的战斗。正当我和怪兽打得火热时，怪兽突然一下把我绊倒在地，张开血盆大口向我扑去，吓得我睁开了眼睛。啊！原来是一场噩梦呀！

我想，我要真能变成奥特曼那多好呀！于是我找来我们家的毛巾被裹

在身上当做奥特曼的衣服，又找来我的木头宝剑，我装扮成奥特曼，跳上床摆了一个POSE。然后我叫爸爸过来看看我像什么，爸爸说："嗯！很像大熊猫。"我瞪着他说："你算什么眼神呀，我这是正宗奥特曼服装。"爸爸说："原来是这样啊！"哼！竟然一副瞧不起我的样子！我说："你现在是怪兽，我是奥特曼。"于是，我拿起宝剑迅速地向爸爸砍去，爸爸也毫不犹豫地向我冲来，还真是个厉害的"怪兽"。我们打得"你死我活"，没有分出胜负。不一会儿，爸爸气喘吁吁地说："我太累了，我投降。"就这样，这场比赛我取得了胜利。

　　嘿嘿，当奥特曼的感觉还真是不错呀！

佳作点评

　　这篇习作描述了小作者和爸爸一起玩儿奥特曼游戏的情景。略写了作者的梦境，详细描写了现实中的游戏过程。文章语言简洁、幽默，特别是人物的语言非常生动、传神！

佳作欣赏（2）

寻"宝"记

北京小学大兴分校五年级四班　朱宇璇

　　小时候，我看过很多动画片，其中有很多都是跟寻宝有关的。世界上真的有宝藏吗？我一直都不明白，为了证明这一点，我自己画了一张"寻宝图"。

　　我召集了许多小伙伴对他们说："今天，咱们来一次寻宝大战。""好耶！找宝贝喽！"小伙伴们可高兴了。我们分成了两队，看谁先找到"宝藏"。按照我的"寻宝图"指引，我们首先来到了北边的两棵大柳树下，拿着小铲子开始挖，挖了十多分钟，突然有人喊"我挖到了！"伙伴们急忙围过去，唉，原来是一块白色的满是泥土的石头。不过好歹有收获。"太好了，给我吧。"我兴高采烈地说。我把它放在包里。"咱们再去别的地方找找吧。"然后我们又到了下一个目的地——草丛。我们分工合作，又挖到了一块棕色的石头，不过有些难看。我想，宝藏大概都不怎么好看吧。就把它和白色的那块放在了一起。"呀，到了集合的时间了，回去吧。"我们来到了小区大门，互相嘲笑着对方满是尘土的脸。"第一小组报告情况。"我像个小将军一样发布命令。"找到两块石头。""第二小组。""一个小瓶子！""太好了，我们寻宝成功了！"

我带着"战利品"回到了家。可妈妈看了却大发雷霆，说什么衣服脏得像小叫花子，什么竟然敢把垃圾带回家。真是不明白，找到宝藏怎么还被骂呢？

嘻嘻，现在回想起来，当时真是幼稚得可笑！

佳作点评

寻宝的电影大家都看过，那是多么神奇、有趣啊！小作者受到启发自己也去寻宝，自己制作寻宝图，找到"宝物"的兴奋，满载而归的自豪，最后被妈妈骂时的不解，都写得很生动，很真实。让读者感到虽然当时小作者很幼稚，但那童年的时光却如此美好！

拓展训练：

你到菜园里摘过蔬菜，到果园里摘过水果吗？在田野里奔跑的时候，呼吸大自然新鲜空气的时候，你的心情一定会和平时不同吧！请以"美丽的农村，我来了！"为主题写一篇作文。

环保进行时

题目与要求

随着时代的进步，人们越来越重视环境保护。但保护环境不能只停留在口头上，更应该落实到我们的行动中，融入到我们的生活里。在生活中，为了环保你和爸爸、妈妈、邻居、伙伴……都做了什么？有什么感受？请以"环保进行时"为主题写一篇作文，谈谈你的环保行动和感受吧！

解题指导

一、紧扣主题

本次训练要求围绕环保来写。因此，动笔之前，同学们要先弄清楚什么是环保？哪些内容和环保有关？环保是一个比较宏大的主题，空气、水源、土地、森林……都是环境的一部分，都和环保有关系。其次，我们要想一想，为什么要环保？也就是环保的意义是什么。最后，也是最重要的一点，就是我们要思考我们自己经历的事件中，和环保有关的是什么。同时，本次习作要求大家写"为了保护环境，你和爸爸、妈妈、伙伴做了什么？"也就是说写的内容一定是我们做了的事情，而不能是看到的、别人做的事情。

二、贴近生活

明确了本次习作要求我们写什么之后，大家要思考我们身边有哪些相关的材料。大家在选材时，一定要从实际情况出发，从自己身边的小事入手，贴近生活。要学会"大题小做"，切忌太空、太大。有的同学受社会上一些不好的风气影响，一写环保主题的作文就大喊口号，起不到打动读者，触动读者的作用。其实，只要你认真观察就会发现，身边有很多可写的内容。比如用布袋购物，步行或坐公交出行，不使用一次性用品等等，都是我们小学生可以做到的环保行动。这些亲身经历，亲眼所见的变化，定会触动我们的心弦。选择这样的材料来写作文又怎会无话可说？

三、写清事件

首先要注意叙述的顺序。为什么这样做？怎么做的？结果怎样？都要写清楚。其次，要突出重点部分。比如我们可以采用对比的写法，把我们过去的做法和现在的改变作对比，突出"环保行动"的意义；可以借助联想，把你对人类乱砍树木、毁坏森林等行为的痛恨抒发出来；还可以大胆设想，通过我们的环保行动，将收到怎样的效果。最后，我们一定要注意把自己的内心感受写具体。细腻的心理描写最能引发读者的共鸣，也最能激起读者的环保意识。

佳作欣赏（1）

环保进行时

北京印刷学院附属小学六年级一班　王滢钰

从幼儿园起，无论是老师还是家长都在说着"环保"这一词语，可究竟何为环保呢？环保，在词典上的解释为"人类为解决现实或潜在的环境问题，协调人类与环境的关系，保障经济社会的可持续发展而采取的各种行动的总称。"可究竟是些什么行动呢？我们又该如何去做呢？周末，我跟父母来了一次"环保行动"。

天上的太阳散发着有些刺眼的光芒，虽未入夏，可那股热气还是难以抵挡。这天气却让我们一家三口犯了难，早就计划好的要周末乘坐地铁去颐和园，此时的热天气却动摇了我们的决心。"不然开车去吧？反正那么多人开车去，保护环境也不在我们这一家。"妈妈首先提出了自己的观点。"不行不行，说好的环保，怎么能反悔呢？"爸爸对妈妈的意见并不是那么赞同。两个人争执了好久后，由我一锤定音，决定乘地铁出行。

走上地铁，人贴着人，甚至连一个转身的地方都没有。"唉，早就说了开车来吧？你看看这么多人，连个坐的地方都没有。"眼前的人群让原本就反对地铁的妈妈更加烦躁不安。拥挤了一个多小时后，我们终于到达了目的地——颐和园。一路上的烦躁瞬间烟消云散，再望望颐和园门口挤得动不了的车辆，我和爸爸会心地笑了。

回到家之后，爸爸问我累不累，我回答累。他笑着说："其实环保并没有那么难，也许只是周末某次出行坐几站地铁；也许只是多费力骑一天自行车；也许只是尽可能地多走几步路……虽然累了一点，可是几滴汗水，就可以换来一个更美丽的环境，何乐而不为呢！"

听了爸爸的话，我点点头。突然，我好像听到了大街上再也没有汽车鸣笛的声音，脆生生的自行车铃铛声响成一片……

佳作点评

小作者抓住一件小事，通过人物的语言、神态、心理变化，表现了一家人的环保意识和感受。文中巧用对比，突出了"几滴汗水，就可以换来一个更美丽的环境"的主题。条理清楚，主题鲜明。

爱我中华

题目与要求

围绕"爱我中华"主题活动写自己的感想。可以写对自己收集到的材料的感想，也可以写读过、听过别人的材料后的感想，还可以写对此次活动的感想。写出自己的真情实感。字数不少于300字。

解题指导

一、未成曲调先有情——重视搜集资料

有的同学觉得爱国是大人们才明白的事，小孩子很难用语言表达出来啊！那是因为大家对祖国的历史变迁缺少切身经历，没有今昔对比的感慨，自然很难产生内心感受。因此，我们动笔之前一定要多走访一些身边的老爷爷、老奶奶，请他们多谈谈过去的故事，听他们谈新旧生活的对比，一定能唤醒、激发你的爱国情感。把他们传递给你的爱国信息记录下来，这份访问记录稿本身就是一篇优秀的爱国作文了。除此之外，我们再多找一些爱国主题的文章或书籍，了解祖国的历史，了解中国如何辉煌，了解中国如何饱经沧桑，了解今天的美好生活得来多么不容易。有了大量的信息积累，你对祖国这两个字就会有不一样的感情了。

二、春江水暖鸭先知——叙述要以小见大

每位同学都有一颗真挚的爱国之心，可是要写爱国主题的作文，很多人就犯难了。总觉得中国这么大，怎么爱啊？大家要记住，大的主题也要抓住小的细节进行描述。我们可以抓住某个细节，和自己的生活相联系，进行深入思考：今天为什么会这样？以前什么样？从中产生怎样的想法和感受？只要把历史和今天相对比，你一定会敏锐地发现祖国的伟大成就，惊人的历史变迁，产生作为新中国一员的自豪感。叙述中切忌空泛的抒情，满嘴口号式的空话。

三、天工人巧日争新——角度要新颖

爱国主题是个老话题，大家要注意不能人云亦云。要多和大家交流，倾听别人的想法，自己也许就会有新的认识，新的感受。比如新时代我们应怎样爱国，应怎样回报祖国？好的作文不见得非要有离奇的材料。老题出新意，化腐朽为神奇的作文更令人钦佩。

佳作欣赏（1）

当五星红旗升起时

北京印刷学院附属小学五年级一班　张　嘉

今天是周一，每当这一天到来时，我们都会站在庄严的旗杆下，凝望着冉冉升起的五星红旗。今天，我眼中的红旗格外的鲜艳，格外地让人振奋不已。站在旗杆下，听着那雄壮的国歌，望着五星红旗迎风飘扬，我的思绪似乎也随红旗飘飞……

还记得上个周五《爱我中华》班会课上，老师带领我们又重温了《董存瑞舍身炸暗堡》一课。革命烈士董存瑞怀着对敌人的仇恨与对革命必胜的信心，用自己的手托举着炸药包炸毁了敌人的暗堡，为革命事业献出了宝贵的生命。今天的五星红旗之所以能够高高飘扬在祖国的上空，那是无数革命先烈在一次次的托举着你，捍卫着你。作为一名中国人，我为自己有这些英勇的同胞而感到自豪。

今天，历经了多少磨难的这个伟大的民族更是让人震撼不已。鲜艳的五星红旗不仅飘在世界各地，更是飘向了遥远的太空。当第一面五星红旗高高飘扬在天安门广场上空时，我知道是无数革命先烈用鲜血在捍卫着这个民族的崛起；当体育健儿们身披五星红旗奔跑在赛道上时，我知道是他

们用汗水在证明着这个民族的力量；当科学家和宇航员们将五星红旗送入了遥远的太空时，我知道是他们用知识在诠释着这个民族的发展。

望着迎风招展的五星红旗，我似乎更清楚了自己的任务。从今天起我更要好好学习，掌握知识，习得本领，将来为祖国的繁荣与发展贡献自己微薄的力量。

佳作点评

文章结构安排合理，内容紧扣文题，中心明确，感情真挚。文章语言凝练、优美，语句通顺，能够恰当地使用修辞方法。

佳作欣赏（2）

老相册

北京小学大兴分校　马昕航

我家有本老相册，爸爸轻易不会拿出来。

有一天，爸爸说起他20多年前第一次坐地铁的经历。那年，爷爷决定带他到城里买些过年穿的衣服。在此之前他从来没有进过城，北京城对于他来说是陌生的、神秘的。特别是对于地铁他无比惊讶！他不停地问爷爷："怎么要下到地里去？怎么地底下会有火车？难道北京是在地下的？"爸爸回忆当时的情景情不自禁地大笑。

而我却觉得莫名其妙。坐地铁很好玩儿吗？地铁站就在我家门口，我和小伙伴有事没事就会乘车去玩，没觉着有什么神秘的呀！

见我不以为然的表情，爸爸抚着我的头说："在我小的时候，咱家这里的环境很差。路特别难走，而且路两旁还有很多杂物，非常臭，苍蝇蚊子很多。要想进城要走很远的路到公交车站，那时公交车很少，常常要等很久……"说着，爸爸找出那本很旧的相册，上面有很多小小的照片。他指着照片告诉我那低矮的平房就是我们原来的家，那狭窄的小路就是当时的街道……天呢！这就是我家原来的样子吗？听爸爸说过去黄村的原名叫荒村，还真是够荒凉的。忽然之间，我有些理解爸爸当年第一次坐地铁时的心情了。

如今站在高处眺望远方，只见远处高楼林立，车辆川流不息，一点也没有照片上当年的样子。这就是变化吗？我第一次感到自己的生活很美好！

我帮爸爸将老相册仔细地放好。我决定一定要将这本相册珍藏起来，直到永远……

佳作点评

一本老相册，让小作者意识到今昔的变化；一次父子对话，让小作者意识到自己生活的幸福。文章自始至终没有"爱国"的字眼，却通过文章前后对老相册的重视，巧妙地点出对幸福生活的珍惜，对祖国的热爱！

拓展训练

拿起相机，把你家周围的街道、商店、花园……都拍下来，制作一本时光相册。若干年后，打开它，你一定会产生无尽的感慨！把你看到的变化，内心的想法写出来，将是最感人至深的文字！

我和_____

题目与要求

我们每个人都能得到亲人的爱。有父母的爱，祖辈的爱，兄弟姐妹的爱。请你从感受最深的事例中选择一件，以"我和____"为题写一篇作文。要写出自己的真情实感。

解题指导

一、精心挑选事例

这次的作文属于半命题作文。同学们在动笔之前首先要把题目补充完整。首先请你思考，在你的亲人中，谁最疼你？谁为你付出的最多？你和谁之间的最触动你的心灵？想好后，就选择和这个人物之间的事件来写。选择的事件要注意宜小不宜大，最好就是生活中的点滴小事。选择的事件

还应典型，就是说这件事能够充分反映你和亲人之间的情感。

二、细致刻画人物

同学们写有关亲情的文章时，往往比较平淡，细腻不足，厚重不够。只是停留在叙述事件的经过，不注重对人物个性的刻画，使得文章停留在表层，对亲情、真爱的内涵挖掘不深。因此，文章显得力度不够。亲人之间的情感要通过人物的言谈举止表现，因此，习作时要特别注意抓住人物的动作、语言、神态、心理等方面细致刻画。

三、巧妙抒发情感

有的同学认为只要在文章的结尾大声地赞美几句，就可以把亲人之间的情感表现得真实感人了。这是错误的认识。空喊几句类似母爱伟大，父爱伟大等口号式的话，会让读者感觉不真实，真情反倒变成虚情了。其实，情感也可以通过一个眼神，一个动作，一句贴心的话等细节来表现，并不是一定要把表达的情感用直白的语言都写出来。不把话说全，适当留些空白让读者去体会，效果会更好。除此之外，注意环境的衬托，通过描写环境来表现人物内心的变化，也能在无形中升华文章的主题，让人物鲜活起来，让文章更加感人！

佳作欣赏（1）

我和爸爸

北京印刷学院附属小学　张　嘉

我有一个好爸爸。他的个子高高的，体重刚刚好，虽然有点儿将军肚，但让人觉得既成熟又稳重。生活中，我们就是一对好朋友。他会陪我学习，陪我玩耍，我也常常会和爸爸开个小玩笑，他那宰相肚里能撑船的气量也绝不会和我斤斤计较，我非常喜欢他。

爸爸是我学习上的良师益友，每当我有题不会做的时候，爸爸总会慢条斯理的帮我解惑答疑。十几平方米的小书房里总会有爸爸温暖的背影。

爸爸对我的学习总是无条件的全力支持，那是一年前的一件小事，至今让我记忆犹新。

那一年我上小学四年级，由于我对绘画非常感兴趣，就在课外选择了绘画兴趣班。第一次课后老师要求大家买一个涮笔筒，纤维面料的，可以压缩的那种涮笔筒。放学后，妈妈陪我转了很多文具店，可是幸运女神总是和我失之交臂，很遗憾，我没买到。无奈之下，我给我爸爸打了个电话。爸爸在电话里说："别着急，我出去看看，如果有的话，我会给你送过去。"当时我听了这句话，以为爸爸只是在安慰我，因为那时已经是下午五点多了。爸爸在朝阳上班，往返需要将近四个小时，平时住宿的爸爸应该不会因为这件小事赶回家的。挂掉电话的我有种莫名的失落，我的涮笔筒一定泡汤了。

回到家，我依旧是像往常一样写作业、吃晚饭，但是没买到涮笔筒的那份失落始终萦绕着我。就在晚上9点多，平日里我将要上床休息的时间，房门突然响了。"有人在敲门，这么晚了是谁呀？"我和妈妈面面相觑。"开门，是我。"房门响起爸爸浑厚的嗓音。我急忙打开门。"给你，这是你要的涮笔筒吗？"爸爸边抖落鞋子上的雪边说。我来不及看笔筒的样子，单是碰到爸爸那冰凉的双手就已经让我热泪盈眶了。当我要挽留爸爸多待一会儿时，爸爸说："不了，我单位还有事，得赶紧回去！"我不顾爸爸的反对，坚持要送爸爸下楼。爸爸抚摸着我的头说："我家宝贝对爸爸这么好呀，哈哈！"爸爸的身影渐渐地消失在我视线里，我的眼睛有些湿润了！

第二天，我拿着涮笔筒去上兴趣班，我画了一幅自己认为最好的画，作品的名字叫做《我和爸爸》。

佳作点评

小作者用生活中的一件小事诠释了父爱的伟大。语言亲切、自然，感情真挚细腻，文章结构安排合理，详略得当。

佳作欣赏（2）

我和爷爷、奶奶

毕圣晗

从我懂事的时候起，总是听见别的小朋友说自己的爷爷奶奶好，很慈祥。可在我的印象中，爷爷奶奶始终对我是冷冰冰的，从来也没笑过。

爸爸家是三代单传，就希望我是个男孩儿，所以爷爷奶奶很失望。妈妈也曾对我说："爷爷奶奶重男轻女的观念很重，慢慢地会喜欢你的。"记得最深刻的一次是，那天我正在看电视，奶奶看见了，话也没说就把电视给关了，然后还小声嘟囔说："你要是个孙子该多好啊。"听了这话我非常生气，真恨自己不是个男孩儿。如果我是男孩儿，那一定会被视为掌上之宝的。想到这里泪水一串串地往下流。我八岁那年，爸爸把我和妈妈接到了北京，到了北京以后，爷爷奶奶一直也没有来看过我，偶尔打几次电话，但也是一些冷酷的话语。令我很伤心。

日子一天天过去了，我转眼间已经十周岁了，暑假我和爸爸妈妈再次回到哈尔滨。一天晚上吃完饭后，爷爷奶奶要去散步。我见奶奶腿脚不好，就搀扶奶奶，一起来到了小花园。一些熟人看见他们都说："你孙女长高了，成大姑娘了，多懂事呀！"爷爷奶奶听了，哈哈一笑，忙说："是啊！是啊！"奶奶还轻轻抚摸了一下我的头。回到了家里，奶奶问我考试考了多少分？我说："数学语文都考了100分。"奶奶说："考得真好！"我和奶奶聊得有说有笑。这时爷爷拿着一个苹果走过来，说："别光顾着和孩子说话，让孩子歇会儿，先吃个苹果。"他们的脸上都露出慈祥的笑容，这是爷爷奶奶第一次和我亲切地沟通，他们这样让我很出乎意料。就在那天起，爷爷奶奶变了。对我的态度来了个翻天覆地的变化。一次，我听爸爸在里屋和奶奶聊天，爸爸说：

"妈，您原来不是不喜欢孙女吗，怎么现在又变了？"奶奶说：

"谁说我不喜欢孙女，我看孙女比傻小子强，又聪明，还会体贴人呢！"

爷爷奶奶重男轻女的思想终于改变了，真希望我们一家人能永远这样相亲相爱！

佳作点评

本文的小作者抓住爷爷奶奶对自己态度的变化，生动地反映出爷爷奶奶"重男轻女"思想转变的过程。显示出小作者扎实的作文基本功。本文在结构上也比较巧妙，开头、结尾相互照应，不仅使文章结构严谨而且升华了文章的中心。

拓展训练

每个人都有小伙伴。你的小伙伴是个怎样的人？你们之间发生过什么有趣的事？围绕"伙伴"，自拟题目，写一篇作文。

我眼中的大自然

题目与要求

你眼中的大自然是什么样的？微风、小雨，飞鸟、小鱼……大自然中的一草一木，都有他们内在的美丽。细细观察，用心感悟，你不仅能增长知识，还能获得无尽的快乐。到大自然中去吧，记录下你的收获和感悟。以"我眼中的大自然"为主题写一篇作文。

解题指导

一、多种角度观察大自然

大自然的美丽不能仅仅用眼睛去看。接住一片雪花，除了能看到它的晶莹，还能感受它的凉爽；采一朵野花，除了能看到它缤纷的色彩，还能闻到它诱人的香味，听到蜜蜂在花间的喧闹。大自然的美丽就在于它能让我们用身体的各个器官感受到它的存在。因此，同学们确定要写大自然的某处景物之后，除了用眼看，还要用耳听，用手摸，用鼻闻，用皮肤去感受。这样我们就抓住了景物在形、色、态、味、音等多方面的特点。写出来的景物就充满了灵性。否则，写出来的景物再漂亮也仅仅是一张照片，

缺少了鲜活的风韵，读来呆板而没有味道。

二、巧妙联想品味大自然

古人写作讲究"比兴"。其中的"比"简单说就是"比喻、比拟"，就是通过描写和眼前景物有联系的其他景物，使眼前的景物更加鲜活、引人。如有的同学把"风"比作"春天的手"，把"吹"当成了"抚摸"；把小溪流淌看成了"唱着清脆的山歌，在溪石间一路轻快地舞进了密林深处……"这样的描写有了活力，有了生机，使读者如见其形，如闻其音，如嗅其味。在用联想的方式写景物时，一定要注意比喻的景物形、色、味等要与被比喻的景物有联系，不能生搬硬套。同时联想要符合实际情况，要与当时的环境贴切，不能显得突兀。

三、全心投入感悟大自然

一切景语皆情语。同样的景物，因心情不同给人的感受完全不一样。心情好时，"秋雨像一首音乐，带走了闷热，送来了凉爽。"心情不好时，"秋雨弄湿了头发，浸乱了心情。"因此，同学们在写景物时，一定要全心投入，把"景"与"情"巧妙地结合起来。可以先确定一种你要抒发的特定情感，带着这样的情感去看你要描写的景物。也可以先观察景物，反复用心琢磨，确定景物给你最突出的感受，并权衡是景物哪些特点给了你这样的感受，从而明确写作要点。写作时，每一处描写都要与情感一致。这样，景物蕴含情感，情感滋润景物，文章就有滋有味了。

佳作欣赏（1）

风的性格

北京小学大兴分校六（4）　王凌钰

有人说，风是一个调皮的孩子；有人说，风是温柔的小姑娘；有人说，风是助人为乐的好少年；也有人说，风是冷酷无情的坏蛋……风就是这样喜怒无常！

你看，春天到了，风暖洋洋地欢迎着春姑娘。暖风吹融了冰雪，吹醒了动物。它与孩童们嬉戏，它护送着一只只风筝飞上蓝天。风把青草吹绿，风使鲜花盛开。它带着燕子归来，它与船只共同起航。它吹动着女孩子的长发，它带着祝福飞向远方……一切都是那么和谐，风显然正在欢笑着。

夏天的风只会助纣为虐。太阳将炽热的光芒投向大地，人们晒得受不了！风呢？只会不停地将热浪推到人身上。偶尔还会翻脸。那时就是一阵天昏地暗，飞沙走石，似乎要将地上的一切卷走。

当秋妹妹姗姗来迟时，风又换了一种性格。它追着大雁向南飞，它吹红了一片一片树叶，它吹熟了一颗一颗果子，它与黄色的麦子玩耍，它把农民伯伯的帽子吹走，它钻进小朋友的衣袖里……

还没等风闹完，冬爷爷就大驾光临。冬仿佛呼了口气，就让风改变了性格。它怒吼着冲向人们的房子，震得窗户直颤，它如冰般地向孩子冲去，冻红了小孩子的手脚。它仿佛听到别人对自己的责怪，更生气了，使劲地拍打着窗户，让人们惊恐万分，不能安然入睡。

"解落三秋叶，能开二月花。过江千尺浪，入竹万竿斜。"伴着风的呓语，我吟起诗来，感受着身边风多变的性格。

佳作点评

大量的拟人写法，使风在小作者的笔下如同一个性格多变的孩子，时而顽皮，时而暴躁。虽然显得喜怒无常，却让人感受到自然的神奇。

佳作欣赏（2）

放飞蜻蜓

北京小学大兴分校六（四） 王凌钰

昨天的那场大雨引来了一位不速之客。

它停留在窗帘边的吊兰叶子上，不安地扇动着它那两双晶莹无比的翅膀，那是一只蜻蜓。这是一种多么美丽的生物啊！我忍不住轻轻关上窗，

伸出手去。它没有飞走，好奇地看着我的一举一动。我扯住了它的翅膀，妄想将它带进我的房间。直到这时，它才使劲挣扎起来，但这并没有改变什么，我小心翼翼地将它放在了纱窗上。它急躁了起来，用尽全身的力量去撞那坚固的窗户，那窗户纹丝不动。它终于意识到了，这样做是徒劳的，于是它开始等待，等待这扇窗户灰飞烟天。它真是傻得可爱，毕竟，它只是一只昆虫啊。

蜻蜓是益虫，以蚊子为食，可在小区里不常见到它们。蜻蜓异常的安静，这使我有机会近距离地观察它。小小的头上缀着一双巨大的淡青色眼睛，眼睛里是一汪深不见底的湖水，毛茸茸的背部长着 4 片透明的薄翼，翼上有着细密的黑色纹路。翼下伸出 6 只黑色的细腿，紧紧抓住纱窗。背部下端是一条黑色与金色相间的身体，有节奏地跳动着，身体中央还掺着一层似有似无的青纱，美丽极了。它正发出一种很奇怪的声音，我想，它是饿了。

蜻蜓一天能吃几千只蚊子，而我们小区的蚊子又都很猖狂，不如把它放了，让它替我去消灭蚊子，给我报仇吧！想到这儿，我便打开窗，将蜻蜓放了出去。望着它模糊的背影，仿佛看到它流连花间，敏捷地抓捕着一只只讨厌的蚊子……

佳作点评

偶入房间的蜻蜓，让作者有机会观察它的外形，感受它的美丽。适当的联想与心理描写，使读者感受到这平凡的小昆虫仿佛充满灵性。

拓展训练

大自然中一切都是有生命的。如果要你变成大自然中的一处景物，你想变成一朵云，一棵树，还是一只蝴蝶？为什么？请以"我想变成（   ）"为题，写一篇作文。

精彩的课间十分钟

题目与要求

课间十分钟是同学们的最爱。这十分钟不仅是休息的时间，也充满了欢声笑语。你和同学们在课间都玩儿过什么游戏？怎么玩儿的？请选择其中一项小游戏来写一写课间小游戏带给你的欢乐。

解题指导

一、有"戏"的地方要"细"写

游戏大家都爱玩，但不一定都能写好。其中最关键的一点就是要能发现游戏过程中最有趣的部分，把它详细写出来。比如游戏的高潮处、转折处、意外的变化、难忘的瞬间……都是游戏最吸引人的地方，都应详写。有的同学总觉得这样的瞬间太短了，往往一句话就能说完，实在不知道怎么写才能写具体。其实要想细致地描述某个细节并不难。我们看动画片时，经常会发现在某个精彩的瞬间，画面突然变慢了，这就是慢镜头。慢镜头可以让我们清楚地看到人物的每一个动作，每一个表情。写作文时我们也可以如此。我们可以先在头脑中将某个情节分解成若干个场面，然后逐个去描述，这样就能把游戏写得具体、生动了。

二、有"点"有"面"才热闹

"点"是重点，"面"是概括。"点"要具体地描述。人物在游戏时说了什么？有哪些特殊的动作？细致地写出来才能把"点"写活。"面"要巧妙地叙述。游戏的开始和结果，周围的环境和人物，可以更好地烘托当时的氛围，让读者更加清楚当时的情况。比如我们玩游戏前，肯定要先说一下规则，然后再玩儿。但说规则的过程肯定不是最吸引你的地方，所以要简写，重点放在写怎么玩儿的。而在你玩儿的过程中，周围同学是怎样的呢？他们说了什么？做了什么？虽然他们没玩儿游戏，但却能影响你的心情。将这些场面叙述出来，可以使文章有详有略，既有重点，又内容具体。

三、写游戏就是写快乐

我们为什么爱玩儿游戏？因为游戏能带给我们欢乐。因此在写游戏时，应突出这种欢乐，让我们欢乐的心情在字里行间表现出来。有个同学写打篮球，可读者却感受不到玩球的乐趣，只是看到篮球在众人手里传来传去，像是在看篮球的运行线路图。丢球时如何沮丧？球在手里如何紧张？投篮时如何兴奋？进球时如何高兴？当我们把描述的重点，从单纯描述游戏经过，改成详细描述游戏中自己的心情时，那么游戏也就处处充满了趣味了。

佳作欣赏（1）

翻花绳

北京小学大兴分校六年级四班　石　磊

前几天，班里掀起了一股"花绳风"。

你看吧，只要一下课，两个女生一组，一个撑着，一个挑，两只手轻轻拉，两只手勾着细绳向后翻，就成了个降落伞。这还不算完。将绳子折成三圈，用一双手的大拇指和食指撑着，小拇指一压一挑，大拇指将对面的绳子互相挑过来，松开小拇指并一压一挑，如同变魔术一样，就成了五角星。

什么？你觉得前两个太难了？哦，天哪！前两个只是"热手"，锻炼手指灵活度的，难的还在后面呢！比如说翻"松紧带"。唉，想当日，本姑娘还是花了半个小时才学会的呢！

"松紧带"是由"大桥"、"王八盖"、"死苍蝇"……进化而来的，共有17个步骤，够难的吧！

看女生们玩得高兴，男生们也来凑热闹。比如杨震，非缠着我教他不可。可是男生的领悟力真是差啊！让他勾手，他却翻手，让他拉紧，他偏像面条一样松开。看他笨笨的动着，像大叉子一样很不灵巧的手指，我们都快笑死了，哈哈哈……我故意整他，手上的动作非常之快，他更是傻了眼，不一会额头都有汗了。他用力一拉，绳子一下就乱了。谁知杨震竟然还大声说："我成功了！我成功了！我翻的是新花样——破渔网！"哈哈！同学们都笑了！

翻花绳，是我们最喜爱的课间小游戏。

佳作点评

翻花绳是小作者最喜爱的课间游戏。不论是介绍花绳的种类和玩法，还是教同学玩的过程，都体现出翻花绳带来的快乐。笑声不断的文字，让读者也能发出会心的微笑！

佳作欣赏（2）

课间篮球赛

北京小学大兴分校六年级五班　马昕航

叮铃铃！叮铃铃！急促的下课铃响了。班里一下子热闹了起来。有些只是悄悄地去趟洗手间，或去接杯水，而有的则是在楼道内追逐打闹。我嘛，当然是和同学去更热闹的操场上打篮球了！

一到操场上，两个同学先去拿球，四个同学去占篮筐，剩下两个同学去中间占场地，课间篮球赛就这样有条不紊地开始了。由于我们是8个人，所以4人一队。最后，我和张俊麒、菜菜、于卜一队。其余人一队。"比赛开始！"随着我的一声令下。比赛如火如荼地开始了。可能是于卜觉得我太强了，他也不弱，以为我们队赢定了，所以打得很随便。突然对方发起进攻，可被于卜轻而易举地防住了。于卜得球后，谁也不传，自己上篮。如果篮球连板都没沾就出界了。"什么破球啊！"他连连抱怨。结果，我们很快输了两分。

我对于卜说："篮球是靠团队的力量而取胜的，像你这样肯定不行。"于卜说："可我也想象你那样进球。""我教你些技巧吧"我说。"好啊！"于卜说。于是，我便教给于卜"三角防守"的方法。"一手拿球，一手举到身

体的腰部防住敌人抢球。拍球时速度要快，球离地面的空间要小以免敌人抢到球。敌人只要一抢球，就转身，如果敌人抢球，就转回原来的位置再投。""哇，原来如此！"于卜兴奋地说。接下来于卜用我的招进了两个球，我们队 4 分领先，我们都很开心。

不一会儿上课铃响了！"下个课间还来！"同学们一边大声说着，一边欢笑着跑回教室……

佳作点评

课间篮球赛很短，但同学们打得很认真，失败了会沮丧，胜利了会兴奋！因此，课间打篮球成了同学们最期待的事儿。"下个课间还来！"充分表明了同学们的心情。如果文章中再把比赛时的紧张、兴奋描述具体一些，文章一定更精彩！

拓展训练

课间十分钟除了做游戏，还可以做许多事情。有的同学喜欢聊天，有的同学爱到草地上观察小虫子，有的同学却喜欢搞恶作剧，你们班的同学都爱做什么呢？请观察你的同学，写写你们班多彩的课间。

快乐的暑假

题目与要求

暑假到了，愉快的假期中一定发生了不少好玩儿的事吧？去游泳了吗？和小伙伴们做了什么有意思的事？参加了什么好玩的活动？选择其中一件事，用你手中的笔，把这些快乐的事情，记录下来，让同学们来分享你的快乐吧！

解题指导

一、用"我"的笔，表达"我"的快乐

快乐在不同的人眼中有不同的含义。成年的人觉得考试得第一很快乐，而我们小学生可能觉得在草地上看蚂蚁搬家，到河里捉小鱼，把凉丝丝的

河水撩进伙伴的脖领更快乐。这次的作文，要表达的是我们的快乐。因此，在动笔之前，要静下心先想一想，哪件事我觉得快乐，为什么觉得快乐，这件事中最有意思，令我最快乐的是什么？这些内容确定了，写什么事，重点写这件事的什么部分也就确定了。只有写真正令我们感到快乐的事，才能既感染读者，也能令我们体会到写作的快乐！

二、引"人"入心，展现"我"的快乐

读者阅读一篇文章，都从头开始一个字，一步步走进文字，进而走进作者的内心，感受作者的情感。因此，写作文不能操之过急，要把文章最有意思的内容先放一放，先让读者知道你在哪儿，你在做什么，尽量将读者引入故事的背景中去。当读者如同你一样，出现在那样一个场景中时，他才能真的体会到你当时的快乐。不少同学在写快乐的事时，恨不能马上让读者体会到自己内心的喜悦，可是"我真快乐呀！"喊了半天，读者却不知所云，或是觉得作者小题大做。这是因为读者和你不是生活在一个时空，没有任何铺垫，过快表达自己的心情，很难引起读者共鸣！

三、"察"言"观"色，表现"我"的快乐

回忆一下，在生活中我们怎么确定一个人很高兴呢？也许是从他眉飞色舞的神情看出的，也许是从他欢声笑语的语言听出的，也许是从他欢呼雀跃的动作感到的，也许是从周围人七嘴八舌的议论中了解到的。总之，不会是从这个人手里举的小牌子上写的"我很快乐"知道的。也就是说，当我们要通过作文把快乐传递出去的时候，应注意写清自己的一言一行，心理活动，并注意写清他人的反应，通过多角度的叙述，调动读者的想象力，使之能够和你一起去听，去看，去思，进而能够准确了解你的快乐。

四、巧调顺序，强化"我"的快乐

生活中，我们在经历一件事时，都是按先后的顺序进行的。写成作文时，则不必一定要这样。我们可以巧妙调整叙述的顺序，采用倒叙或插叙的写法，强化这件事给读者带来的快乐感。比如我可以先告诉读者，某件事让我高兴得睡不着觉。读者的阅读兴趣自然就被调动起来，然后再笔锋一转，讲述这件事的来龙去脉。就起到了吸引读者的目的。当然，这种顺

序的调整要以真实为基础，不能为了有效果就编造一些情节。千学万学，学作"真"文。同学们只要牢牢把握这个"真"字，一定会写出让人爱不释手的好文章。

佳作欣赏

我给蚊子好吃的

北京小学大兴分校　毕　博

夏天到了，几只讨厌的蚊子闯入我的卧室，不仅把我的大腿叮得到处是红疙瘩，而且晚上总是吵得我睡不安稳。本来家里有电蚊香，可是妈妈不用，说是对小孩的身体有害。难道蚊子吸我的血就没害了吗？我真不理解。于是我下决心要自己想办法把这些"吸血鬼"赶出我家。

一个夜晚，我和妈妈在凉台上津津有味地吃桃。吃完后，把桃核分别放在了面前的小碗里，就睡觉了。第二天，我醒来发现桌上的两只小碗有了区别。我的小碗里有一大群蚊子，这些可恶的蚊子有的在碗上飞来飞去，有的蚊子围着我的碗叫，还有的蚊子在贪婪地啃着剩下的果肉。我又看了看妈妈的碗，里面竟然连一只蚊子都没有。真奇怪！我又仔细地看了一遍妈妈的碗。原来碗里除了桃核，还放着几瓣晚饭时剩下的大蒜，难道大蒜可以驱赶蚊子？我心中一个念头油然而生。

到了晚上，我拿来几瓣大蒜，三下五除二，就把大蒜做成了蒜汁，并把蒜汁倒在喷壶里。终于，我做出了个"超级灭蚊器"。妈妈看着我的一举一动，奇怪地问："你在做什么？"我说："喂蚊子点儿好吃的。""啊？"妈妈惊讶得张大了嘴，她大概以为我被蚊子气糊涂了吧。很快，我把房间每个角落都洒上了蒜汁。还在洒蒜汁多的地方放了些食物。一切都准备就绪，就等蚊子来了。等了好长时间，终于有两只蚊子出现了，它们像战斗机似的，飞快地飞向有食物的地区。就在它们即将降落的时候，忽然像是遇到了什么危险一样，又忽地飞开了。它们围着食物盘旋了好几圈，似乎舍不得眼前的美味，可是几次靠近，又都不得不飞开。最后这些蚊子大概也累了，就慢悠悠地飞走了。耶！首战告捷！我赶紧把自己的"伟大发明"告诉妈妈，妈妈笑着夸我："你真是个小发明家，什么都做得出来。"我说："没什么，这还是您启发了我呢！""怎么是我启发了你？"妈妈看着我奇怪地说。我冲妈妈做个鬼脸，说："不告诉您。"

我又冲进厨房，做了一大碗蒜汁。我要把这些蒜汁放在床边，一想到今天再也不会有蚊子欺负我了，我不禁得意地笑了……

佳作点评

快乐就在我们身边。小作者的经历告诉我们，即便是可恶的蚊子，也可以给我们带来意想不到的欢乐。小作者先是描写被蚊子折磨，下决心要把这些"吸血鬼"赶出家门。随后写了自己制作超级灭蚊器的经过，层次非常清楚。在叙述中作者特别注意描写自己的心理活动，使读者能够随着作者的叙述时而烦恼，时而欣喜，引人阅读。特别值得指出的是，本文语言幽默，文字轻松活泼，确实是一篇好作文。

拓展练习

一学期结束了，我们写了很多的作文，有快乐，有挫折，有成长，有收获，哪些写作你最高兴，哪些写作你最痛苦，围绕"我的写作故事"自拟题目，写一写作文，说说你的写作感悟吧！

难忘的"第一次"

赵海丽

题目与要求

我们的生活中，有过许许多多的"第一次"，第一次动手做饭，第一次走夜路，第一次养小动物，第一次去野营，第一次登台表演，第一次得奖，第一次坐火车，第一次去外地旅游……一个个"第一次"就像一个个脚印，印在我们成长的路上。在你的成长过程中，经历过哪些印象深刻的"第一

次"？从中选一个与大家交流。以《难忘的"第一次"》为题写一篇习作，要把"第一次"的经历写清楚，还要写出在经历"第一次"之后获得的启示。

解题指导

一、抓住文章的眼睛

人的一生中"第一次"就像海边的贝壳一样数不胜数又五彩缤纷，如果我们不善于抓住就会从记忆中悄悄溜走。在五彩斑斓的"贝壳"中到底要拾起哪一颗呢？要根据自己的记忆，寻找那颗给我们留下深刻印象的、触动过我们的内心，让我们久久不能忘怀的那一颗。

二、再现当时的画面

那"难忘的'第一次'"是我们自己的经历，如何将这刻骨铭心的"第一次"展现在读者面前，需要我们在记忆中提取。可以先用口语表达的形式讲给同学听，在讲的过程中注意讲清楚我们的经历，包括：有关人物，你经历了什么，当时的感受，给你什么启迪等等，注意我们的细节讲得越多，听众越明白，越能打动读者。

三、布局谋篇巧表达

动笔将口头语言变成书面语言需要我们在动笔之前想好先写什么，再写什么，最后写什么，最好列出习作提纲。文章写清这让人难忘的"第一次"是什么；我们经历了什么，这是文章的重点部分，要抓住人物的言行举止，运用多种修辞等方法细致地写出我们的经历和感受，让读者能透过文字就像身临其境一般，这样读者才能与我们感同身受；最后写出这次经历让我们难忘的原因或给我们的启迪。

四、真情实感最动人

情感是文章的灵魂。习作中一定要写真事、抒真情。这样才能让语句自然流淌，情感推着笔尖走。这样的文章最能打动人心，引起读者的情感共鸣，从而深入走进文章。

佳作欣赏（1）

难忘的"第一次"

北京小学大兴分校六年级五班　觉思博

　　人成长的道路中，会经历很多个"第一次"，我也不例外。寒假里，我学会了滑雪。"第一次"滑雪既兴奋又刺激，至今我还记忆犹新。

　　那天，天气格外晴朗。早上听说爸爸、妈妈要带我去滑雪，我高兴得像只快乐的小鸟，起床比平时快了很多。

　　经过一个小时的车程，我们来到了滑雪场。嗬，人可真不少！我们急忙穿好装备，迫不及待地像只笨重的企鹅走向了滑雪场地。刚进入场地，脚下一滑——"啪"我重重摔在了地上，在我欲哭无泪时，一位教练从我身边轻快地滑过。只见他双腿微微叉开，腰往下弯，双手向后用力滑动。我吃力地站起身，学了起来。脚慢慢地向前移动，一下接一下，我顿时找到感觉了。"太好了！"不禁惊叫起来。滑着滑着停不下来了，怎么"停车"啊？我左顾右盼——那位教练，我像找到了"大救星"，急忙说：叔叔"我不会'停车'怎么办？"，那位好心的叔叔边喊边做动作："八字'停车'！"我内心充满了感激，急忙模仿，果真停住了。我越滑越快，老爸不服气，偏要和我比，我俩乘电梯上了低级雪道。从那高高的滑雪场上往下看，天啊！难道我要从这么高的地方滑下去，心里犯起了嘀咕……这时着急的老爸直接滑了下去，我也来不及多想了，一狠心凭感觉滑了下去。速度越来越快，耳边响起了呼呼的风声，我像做梦一样滑到了终点。再一看老爸却是走着下来的——原来中间摔了一跤，我却紧张得居然没看见。妈妈像我竖起了大拇指，我更加自信了，向着高高的雪道又一次出发了……

　　第一次滑雪给我留下了难忘而又深刻的印象。虽然摔了不少跟头，但掌握了滑雪的技巧，更体会到了：有付出就有回报；只要不怕困难，持之以恒地做事，就一定能成功！我期待着下一次滑雪的到来，也期待着向中级雪道发出挑战！

佳作点评

　　文章字里行间透露出小作者对第一次滑雪的期待和向往。准备去时的兴奋；来到滑雪场的迫不及待；滑雪时那种着急、不知所措、心里打鼓、自信的情形——展现出来了。描写得真实、刺激、有趣。

佳作欣赏（2）

难忘的"第一次"

北京小学大兴分校六年级五班　孟　琨

　　我们的生命中有许多的第一次：骑车、包饺子……这次是我第一次煮汤圆。

　　农历正月十五元宵节，这天人们会吃汤圆、赏月、猜灯谜。今年的元宵节是星期四，六年级老师决定让我们在学校煮汤圆，与同学一起欢欢喜喜闹元宵。我们每个班都分了几个小组，每组同学分工合作，有的负责带汤圆、有的负责带餐具，还有的负责做 ppt——请同学们猜灯谜。

　　我的任务是煮汤圆，这可是我平生第一次啊！真是既紧张又兴奋。我小心翼翼地往锅里倒入水，然后插上电源，打开电磁炉，水终于烧开了。我将汤圆轻轻地倒进锅里，可是水却偏偏跟我过不去，差点儿溅到我的脸上，还好我的躲闪功夫不错。我拿着勺子学妈妈平时的样子，轻轻推着汤圆，可是汤圆却莫名其妙的一个个"裂开"了肚皮。我急忙向老师"求救"，老师笑着告诉我："傻孩子，汤圆放到锅里后轻轻动一次让它不粘锅就可以了，不能总动它，熟了会自然飘起来。你的勺子总在里面搅，当然会碰破它了！"啊，原来煮汤圆还有这么大的学问？

　　水再一次开了，汤圆熟了！我把它们纷纷盛到同学的碗里，和他们一起细细品尝着自己的劳动成果，虽然有些汤圆破了，但我还是觉得十分美味。

　　人们都说："一回生二回熟。"我相信只要我继续努力，下次一定会

煮出不破的汤圆。

佳作点评

　　小作者平生第一次煮汤圆就遇到了难题，在老师的讲解下，知道了煮汤圆的方法。虽然汤圆有的破了，但还是一次难得的经历，从中知道了生活中处处有学问，并决心继续努力直到成功。

拓展练习

　　生活中你一定也接受过许多人的帮助，家人的、老师的、同学的、陌生人的……请您用手中的笔，记录下那让你心中温暖的人或事。自拟题目，写一篇不少于 450 字的习作。

写民风民俗

题目与要求

　　"百里不同风，千里不同俗"。每一个地方都有各自不同的风俗习惯，请你将了解到的民风民俗加以整理，自拟题目，写成一篇习作。要注意突出所写民风民俗的特点，真正体现地域风情的与众不同。

解题指导

一、拓展写作思路

　　所谓"民风民俗"是指最早流传在民间的一些传统节日及风俗习惯。习作时可围绕节日习俗，富有地方特色的服饰、饮食、民居或新颖别致的民间工艺品来写。就节日习俗一点而言，我们可写的内容就很多。例如，我们的传统节日有春节、端午、清明、中秋、重阳等，每个节日背后都有一个故事、一个传说、一种风俗，或者有着不同的纪念意义。习作时，可以介绍不同地区在这些传统节日里的不同风俗。除此之外，也可以写不同民族在民居上的特色。例如，客家的围屋，傣族的竹楼，北京的四合院，土家的吊脚楼等等，同学们可以就这些建筑的特色来介绍，让读者有一个清晰的了解。

二、选择恰当的表达方法

习作要求民俗特点要突出，体现地域风情的与众不同。如何做到这一点呢？例如，在写传统节日民俗时，一般涉及的人会比较多，应该注重场面描写。在交代时间、地点和气氛的基础上，还要注意刻画特定环境中的人物的活动，在人物的动态中写出人物的特征，另外还要注意"点"与"面"的关系，把个别人物的活动或细节描写与整体概括描写结合起来，渲染气氛，加强艺术效果，使文章形象真实而富有浓厚的生活气息。如果要介绍传统的民间工艺品，可以通过各种说明方法来介绍他们的外形、结构、功能等特点。另外，也可借用各种修辞方法，形象说明各种民俗形成的过程及特色，这样的文章才会有血有肉，生动有趣，同时在介绍的过程中还要做到详略得当，如此对突出民俗特点很有好处。

三、用自己的语言，写自己的感受

写民风民俗，要能让别人从中体会到生活情趣。如果我们能够通过介绍自己的亲身经历和真实感受来反映所写的民风民俗，会使读者有如身临其境之感。如果写其他地方的民风民俗，我们也要注意不能生搬硬套所查阅的资料，要将资料转化成自己的语言，把自己的感受体会写进去，这样文章才有吸引力和感染力。

佳作欣赏（1）

走进春节

北京印刷学院附属小学　六年级　姬元元

说起民族习俗，大家可能并不陌生。但是，你们真正了解过这些吗？今天，我就拥有一把打开民族习俗大门的钥匙，快跟我一起进去了解吧！

咦？今天，大街上怎么人山人海？大街小巷都卖着春联、烟花……每个人都争先恐后地买着，脸上洋溢着节日的喜庆。那么，这一天是？没错，不用想——大年三十。看，家家户户都忙着贴春联呢。可是，这一天为什么要贴春联呢?

春联,又叫"春贴"、"门对",它以对仗工整、简洁精巧的文字描绘美好的形象,抒发美好的愿望,是春节最重要的标志。当人们在自己的家门口贴上春联的时候,意味辞旧迎新的时刻即将到来。正所谓"喜气临门红色妍,家家户户贴春联;旧年辞别迎新岁,时序车轮总向前。"

到了晚上,如果你抬头仰望天空,会发现那闪闪发光的繁星,不再是天空的主角。因为,除夕的晚上被烟花承包了。每到这时候,烟花就会在这里举行一场盛大的晚会。它们穿着五彩缤纷的晚礼服,表演着别具一格的舞蹈与音乐,这些足以让你大饱眼福。你在观赏美丽的晚景时,想必也听说过这样一个传说吧——相传在远古时候,我们的祖先曾遭受一种凶猛野兽的威胁,这种猛兽叫作"年"。后来人们发现,"年"怕红颜色、火光和响声。于是人们便在自家门上挂上红颜色的桃木板,门口烧火堆,夜里通宵不睡,敲敲打打。就这样人们战胜了"年"。为了纪念这次胜利,以后每到冬天的这个时候,家家户户都在门上贴对联,燃放鞭炮。

怎么样?这么一了解,民族习俗背后原来还隐藏着这么多有滋有味的小故事呢,还真是有趣吧!好了,今天就到这里吧,这所民族习俗的大门即将关闭,你一定和我一样意犹未尽吧,期待着你的再次开启。

佳作点评

小作者在介绍民族习俗背后的小故事时没有将所搜集到的资料堆积在文中,而是通过巧妙的提问,自然的穿插在文中,使得表达自然、流畅。

佳作欣赏(2)

特色的民间工艺

北京印刷学院附属小学 六年级 张 嘉

五十六个民族,五十六枝花。是的,每个民族都有自己的民族特色。而这些特色一直伴随着族人们,给他们的生活带来了无限的乐趣。重要的

是，每个民族的特色都是独一无二的，现在就让我们一起去深入了解一下吧！

　　说到特色，最著名的还要数民间工艺，苏绣就是其一。我对其还是有一定的了解的，不妨听我给大家讲一讲。苏绣针法细腻，每一件作品都栩栩如生。它所用的针，比普通的针要小要细，线就好比丝一般。有一次，我尝试着把线穿进针孔里，结果费了好一阵工夫。但是慢工出细活呀，绣出来的作品，那简直就是巧夺天工。苏绣薄如蝉翼，就好像在纸上画出来的画一样。有一次，我在灯光下仔细端详别人送给妈妈的一块儿苏绣手绢，真是闪闪发光，细细地一摸，感觉就像婴儿的皮肤一样滑嫩，仿佛自己就置身于那温柔的苏州小河边，任柔风抚摸自己的脸庞，真是令人爱不释手。苏绣具有图案秀丽、构思巧妙、绣工细致、针法活泼、色彩清雅的独特风格，地方特色浓郁，它与粤绣、湘绣、蜀绣合称为中国"四大名绣"。现在，还流行一种双面绣，它是苏绣艺术中一颗耀眼的明珠，展示着苏绣的风采。

　　不仅苏绣如此，我们中国还有很多有特色的民间工艺。每一种民间工艺都是一种情趣，一种生活的态度。俗话说得好："百里不同风，千里不同俗"，各个地区有各自不同的特色工艺，它们为这美好的世界添上了一份靓丽的光彩，一份不可磨灭的光荣。

（指导教师：吴春燕）

佳作点评

　　小作者在介绍苏绣的过程中将自己的感受和体会融入其中，感情真实。多用打比方的说明方法，形象、逼真，把苏绣的特点描绘得淋漓尽致。

拓展练习

　　认真倾听同学们的习作，选择自己感兴趣的内容，查找相关资料，加深了解，以小导游的口吻向我们介绍你所了解的民风民俗，以及它们背后的故事。

第五章　怎样把阅读和习作建立联系

　　"悦"读才能"喜"作！读是写的滋养。但强迫阅读，只能坏了写的兴致。只有当学生爱上阅读的时候，读才能为写提供营养、动力！

"三多一勤"——我的写作感想

时常有朋友开玩笑地说："你发表了那么多文章，介绍介绍经验吧！"虽是玩笑话，但我也感觉得到朋友的真诚。因此，每到此时内心总是惶恐不安，并且惭愧不已。因为作为一名年轻的小学教师，刚刚走完"二里半的长征"，还远没有给人家"传经送宝"的资格。这话绝非虚伪，也不是客套。如果说发表那些粗糙文字的过程真有什么可以和大家分享的，那大概就是我做到了"三多一勤"。即：多读书，多实践，多研究，勤动笔。

我爱读书，这是从小养成的习惯。家里的三个书柜装得满满的，一些暂时读不上的书只好被挤到床下。书的种类也杂，但最多的，还是和教学有关的书。每天晚上在台灯下静读，是我最快乐的时光。读书于我带来的不仅是"偷得浮生半日闲"的惬意，更开阔了我的视野，充实了我的头脑。漫步书林、遨游书海使我能发现自己教学中的问题，了解最新的教学改革成果。我读于永正，向他学习言语交际和作文教学的最佳整合点；读李镇西，学习他的爱的教育；读张光璎、读魏书生、读朱永新、读窦桂梅……读这些老师的文章感觉就像在和他们对话，他们的教学思想点亮了我创新的火花，指明了我研究的方向。

这些名家的书读得多了，难免就想学一学，模仿着试一试。于是就到课堂上实践。有时效果很好，有时却很糟糕，于是内心就有了疑问：为什么专家的好方法到了我的班上就不行了呢？不知不觉中就开始反思，反思名家之所以成功，除了方法的巧妙还有什么因素；反思自己和名家之间的差距，这就有了研究。在不断地阅读，实践，反思的过程中，会有无尽的想法在我的头脑中闪现而过，有的是对自己以前做法的肯定与超越，有的是对将来的展望。每到此时，就有不写不快的欲望。于是，记下来，当时的想法只是个记录，算是自我陶冶吧，没想到会有一些变成了铅字。这样的反思与研究最让我感到趣味无穷。

比如我曾写过一篇关于语文课质疑的文章。最初并没有什么写作的计划，只是在上课的时候学生忽然向我提出一个问题："詹天佑是哪里的人？"没想到的是，这个问题竟使我发现原来教材中的注解并不严谨，学生竟能发现教材的错误，这不禁促使我想到：究竟什么样的质疑才能真正促进学生的学习？我们课堂上现在的质疑存在哪些问题？我们需要哪样的质疑环节？之后，我开始阅读大量的书籍，并在听课时，有意识地听其他教师是怎样引导学生质疑的。每读到一条有用的信息，记录下来，每看到教师一次成功的引导，记录下来。这时也仍旧没有打算搞出一篇论文来，只是纯粹的记录，只是自己想要把这件事弄明白而已。经过一段时间的积累，手里的资料已经相对比较充分了，经过了梳理之后，一篇浅显的小论文就诞生了。

在我看来，写随笔也好，写论文也好，最关键的是有感而发。读书是有感的基础，实践是有感的机会，反思是有感的深化，只有夯实基础，抓住机会，并把自己的感受深化，不是任其如流星一般划过，那么所写的必然是最生动的，对自己的成长也是最有价值的，甚至对其他的朋友也有一些帮助，这不是最幸福的事吗？

附：

语文课质疑的类型

马俊生

质疑是思维的开始。宋代理学家陆九渊曾说："学贵有疑，小疑则小进，大疑则大进。"学生在学习中有了疑问、敢于发问，才能激起浓厚的学习兴趣，产生强烈的求知欲望。为此，在语文阅读教学中，老师们都很注重培养学生敢于质疑问题的能力，来优化课堂教学。那么，现在课堂质疑都有哪些类型呢？下面以语文课为例简单谈谈我的感受。

纵观现在语文课堂上的学生质疑，大致可以分为以下一些类型。

一、字词方面的质疑。生字的读音，重点词语的含义，是一些质疑能力不强的学生喜欢提的问题。随着新课程改革的不断深入，对这类质疑老师们已经不再在课堂上花费太多的时间，而是要求学生们利用查字典等方法在课前解决。只有个别含义深刻的词语才在课堂中解决。

二、课文内容方面的质疑。从课文内容方面质疑，会使学生更深的了解课文内容，加深对文章中心的理解。在教学中，老师常要求学生反复读课文，从课题，从重点句等处入手，引导学生提出"课文主要写了什么？为什么要写这些内容？"等问题。

三、文本情感内涵方面的质疑。情感是文章的灵魂。通过对重点段落，中心句子的质疑，能探求文章实质，更深刻的理解文章内容，掌握作者写作目的。

四、作者写作方法方面的质疑。现在的语文教材是由一篇篇文质兼美的文章组成的，引导学生质疑作者"为什么这样写"，通过读、思、议、仿写等手段解疑，可以使学生理清文章脉络，领悟文章的表达方法，把阅读与写作结合起来，使学生的写作能力得以潜移默化的提高。

五、文本外延方面的质疑。在"用教材教而不是教教材"理念的引领下，在课堂中教师越来越多地引导学生搜集课外资料、使用课外资料。如学习《清平乐·六盘山》这类课文，引发学生质疑：既然二万里是很长的路程，毛主席为什么又说"屈指行程二万"？然后要求学生根据课前搜集的资料，谈自己对这句话的理解。恰当的质疑不仅缩短了文本和学生之间的距离，而且使学生的思维呈发散状，知识面更加开阔。

从以上这些质疑的类型可以看出，现在的质疑主要是在问"什么样？"或问"为什么这样？"却很少有老师引导学生对"还可以怎么样"提出疑问。所以现在语文课堂上学生的质疑，虽然表面上热热闹闹，但斗胆说一句，似乎只是"小疑"。这样的疑问是以某篇具体文本为中心的，质疑的本质在于是要求学生把已经存在的知识学深、学透，但却忽略了学生创新意识的培养。我们的课堂教学不应只满足于教会学生现有的知识，更应教会学生发现新问题的方法，创造新知识的勇气。

　　基于此，我们除了可以引导学生在以上方面质疑外，还可以引导学生从以下几个方面质疑。

　　一、质疑文本。教材只是个例子，我们不应使学生认为教材就是经典，就是不可逾越的权威。应使他们意识到，教材中的课文也可能有错误，也可能有自相矛盾的地方。"尽信书不如无书"，教师能够引导学生从课文中跳出来，与作者或编者对话，对文章提出或赞同欣赏，或批评指谬，或建议改编的疑问，即使这些问话不一定成熟，抑或不一定正确，我们也应大力提倡，积极鼓励。因为这正是学生创新思维的火花，是其个性的独特表现，"有一千个读者就有一千个哈姆雷特"。笔者在教《黄河象》一课时曾引导学生思考："如果你是编者想把这篇文章重新编排一下段落，你将怎么修改？为什么？"学生经过思考后有的说可以把课文第二、三部分放到第一部分前面写，这样课文的内容可更顺畅一些；有的说可以先写第四部分，最后写第一部分，这样更符合黄河象骨骼化石被发现的实际情况；还有的同学甚至提出，课文第二部分写老象失足落水一段不够细致。应该把老象渴极了的样子，及河水浅的程度再写具体写，这样老象失足落水及无法从淤泥中爬出来才能使读者更加相信。我对他们的想法都给予了诚恳的支持和鼓励。通过对文本的质疑，创设了一个让学生与文本，与作者对话的环境，使"一千个学生变成了一千个作家"。

　　二、质疑老师。古人说"师者，所以传道、授业、解惑也。"正因为老师有解惑的天职，所以老师也就成了答案的拥有者。在课堂上，学生对老师唯唯诺诺，唯命是从。认为只要是老师说的都是对的。而《一个这样的老师》中怀特森老师的"新怀疑主义"告诉我们的却是，只要当学生敢于怀疑老师的答案时，他们才是学习的真正主人。如《詹天佑》一课。我按着教材中标明的内容，在黑板上板书詹天佑是安徽婺源人。一个却学生大声地提出了自己的疑问，说他在一本书中发现詹天佑是广东南海人。我没有否定学生的答案，而是要求大家下课后再去搜集资料，看看詹天佑到底是哪里人。学生的兴趣一下子被调动起来了。最后学生找到这样一段资料：詹天佑祖籍是安徽婺源（今属江西）。祖父詹世鸾经常往来于安徽、广东之间贩卖茶叶，后来举家南迁广州。詹天佑在 1861 年 4 月 26 日生于广东南海（今南海市）。由此可见，说詹天佑是婺源人，指的是其祖籍；说詹天佑是南海人，指的是他的出生地，两者都有根据，都不能说是错误。上面还说道"詹天佑在生前亲笔书写的《履历》中说：'詹天佑，广东南海县人氏。'上海教育出版社 1984 年出版的《中国近代参考图录》下册第 509 页，有《履历》的照片，字迹清晰可辨。另外，1903 年詹天佑曾回广东奔父丧，可见詹天佑父辈一直住在广东。"从中我们不难看出，两种说法虽然都对，但还是说广东南海人更恰当，因为关于詹天佑是哪里人，最权威的说法，应该就是詹天佑本人。所以，根据上述资料，我们还是应该认为詹天佑是广东南海人。通过对文本的质疑，学生们不仅深入地了解了知识，更重要的是他们有了质疑的勇气。当我向他们承认自己的答案是错误的时候，在他们的眼神中我没有看到瞧不起的神情，相反，他们的目光告诉我，他们对学习产生了更加浓厚的兴趣。

　　三、质疑自己。质疑不是课堂教学的目的。课上的质疑，应是要通过问题引导学生去探究、发现，是要在一个用问题营造的场中，激发学生的求知欲。在课堂上，学生的质疑很容易引发两种极端的情况出现，一种是对自己的极端不信任，有事必问；一种是对自己的盲目信任，觉得其他人的意见都是错的，唯我独尊。这两种情形都不利于学生的学习和成长。作为教师，必须引导学生学会对自己质疑。教会学生质疑自己，就是要教会学生质疑自己提出的质疑是否合理，是否必要，是否有依据。自己对自己质疑的再质疑，是引导学生梳理质疑、筛选质疑、提高学生质疑实效性必须关注的环节。

　　语文课应该立足于学生的发展，承载着包括能力的提高，智力的开发等神圣的使命。培养学生的质疑能力正是着眼于学生探索知识兴趣的培养，方法的培养和品格的形成。只有教会学生质疑的方法，使学生会质疑、敢质疑，我们的语文课堂才是有实效的语文课堂，才是发展的语文课堂，才是充满活力的语文课堂。

一点思考

告别画蛇添足的读写结合

听了这样一节课，很有感触。

课例：《掌声》（人教 5 册 第二课时）

教材内容简介：残疾姑娘英子由于小时候的小儿麻痹症落下残疾，走路一摇一晃。一次班级故事会上，同学们的掌声给了她巨大鼓励，使她开始微笑着面对生活。

实录片断：

上一环节：回顾文题，组织学生讨论英子不能忘记什么？

[点评：引导学生表达对文章思想感情的理解。]

师：相信同学们读到这个故事的时候，一定也有很多很多的话要说，为了让每个同学都有表达的机会，请你拿出心声卡，把想说的话写下来。

生动笔书写"心声"。（1 分 40 秒后，下课铃响起）

师：好，孩子们，你可能还没有写完，把你没写完的说出来。

Ppt 呈现：我想对英子说："   。"

生：我想对英子说，你有很大的勇气面对生活。

师：你想说你有很大的勇气面对生活，要做生活的强者，对吗？

生：我想对英子说，只要你鼓起勇气微笑地面对生活，就一定能成功。

师：是呀，我想英子听到你的话，一定不畏惧生活中的任何风浪。还有吗？

生：我想对英子说，不要退缩，你是最棒的。

师：她是最棒的，你也是最棒的！你想对谁说？

生：我想对自己说，当你遇到困难的时候，别人会送给你掌声，我们要珍惜这掌声；当有困难的时候，我们也要送给他们掌声。因为，给别人鼓掌，就是在给自己的生命加油。

师：老师给你鼓掌，同学们也为你鼓掌。

下一环节：拓展阅读。

反思剖析

不知从何时起，很多语文公开课、观摩课都开始安排这样的环节：当学完整篇课文后，老师要"鼓励"学生拿起笔，在自己的"心语卡"、"感恩信"上写上几笔，或谈一谈学完这篇课文后的感想，或给文中的主人公写上一封信，几分钟以后，学生的作品新鲜出炉，其中不乏精彩生成的"真言"、"妙语"，尤其在教师巡视、拣选之后的汇报更是如此。但是，我们不禁要问：老师安排这个环节的目的到底是什么呢？

应该是读写结合吧。

不过，这样的读写结合是否给人机械操作的感觉呢？难道读完以后动笔写就是最有效的读写结合吗？读写结合到底有没有其他形式？哪些形式更为有效？学生必须动笔才叫读写结合吗？一连串的问题出现在我的脑海。

我想，我们应该站在更高的高度俯瞰读、写关系，才能真正理解读写结合的理念。语文是工具性和人文性的统一。一堂语文课，教师要引导学生在理解文章内容的基础上，使学生受到情感熏陶，同时习得表达的方法，促成三维教学目标的整体达成，任何教学环节的设计，都要紧紧围绕着教学目标进行，任何一项听说读写的训练都不是为练而练，而是要为"理解"而练、为理解课文内容、领悟表达方法、感悟文章人文内涵而练，而且，能将三者有机结合的训练最有价值。

现在我们再来看这种安排在课堂上末尾的写话练习，如果武断地评价为"没有价值"是错误的，但是这种读写结合的方式的确值得推敲，它的最大的问题在于：学生的写出来的内容，更多的是关于文章人文内涵一面的体会、感受，有些学生虽然会运用到文章的词语、句式，但这些词汇、句式很可能不是作者在表达上的妙笔、经典之处。当然这主要是因为教师安排写的目的是片面的，是为写而写的。如果一堂课之前的教学顺利而精彩，就是因为这样的体现读写结合的写话练习，大大削弱了课堂的情感氛围、乃至影响了学生对文章的准确理解，那岂不是"画蛇添足"、多此一举？

　　读写结合，这里的"读"应该不是泛指的阅读过程，而是指文章在表达上的妙处、要点，"写"指的是学生运用"读"中领悟到的表达方法进行实践的一种迁移过程，而且，这种写的练习还要紧紧联系文章中心思想、为理解文章人文内涵服务，做到工具训练与人文渗透有机统一。

　　所以，读写结合最为重要的是找到读写结合点，并且写的内容要为文章中心服务。

　　这些读写结合点，蕴涵在文章的不同部分，文题、开头、中间、结尾都有可能，因此，设计写话练习不一定都在课的结尾，可以与教学环节相伴而行；有些甚至不一定动笔，比如前后照应、侧面描写等表达方法根本就不适合立竿见影的动笔练习。学生对这些写法上特点的储备难道不也是读写结合吗？只不过这样的读、写结合会跨越一堂语文课的时空界限而已。

结合、融合、组合，让读写成为有机一体

——简述读写结合措施

一、依据本文特点，使读写有机结合

　　早在上世纪 40 年代，叶圣陶先生就曾指出："实际上写作基于阅读，学生读得好，才写得好。"并强调"阅读是吸收，写作是表达"，阅读是写作的"根"。阅读课，是引导学生揣摩文章写法的主阵地。在阅读教学中穿插写的训练，是全面提高学生习作能力的绝好途径。但阅读与写作毕竟是两回事，各有各的目的，各有各的规律，不能机械地把二者捆在一起。只有在阅读教学中，结合文本的具体特点，选择合适的点，才能达到读是为了促写，写是为了促读的目的。

　　例如有的文章结尾很含蓄，给读者留下遐想的空间，可以启发学生想象作者未尽之意，补写结尾，如《无声的爱》一课，可启发学生思考当我听到身后传来一声清脆的玻璃破碎声后会做些什么，想些什么？孩子和妈

妈会说些什么？通过对结尾的续写，不仅使学生领悟到结尾的好处，提高了写作能力，而且深化了学生对文本的理解。使学生更深刻地体会到母爱的伟大。

二、找准训练时机，使读写有机融合

习作是语文素养的综合体现，在阅读教学中穿插写的训练，对于学生来讲是一种高难度的要求，因此时机必须要把握好，否则，不仅不能达到阅读与写作的双向提高，还会加重学生的负担，影响阅读教学效果，造成学生"厌写"的情绪。

如：一位教师讲授《记金华的双龙洞》一课，要求学生模仿"孔隙"一段文字写一段话，结果学生或生搬硬套，或轻描淡写。原因在于，当时学生没有对双龙洞有完整的印象，没有深刻体会出作者当时的心情。老师忽视了学生学习的情况，错误地选择了时机。可见，时机的选择极为重要。

1. 兴奋时，以写代读

一堂课中，学生的心情会随着学习内容的变化而变化，当学到文章精彩之处时，他们会处于兴奋的顶点。此时安排写，学生会欣然接受，而且会妙语连珠，文如泉涌，收到事半功倍的效果。

如《草船借箭》一课，当学生读到"谢曹丞相的箭"一句话时，异常兴奋，对诸葛亮的敬佩之情溢于言表。可以让学生思考，曹操知道真相会怎样向大家解释，替曹操写一篇战后总结。

2. 困惑时，以写促读

阅读教学是师生共同完成的过程。即使教师预设再周密，也可能会出现学生思维的卡壳，导致课堂冷场的发生。当学生不知怎么说，不知从何说起时，引导学生写出来是很好的办法。

如《唯一的听众》一课，学生不能体会老教授对"我"的帮助，则启发学生："当'我'面对家人的嘲笑时，心里会怎么想？把我的想法写出来。"

3. 感动时，以写悟读

感悟文本语言文字所蕴含的情感，是阅读教学的重要任务。引导学生把内心的感受诉诸弊端，能促使学生树立自己的内心想法，即加深对文本的理解，又锻炼了写的能力。

如学生学习《董存瑞舍身炸暗堡》一课，学生被董存瑞的精神深深打动，启发学生思考，如果你是董存瑞的战友，你是怎样冲锋的？怎样杀敌的？胜利后你会说些什么？把这些想法写下来。

三、确定训练序列，使读写有机组合

写作能力的提高是一个漫长的过程，因此必须循序渐进。那种走到哪儿说到哪儿，东一榔头，西一棒槌式的教学，不仅不能有效提高学生的写作能力，反而会造成时间的浪费，学生的不得要领。诚然，教师在教学中缺少对作文训练序列的关注有客观原因。现在的语文教材以阅读训练为主，作文知识和作文训练散见于有关课文及单元知识之后，形成不了科学系统可操作性强的作文教材体系，语文教师也未对这些作文内容引起足够的重视。即使重视了，也很难形成气息的训练序列，导致作文教学的随意性、盲目性、重复性和应景性，直接导致教学的低效性和学生习作的低质性，作文无法教也教不了的现状已到了非常迷失的地步。作文教学上的"放羊"行径，突显了我们语文教师的 "不作为"。这也间接导致了学生作文的主体迷失。虽然也有部分老师对作文教学在"训练"，训练如何开头，如何结尾，如何过渡，但往往只停留在"训练"的层面上，缺少有效指导。时常的情况是布置一篇作文让学生写一写，再找几篇好作文和几篇差作文读一读就算完了。缺少让学生循序渐进的、可以操作的、有效的作文训练方法，以致学生作文老是缺少明显的提升力。

1. 依据单元目标确定写作序列

现行教材以单元形式编排，对每单元的主题，单元之间的联系，教师要心里有数。可以分为写人、记事的记叙文、说明人、散文、诗歌等文体，安排训练内容。

2. 依据写作目标分散训练点

每学段的习作目标各有不同，可将每学段的总目标分散到每次习作训练当中，每次只评一到两项，从而化整为零，逐步实现总目标。

综上所述，读写结合是阅读教学的基本模式，只有依据文章特点，合

理选择时机，正确安排序列，才能使读与写结合得更紧密，从而使学生善读会写，在读与写的双重训练中，全面提高自身的语文素养。

文章像花儿一样

——《荷花》教学一得

朱作仁教授在其著述的《阅读心理》中，曾把阅读定义为"一种从书面言语中获得意义的心理过程。"并指出这种"意义"，不但指阅读材料内说的"是什么"，对于学生来说，更重要的是作者是"如何表达的",阅读不仅是自外而内意义的吸收过程，更是写作的基础。可见阅读教学中不仅应使学生欣赏文本优美的语言，获得情感的熏陶，同时还应使学生掌握文本的写法。但小学生感性思维很强，抽象逻辑思维却很弱。怎样才能使学生对很抽象的文本学法有深刻的认识，并最终掌握文本的写法呢？今日笔者讲授人教版三年级下册《荷花》一课时似有所获。

师：请大家默读课文，思考每个自然段分别写了荷花什么？

生 1：第一自然段是写荷花的清香。

生 2：第二自然段写荷花已经开了不少了。

生 3：第三自然段写的是荷花的姿势很美。

生 4：第四自然段写荷花在跳舞。

生 5：第五自然段是写荷花将"我"迷住了，"我"陶醉了。

师：大家说得都非常好。

出示：

师：这篇文章一共有五个自然段，如果一个花瓣对应一个自然段的话，我们可以把刚才同学们概括的内容写在花瓣上。

出示：

师：这朵花的花瓣有大有小，哪瓣儿大？

生：第二瓣和第三瓣大，其他的花瓣小？

师：为什么老师把这两个花瓣画得大？

生：因为这两个自然段的字数多。

师：对呀！花瓣有大有小花朵才漂亮，自然段有长有短文章才精彩呀！

反思：

《荷花》是人教版三年级下册的一篇文章，本文共五个自然段，全文结构优美。开头由荷花的清香引入，详写花开花舞，结尾点明荷花令人陶醉。像一首优美的音乐，一步步引导读者走进荷花，融入荷花当中，不自觉地也觉得自己仿佛变成了池中的一朵荷花。这种有详有略的布局谋篇方

法如何渗透给三年级的小学生？单纯地讲授是不可能令三年级的学生真正理解和掌握的，只能引。用五瓣荷花图的形式渗透详略的方法很直观，利于学生理解——"字数多"所以花瓣大，花瓣有大有小才好看，自然段字数有多有少，文章才精彩。这种将抽象的知识形象化的方法符合小学生的年龄特点和认知规律。

中年级在小学阶段是承前启后的学年段，具有过渡性质。三年级主要是段的教学，但也应渗透篇的意识。中年级阅读教学要为学生升入高年级进一步提高阅读能力打下坚实基础。因此，在狠抓段的教学，将段落教学中分析归纳等训练落到实处的同时渗透篇的意识，做好段与篇的过渡和衔接。本课教学中，教师从整体入手，在明确每一段内容的基础上，出示五瓣荷花图，引导学生观察花瓣的特点，感悟文章布局谋篇的方法，形成"整体——部分——整体"的训练层次。使学生初步体会到篇章的结构知识，便于今后知识的迁移。

尊重文体特征，
构建小学语文"语用"型课堂

新课标（2011版）指出："语文课程是一门学习语言文字运用的综合性，实践性课程。"从中可以看出语文学习有两层含义，"一是学习语言文字的运用，二是学习运用语言文字"（程艳.浅谈小学语文"语用"能力的培养）。"语用"能力是运用语言进行恰当、得体、准确的交际的能力，包括语言理解能力、语言表达能力和语境驾驭能力，是学生在不同语境下听、说、读、写的综合能力。"语用"教学观下的小学语文教学就是旨在提高学生的"语用"能力。

现行各版本小学语文教材都是采用主题单元编排的文选型教材，单元的主题大都从人文主题出发，（如"热爱大自然""热爱家乡"）较少关注文本的文体特征。长期以来，人们也普遍认为小学语文教学不应涉及文体，认为文体知识应是第四学段乃至高中的事情。这就造成一个误区，即所有与文体有关的内容，在小学语文教学中都不予考虑。事实上小学语文教学可以不教文体知识，（从文体知识的枯燥性和小学生的年龄特点、接受能力和实际需要来看，这是有道理的。）但不能没有文体意识。长期以来小学语文教学策略单一，不论什么样的文本都采用一种教学流程：初读学字，再读学文，三读悟情。小学语文课堂给人千人一面，千课一面的感觉，很大程度上正是由于语文教学过于忽视文体特征造成的。

从语文学习的过程上来看，语文学习是获取语用经验的过程。学生走进文本，理解、体验、习得别人的语用经验；走出文本，内化、迁移别人的语用经验，创造自己的语用智慧，形成语用能力。而作者创作一篇文章选择什么文体不是随意而为，而是和作者要表达的主题，创作的目的紧密相关。同样是写小动物的文章，写成说明文（如《鲸》）的侧重点与写成散文（如老舍先生写的《猫》）必然不同，写成小说（如屠格涅夫的《麻雀》）与写成童话（如《大公鸡》）所表达的情感也必然迥异。不同的文体，阅读体验是截然不同的。因此，教师面对不同的文体必须要从文体出发，紧扣不同文体的不同表达方式，不同语言风格，才能让学生获得多种多样的语用体验。

一、神、形兼备教散文

散文不像记叙文那样重点写事或人，而是以或直率、或婉约的文字直抒作者对生命、对生活以及周围世界的最本真的思考和感受。只要我们稍稍静下心来阅读，就能很容易地触摸到作者的心境和要表达的情趣。但由于小学生的阅读经历和生活经历都不宽厚，还没有形成敏锐的情思意趣，因此往往不能形成对散文的深入理解。那么，散文教学应该采取哪些策略，才能让散文的教学为学生语用能力的发展提供助力呢？笔者认为应从散文的情感入手，执其神，感其形，悟其言。

例如《猫》这篇文章。

这是老舍先生写的一篇状物抒情散文。文章结构严谨，条理清晰，以风趣亲切，通俗晓畅的语言，表现了猫的性情，字里行间流露出作家对猫的喜爱之情。小学生写猫往往关注其外形：尖尖的小耳朵，粉红色的小鼻子，一条毛茸茸的小尾巴。虽然漂亮却并不可爱，因为这样的描写，只有形，而没有情。老舍的《猫》重点写猫的性格。通过三组对比：什么都怕，却敢与蛇搏斗；贪玩却又尽职；叫声变化多端，有时却又一声不发。将猫性格的"古怪"写得淋漓尽致，将猫拟人化为一个古怪的小朋友，让人觉出猫的可爱。教学中可从"古怪"入手，体会文章"明贬实褒"的写法。通过此文的学习，要让学生体会到写小动物不仅可以写其形，更应突出它的性格，写清小动物与人之间的情感，把自己的情感融入到每部分的描写中去，领悟到文章一词一句无不是在为抒发作者的情感服务的。

文章不是无情物。散文的教学正是为学生提供如何"披情入文"的范本。使学生形成"有情方有文，行文始终抒情"的意识。

从"神"入手，感"形"悟"言"，学生获得的不仅是一篇文章，而是名家描写"爱猫"的"语用"经验，为他们今后自己的习作实践提供了体验储备。

二、言、趣结合教说明文

说明文的特点在于文章内部条理井然有序，结构清晰缜密，语言准确简练。它往往运用简单、朴素的语言，把事物解说清楚即可，没有大量的铺陈和渲染。很多老师感觉说明文不好教学，内容枯燥，语言平淡，学生朗读不出感情，课堂气氛很沉闷。还有的老师把说明文教学上成了自然课，语文训练不足。事实上，说明文自有它自身的魅力。说明文可能少了一些一般文学作品中的情趣，但却更多了一些智趣。蝉为什么叫个不停？松鼠到底是怎样的一种小动物？说明文为学生打开一般文学作品所做不到的另一方美丽天空。实践证明，说明文的大量读写，可以更加有效地扩大学生的视野，可以让学生明白复杂的事理通过怎样的叙述会变得深入浅出，通俗易懂，说明的方法又是怎样的丰富，怎样的灵活多样、生动有趣。因此，说明文教学应当从"趣"入手，品味语言，"言""趣"结合。

例如《鲸》这篇文章。

我在上课伊始，故意板书：鲸鱼，引发学生认知冲突。学贵有疑，有疑才能激发智趣。通过故意板书错误，使学生对"鲸为什么不是鱼"产生了兴趣，有了对文本深入探究的欲望。说明文和记叙文比起来相对枯燥，设计"写错课题"的入课环节，既使学生对课文的内容充满期待，也明确了说明文的写作目的——就是因为有的事物有介绍的必要。随后引导学生走入文本，了解文章写了什么，让学生经历从整体到局部，再从局部到整体的过程。

随着学生的发言，板书：形体、进化、分类、习性。

当学生分散发言，补充完整文章的内容时，完成了从整体到局部的学习。这部分教学应牢牢抓住文本是否"写明白"展开教学。让学生关注文本遣词造句、布局谋篇及说明方法的运用，体会到"这样写"的必要和妙处。再引导学生完整地叙述文章的内容，又使学生对文章的整体有了深入地了解。

这一课后面的文章是《蝙蝠与雷达》，主要介绍的是人类如何利用仿生学的原理发明雷达的故事，对蝙蝠的其他特点并没有描述。两课学完后可布置这样的作业——搜集蝙蝠的资料，仿照《鲸》的写法，写一篇介绍蝙蝠的作文。这是对课上学习的巩固和延伸，也体现了学以致用的思想。

说明文与散文的写作目的不同。散文重在抒情，说明文重在启智。说明文的学习可以给学生提供科学的态度、缜密的逻辑、严谨的语言等其他文体无法提供的语用体验。

三、言、意兼得教叙事性作品

叙事性作品在小学语文教材中数量是最多的。因为它有强烈的故事性、情节性，在学习和教学中也比其他文本更容易滑入"内容分析式"的泥潭，从而造成千课一面的窘境。教学叙事性作品时，不能只顾在内容上滑行而忽视了对语言本身的关注。我们必须明确，叙事性文章的教学最重要的目标是引导学生去文本中走一个来回：在入情入景地感受情节的同时品味语言，在涵咏比较、品词悟句的同时更加深入地理解故事。简单说，教学叙事性作品，要做到言意兼得。

如《麻雀》这篇文章。

这是屠格涅夫的小说，讲述了一只老麻雀在猎狗面前奋不顾身地保护小麻雀，使其免受伤害的故事。教学这篇文章可以从整体感知入手，先让学生了解文章主要写了什么。随后把学生的注意力引到语言上，关注文章怎么写的，思考为什么这样写。通过对小麻雀的描写体会到怜与爱，通过对老麻雀的描写体会到爱与勇，通过对猎犬的描写体会到凶与狠，牵动孩子对麻雀命运的担忧，让这份情感渐渐地潜藏在心中，并且以情促读，达到语文言意兼得的积淀。如教学"老麻雀救子"一节。

突然，一只老麻雀从一棵树上飞下来，像一块石头似的落在猎狗面前。

这是文章的重点，也是难点。感觉老麻雀的焦急时，可提出重点词"突然"，短句"像一块石头似的落在猎狗面前。"让学生感受；在剖析老麻雀的大义凛然时，通过"绝望地尖叫着。"体会其既害怕又无畏的心理，从而引出强大的力量就是"亲情"。最后引导学生有感情地朗读，去回顾全文，学生们对老麻雀的赞颂也就呼之欲出了。

叙事性文体的特点在于文章基本都有完整的事情经过。学生通过学习叙事性文章，可以了解到作者如何描写一件事，以及为什么要写，这件事背后隐藏着作者怎样的情感诉说。是学生"就事论事"的语用范例。

尊重文体特征，循着文体的特征去教，我们才能使语文教学朝着更本真的方向发展。文体不同，教学重点就不同，学生的学法也不会相同。只有我们的课堂真正尊重文体的特征，把散文教的是散文，把童话教的是童话，学生才能获取更多的语用体验；只有尊重文体特征，我们的语文课堂才是为学生的语文素养发展而存在的"语用"型课堂。

一点实践

让阅读教学成为学生习作的给养场

——《白杨》教学设计

指导思想与理论依据

小学高段阅读教学一直存在高耗低效的弊端——重内容理解轻能力训练，学生阅读能力低、写作能力参差不齐是不争的事实。而以文本为基点，抓住文本中蕴含的训练资源，并拓展文本，进行读写结合训练，则是实现学生阅读能力、写作能力双提高的重要途径。那么如何在高年级阅读教学中抓住作者的思路，使教路、学路和文路和谐统一，同步进行呢？那就要摒弃繁琐的分析，充分利用教材例子的功能，在充分尊重教材的前提下，灵活运用教材，把教材变成教师教的例子和学生学的例子。

教学背景分析

教学内容：《白杨》一课是一篇传统课文。课文主要讲述在通往新疆的列车上，一位父亲借白杨向孩子们表白自己服从祖国需要、扎根边疆的志向、行为，以及希望子女也能扎根边疆的愿望。文章主要采取借物喻人的写法，先写白杨的外在特点，再写其内在特点，最后"人""树"合一，写父亲借白杨表白自己的心。赞美边疆建设者扎根边疆、建设边疆的奉献精神，以及希望子女也能建设边疆的美好心愿。这是一篇集了解历史知识、认识边疆建设者、学习写作章法的好例文。

学生情况：学生有一定的阅读理解能力，但概括和归纳的能力不强；与文本内容有距离，易使理解停留在字表上，对文本内涵和写法不能深刻理解；有一部分学生已经知道借物喻人这种写法，但只知其名，而不清楚在何种情况下适宜使用这种写法，习作时该注意些什么，更很少有同学用到这种写法习作。

教学方式：教学中教师抓住文本关键的字、词、句、段，通过引发质

疑，补充资料，拓展填空等手段，引导学生深入探究，从而促使学生对文本内涵深刻地理解，对文章写法的透彻了解与准确把握。

教学手段：多媒体辅助教学。

技术准备：课外资料、教学课件。

教学目标

1. 默读课文，深入了解白杨的特点。

2. 理解含义深刻的句子，体会爸爸服从祖国需要，扎根边疆、建设边疆的思想感情以及他对下一代的希望。

3. 体会课文借物喻人的表达方法。

4. 能有感情地朗读课文。

教学重点：深入了解白杨的特点。体会爸爸服从祖国需要，扎根边疆、建设边疆的思想感情以及他对下一代的希望。了解课文借物喻人的表达方法。

教学难点：体会爸爸服从祖国需要，扎根边疆、建设边疆的思想感情以及他对下一代的希望。了解课文借物喻人的表达方法。

教学过程

一、复习反馈，走近白杨

1. 引语：同学们，这节课我们继续学习 26 课《白杨》。

板书课题：白杨

齐读课题。

2. 浏览课文，整体关注文本。

提问：回忆课文向我们介绍了哪几方面内容？

板书：树　　人

【设计意图】浏览课文，引导学生从复习入手，整体感知文本。在教学伊始就引导学生关注文本写法上的特点：从树与人两方面来叙述。

3. 回顾白杨的外在特点。

提问：上节课我们用文中的一个词归纳出白杨什么特点？

板书：高大挺秀

二、品读文本，走进白杨

1. 引语：这属于白杨的外在特点。那么文中除了介绍白杨的外在特点，还介绍了白杨其他什么特点呢？请默读 1 至 13 自然段，把描写白杨其他特点的语句划下来，并用简单的词语在旁边概括出白杨其他的特点。

2. 指名回答。根据学生的回答引入对第十三段内容的学习。

出示课件：父亲的微笑消失了，神情变得严肃起来。他想了一会儿，就告诉儿子和小女儿："白杨树从来就这么直，这么高大。哪儿需要它，它就很快地在哪儿生根、发芽，长出粗壮的枝干。不管遇到风沙还是雨雪，不管遭到干旱还是洪水，它总是那么坚强，不软弱，也不动摇。"

（1）指名朗读，引导学生说出自己的批注。

（2）订正学生批注，使批注训练落到实处。

①抓住"哪儿……哪儿……"一句，启发学生谈体会。

提示：本文是说哪里需要白杨树？还有哪里需要白杨？说明理由。说明在什么地方都能活。并引导学生修改自己的批注。

②引读：将"哪儿……哪儿"替换成"干旱的地方"、"贫瘠的土地"、"没有人烟的地方"。

【设计意图】通过替换、引读，使学生深入理解白杨适应范围广的特点。

③抓住"不管……不管……总是……"一句，启发学生谈体会。

板书：适应力强　生命力强

（3）引导学生修改自己的批注。

【设计意图】批注训练不能流于形式，通过对关键句的品读讨论加深对文本理解，通过交流、修改批注，把指导学生掌握批注方法，培养批注能力落到了实处。

3. 小结：在风沙面前，白杨像城墙一样巍然屹立；在雨雪面前，白杨像青松一样挺拔高洁；在干旱前，白杨像骆驼一样耐旱耐渴；在洪水面前，白杨像中流砥柱一样牢固坚定。这就是白杨坚强不屈的品格。

4. 多种形式有感情地朗读第 13 自然段，使学生的情感因理解的加深而

与文本产生共鸣。

【设计意图】抓重点句中的关键词"哪儿……哪儿"和"不管……不管……总是"通过替换词语、多种形式地朗读，不仅使学生真正理解白杨适应范围广、生命力强的特点，更通过有感情地朗读，使学生对白杨的内在特点感悟更加深刻，表达更加准确。

三、联系白杨，走近父亲

1. 引语：同学们的读让我们仿佛看到了高大挺秀的白杨树，感受到了适应力强、生命力强的白杨树，按说作者介绍完白杨树的外在特点、内在精神后，为了让我们更深入地了解白杨这种树，下面应该介绍一下白杨的种类啊、用途啊，可是作者在这里笔锋一转，却写了这样一段话——

（1）出示：父亲只是在向孩子们介绍白杨树吗？不是的。他也在表白着自己的心。而这孩子们还不能理解。

（2）提示：自由读这段话，说说你的理解，想想你能提出什么问题？

（3）指名朗读，谈理解，并提出自己的疑问。

根据学生的提问板书学生的质疑：表白什么样的心？不理解？

【设计意图】学贵有疑。无论是理解文本内容，还是体会作者的情感，都需要学生主动地参与。在这里引发学生质疑，为的是有效落实教学重点，突破教学难点——理解爸爸表白的心。

2. 引语：大家提的问题都很有价值，我们要解决这些问题，就要先了解父亲是个怎样的人。

出示边疆建设者图片资料。

（在建国初期，祖国大西北的新疆地区很荒凉，人们的生存条件极差，一大批热血青年放弃了城市舒适的生活，来到这里。他们用自己的双手一点一滴地建设新疆，用自己的智慧在各个方面改变着新疆，他们有个响亮的名字——边疆建设者！但要彻底改变新疆的面貌谈何容易，那需要几辈人的努力，现在，他们带着自己的儿子、女儿来了！现在大家是否能够稍微揣测出父亲的心声呢？先不急于回答。大家有些懂了，可是孩子们不理解啊）

3. 引导学生理解第十五自然段，了解父亲要表白的心。

（1）出示第十五自然段：他们只晓得爸爸在新疆工作，是自愿去的；妈妈也在新疆工作，也是自愿去的。他们只晓得爸爸这回到奶奶这里来，是接他们到新疆去念小学，将来再念中学。他们只晓得新疆是个很远很远的地方，要坐几天火车，还要坐几天汽车。

（2）指名读这段话，引导学生说说从中得到哪些信息。

（3）根据文本信息拓展填空——为解疑做铺垫。

引语：有"只晓得"的内容，可能还会有"不晓得"的，他们都不晓得什么？同学们结合刚才的资料和文本内容能推测出他们不晓得什么吗？

①出示拓展填空一：他们只晓得爸爸在新疆工作，是自愿去的；妈妈也在新疆工作，也是自愿去的。他们却不晓得（　　　　）。他们只晓得爸爸这回到奶奶这里来，是接他们到新疆去念小学，将来再念中学。他们却不晓得（　　　　）。他们只晓得新疆是个很远很远的地方，要坐几天火车，还要坐几天汽车。他们却不晓得（　　　　）。

②引导学生独立口头填空后交流。

（4）结合拓展填空一，再次拓展填空，并解疑。

引语：孩子们不晓得爸爸到底想表白怎样的心，我相信孩子们不晓得的内容你们一定晓得。

①出示拓展填空二：他们只晓得爸爸在新疆工作，是自愿去的；妈妈也在新疆工作，也是自愿去的。他们却不晓得（　　　），而我们晓得（　　　　）。他们只晓得爸爸这回到奶奶这里来，是接他们到新疆去念小学，将来再念中学。他们却不晓得（　　　　），而我们晓得（　　　）。他们只晓得新疆是个很远很远的地方，要坐几天火车，还要坐几天汽车。他们却不晓得（　　　），而我们却晓得（　　　　）。

②学生三人一组口头填空。

（先商量我们晓得什么，然后三人分工读一读。教师巡视。）

③指名两组汇报。

【设计意图】此环节，引导学生以文本为根，先引导学生质疑，再适

时适度地引用资料，用拓展教材的填空课件助学生课内外结合解疑，不仅巧妙突破难点，落实重点，还实实在在地教给了学生解疑的思维方法。学生据三个"只晓得"推测出"不晓得"的内容，进而说出"我们却晓得"的内容，体现质疑、解疑的完整过程。他们在与文本的对话过程中，实现了文本——"孩子"（人物）——"我"（读者）沟通。而这一思维方法的获得让学生今后独立阅读受益。另外，这也是在体现课中渗透写法。通过几次拓展填空使学生意识到树与人有相似之处，体会文本由树及人的写法。

4. 回顾刚才学生的质疑。（父亲要表白什么样的心？为什么孩子们还不了解？）同学们真是父亲的知音，父亲的心声大家听懂了。孩子们虽然一时还不能理解父亲的心声，但听了父亲的叙说也多了一些知识。

5. 引导学生理解第十六自然段，了解边疆建设者的情怀。

（1）出示 16 段，指名朗读、理解这段话。

现在呢，孩子们听了爸爸的叙说，多了一点知识：在通向新疆的路上，有许许多多的白杨树。这儿需要它们，它们就在这儿生根了。而它们不管在哪里，总是那么直，那么高大。

引语：孩子们听了爸爸的叙说，多了一点关于白杨树的知识，我们听了爸爸的述说又多了哪些知识呢？

①出示拓展填空三：现在呢，我们听了爸爸的叙说，多了一点知识：在通向新疆的路上,有许许多多的(   )。这儿需要(   ),(   )就在这儿生根了。而(   )不管在哪里，总是那么(   )，那么(   )。

②指名填空。（指板书"人"，强调有许许多多像父亲一样的人。）

【设计意图】设计这个环节，一是能引导学生进一步了解边疆建设者服从祖国需要，扎根边疆、建设边疆的思想感情。二是循序渐进地感悟到文本"人"与"树"的合一。为后边深入理解借物喻人写法做铺垫。

6. 引导学生理解第十七自然段，进一步理解边疆建设者的心。

（1）出示课件：爸爸一手搂着一个孩子，望着窗外闪过去的白杨树，又陷入沉思。突然，他的嘴角又浮起一丝微笑，那是因为他看见在火车前进方向的右边，在一棵高大的白杨树身边，几棵小树正迎着风沙成长起来。

（2）再次引导学生质疑、解疑：默读思考，你又读懂了什么？你有什么不理解的地方？

小结：通过大家的发言，可见同学们已经非常理解边疆建设者了，边疆建设者们不愧是最可敬的人，他们不仅把自己的一生献给边疆建设，还要让孩子们继续为边疆做奉献。

四、回顾全文，感悟写法

1. 结合文章题目和内容，体会借物喻人的方法。

引语：既然这篇文章主要讲边疆建设者为什么前面用大量篇幅写白杨树呢？题目也命名为《白杨》呢？

2. 讲授借物喻人的方法。

用下面的句式说一说：父亲就像（　　　　　　）白杨，在大戈壁（　　　　　　　）。

强调：要想用好借物喻人，物和人之间必须有相似点。

3. 了解本文的布局方法。

浏览课文，说说作者是怎样用借物喻人的写法表现物与人联系的。

预设：兄妹对话——白杨的形状；爸爸的话（1）——白杨的性格；爸爸的话（2）——人的精神。

【设计意图】课终点名写法。在此点明借物喻人写法水到渠成。不仅要让学生知道什么是这种写法，更要使学生明确运用借物喻人这种写法必须注意些什么。学生在知其然亦知其所以然的基础上才算掌握此写法并能正确运用。）

4. 拓展练习，巩固新的写作方法。

（1）提问：了解了这种写作知识，我们可以说哪些物可以用来比喻什么人？要注意物与人之间不仅要形似更要神似。

（2）引入古诗，引导学生判断、交流古诗中的借物喻人写法：

例：春蚕到死丝方尽，蜡炬成灰泪始干；大雪压青松，青松挺且直……

【设计意图】在此引入古诗为的是检验学生对借物喻人写法的掌握，

同时帮学生建立起新知识点与积累的联系，为今后的学与用铺路。

五、作业

学习借物喻人的写法，写一篇不少于 300 字的习作。

板书设计：

26 白杨

高大挺秀

树   生命力强   人……

适应性强

借 物 喻 人

附：《白杨》教学实录

一、复习反馈，走近白杨

师：同学们，这节课我们继续学习第 26 课《白杨》。（板书课题）

生：齐读课题

师：下面请大家浏览课文，回忆课文向我们介绍了哪几方面内容。

生：两方面。

师：首先前面介绍的是什么内容？

生：首先介绍的是白杨这种树。

师：也就是——树。（板书：树）

师：后面呢？

生：爸爸带着孩子们去新疆。

师：那后面写的就不是树了，而是写——

生：人。

师：这两方面内容大家抓得非常准，说明大家上节课的学习很有效果。
上节课我们用文中的一个词归纳出白杨的外在特点，是哪个词？

生：高大挺秀。（板书：高大挺秀）

二、品读文本，走近白杨

师：那么文中除了介绍白杨的外在特点，还介绍了白杨其他什么特点呢？请大家默读 1 至 13 自然段，把描写白杨其他特点的语句画下来，并用简单的词语概括，批注在旁边。

生：默读批注

生：我觉得白杨树还非常坚强。

师：你从哪句话体会到的？

生：我从第 13 自然段 "哪儿需要它，它就很快地在哪儿生根、发芽，长出粗壮的枝干。不管遇到风沙还是雨雪，不管遇到干旱还是洪水，它总是那么坚强，不软弱，也不动摇。"这段话体会到的。

师："哪儿需要它，它就很快地在哪儿生根、发芽，长出粗壮的枝干。"这是在说白杨哪方面强呢？

生：生命力。

师：课文中是说哪需要它？

生：戈壁滩。

师：那个地方什么样？谁找到那句话了？

生：读第一自然段。

师：大戈壁这样的地方，浑黄一体的地方，需要白杨树，它在这能成活吗？

生：能。

师：对，它在这里能长出粗壮的枝干，除了这里，还有哪儿需要它？

生：干旱的地方。

师：干旱的地方需要它，它能成活吗？

生：能。

师：还有哪些地方？

生：洪水泛滥的地方。

师：洪水把村庄都冲垮了，这种地方需要白杨。它能成活吗？

生：能。

师：将"哪儿……哪儿"替换成"干旱的地方"、"贫瘠的土地"、"没有人烟的地方"。读一读。

师：听出来了，像干旱的地方，大戈壁这样的地方都需要白杨，反正没有一个好地方。

（生笑）

师：想象一下，这些地方也需要各种各样的鲜花。南方的鲜花要是移到大沙漠这样地方行不行？

生：不行，花就玩儿完了。（笑）

师：看来江南的花只能生活在江南，而白杨却又能在这儿活，又能在那儿活，这看出白杨什么特点？

生：生命力强。

生：适应力强。

师：到底哪个词语概括更准？白杨在不同的地点都能活，说明哪方面强？

生：适应力强。

师：那么这段话中哪句话能够更明显地看出白杨生命力强呢？

生：是最后一句话，"不管遇到风沙还是雨雪，不管遇到干旱还是洪水，它总是那么坚强，不软弱，也不动摇。"

师：在种种困难面前，白杨都不怕，都可以成活，这才看出白杨什么？

生：生命力强！

板书：生命力强！

师：生命力如此顽强的白杨树，该怎样读才能读出白杨树的这种特点呢？

生自由读课文。

师：通过大家的朗读感觉大戈壁的风是非常柔和的呀！（生笑。）该怎样才能读出大戈壁猛烈的狂风呢？

指名读。

师：大家一起来读。

学生齐读！

师：同学们的读让我仿佛看到了高大挺秀的白杨树，感受到了适应力强、生命力强的白杨树，在风沙面前，白杨像城墙一样巍然屹立；在雨雪面前，白杨像青松一样挺拔高洁；在干旱前，白杨像骆驼一样耐旱耐渴；在洪水面前，白杨像中流砥柱一样牢固坚定。这就是白杨坚强不屈的品格。

三、联系白杨，走近父亲

师：按说作者介绍完白杨树的外在特点、内在精神后，为了让我们更深入地了解白杨这种树，下面应该介绍一下白杨的种类、用途了，可是作者在这里笔锋一转，却写了这样一段话——出示：父亲只是在向孩子们介绍白杨树吗？不是的。他也在表白着自己的心。而这孩子们还不能理解。

师：你是怎么理解这段话的？你能提出什么问题？

自由读——指读。

生：为什么孩子们还不能理解呢？

生：白杨树和父亲的心有什么关系？

生：父亲想要表白什么样的心呢？

师板书：什么样的心？不理解？

师：大家提的问题都很有价值，我们要解决这些问题，就要先了解父亲是个怎样的人。

（出示边疆建设者图片资料）

师：在建国初期，祖国大西北的新疆地区很荒凉，人们的生存条件极差，一大批热血青年放弃了城市舒适的生活，来到这里。他们用自己的双手一点一滴地建设新疆，用自己的智慧在各个方面改变着新疆，他们有个响亮的名字——边疆建设者！但要彻底改变新疆的面貌谈何容易，那需要几辈人的努力，现在，他们带着自己的儿子、女儿来了！

师：现在大家是否能够稍微揣测出父亲的心声呢？（有几个学生举手）先不急于回答。大家有些懂了，可是孩子们不理解啊！

师：出示第 15 自然段 ，用你自己的话说一说，孩子们知道什么？

生：孩子们只晓得爸爸、妈妈是在新疆工作，还是自愿去的；只晓得爸爸这次是来接他们到新疆上学；只晓得新疆是个很远的地方。

师：有"只晓得"，肯定还有"不晓得"，他们都不晓得什么？同学们结合刚才的资料和文本内容能推测出他们不晓得什么吗？

出示：他们只晓得爸爸在新疆工作，是自愿去的；妈妈也在新疆工作，也是自愿去的。他们却不晓得（　　　　　）。他们只晓得爸爸这回到奶奶这里来，是接他们到新疆去念小学，将来再念中学。他们却不晓得（　　　　　）。他们只晓得新疆是个很远很远的地方，要坐几天火车，还要坐几天汽车。他们却不晓得（　　　　　）。

生：他们只晓得爸爸在新疆工作，是自愿去的；妈妈也在新疆工作，也是自愿去的。他们却不晓得爸爸、妈妈为什么要自愿去新疆工作。他们只晓得爸爸这回到奶奶这里来，是接他们到新疆去念小学，将来再念中学。他们却不晓得爸爸为什么要我们去新疆读书。他们只晓得新疆是个很远很远的地方，要坐几天火车，还要坐几天汽车。他们却不晓得为什么去新疆要坐几天火车，还要坐几天汽车呢？（生笑）

师：这个问题同学们马上就可以回答你？为什么呀？

生：因为太远了。

师：我们看他前两个空填的内容都是和孩子们只晓得的内容有联系的，那么联系新疆是个很远很远的地方，要坐几天火车，还要坐几天汽车。最后这个空该怎么填呢？

生：他们只晓得新疆是个很远很远的地方，要坐几天火车，还要坐几天汽车。他们却不晓得新疆到底是什么样子的。

师：孩子们不晓得爸爸想表白的心，我相信孩子们不晓得的内容我们一定晓得。你能不能针对孩子们不晓得的内容填出我们晓得的内容？

出示课件：他们只晓得爸爸在新疆工作，是自愿去的；妈妈也在新疆工作，也是自愿去的。他们却不晓得（　　　），而我们晓得（　　　　　）。他们只晓得爸爸这回到奶奶这里来，是接他们到新疆去念小学，将来再念中学。他们却不晓得（　　　　　），而我们晓得（　　　　　）。他们只晓得新疆是个很远很远的地方，要坐几天火车，还要坐几天汽车。他们却不晓得（　　　　　　），而我们却晓得（　　　　　　）。

（学生三人一组填空。先商量我们晓得什么，然后三人分工读一读。教师巡视。）

指两组汇报。

生：他们只晓得爸爸在新疆工作，是自愿去的；妈妈也在新疆工作，也是自愿去的。他们却不晓得爸爸、妈妈为什么要自愿去新疆工作。而我们却晓得爸爸、妈妈是为了建设新疆；他们只晓得爸爸这回到奶奶这里来，是接他们到新疆去念小学，将来再念中学。他们却不晓得爸爸为什么要我们去新疆读书。而我们却晓得他们的父母是为了让他们长大以后继续建设新疆；他们只晓得新疆是个很远很远的地方，要坐几天火车，还要坐几天汽车。他们却不晓得为新疆到底是什么样子。而我们却晓得那里是非常荒凉的，等待着有人来建设。

师：现在我们清楚了，父亲是一位边疆建设者，他把自己毕生都献给了新疆这块土地，现在他把自己的孩子带来了，是为什么呢？

生：是想让孩子们也在这里扎根，继续建设新疆。

师：现在你知道父亲要表白什么样的心？

生：父亲是想告诉孩子们他们就像白杨树一样坚强，哪需要他们，他们就在哪生根。

师：他们是谁？

生：是边疆建设者。

生：父亲想让孩子们也能像边疆建设者那样扎根边疆。

师：那孩子们为什么还不理解呢？

生：因为他们还太小了，不懂大人的事。

师：同学们真是父亲的知音，父亲的心声大家听懂了。孩子们虽然还太小一时还不能理解父亲的心声，但听了父亲的叙说也多了一些知识。

师：出示第 16 自然段

其实，父亲仅仅是想让孩子们多一点树的知识吗？他更希望孩子们知道什么？

出示填空：现在呢，孩子们听了爸爸的叙说，多了一点知识：在通向新疆的路上，有许许多多的（　　　　）。这儿需要（　　　），（　　　）就在这儿生根了。而（　　　）不管在哪里，总是那么（　　　　），那么（　　　　）。

指名填空。

生：现在呢，孩子们听了爸爸的叙说，多了一点知识：在通向新疆的路上，有许许多多的建设者。这儿需要他们，他们就在这儿生根了。而他们不管在哪里，总是那么坚强，那么无私地奉献。

师：孩子们真的能像他们的父亲一样扎根边疆吗？父亲的愿望能够实现吗？

出示 17 段课件

师：请大家默读这段话，思考，你有什么不理解的地方？你又读懂了什么？

生：这段话写了父亲嘴边浮起一丝微笑，后面又写了几棵小白杨迎着风沙成长起来，这两者有什么联系呢？

师：谁能回答他的问题？

生：父亲觉得自己就是大白杨树，他认为孩子们就像小白杨树。

生：父亲看到小白杨树在风沙中成长起来，就好像看到自己的孩子们在新疆扎根一样。

师：通过大家的发言，可见同学们已经非常理解边疆建设者了，边疆建设者们不愧是最可敬的人，他们不仅把自己的一生献给边疆建设，还要让孩子们继续为边疆做奉献。

四、回顾全文，感悟写法

师：既然这篇文章主要赞颂的是边疆建设者，为什么前面用大量篇幅写白杨树呢？题目也命名为"白杨"呢？

生：因为这篇文章主要采用的是借物喻人的写法。

师：他提出一个词语——借物喻人。什么叫借物喻人呢？

生：就是采用一个物来描写一个人。

生：就是因为边疆建设者和白杨很像，所以作者就借着白杨来写建设者。

师：白杨和父亲这样的建设者有什么相似点呢？你能用下面的句式说一说吗？

出示：父亲就像（　　　　　　　）白杨，在大戈壁（　　　　　　　）。

生填空。

师：也就是说，白杨树像父亲这样的人，所以就用白杨树来比喻这样的人。那么我能不能随便拿过来一个物，比喻父亲这样的人？

生：不能。要借的物和要比喻的人之间必须有相同点。

师：我能不能借生长在小溪边的一棵婀娜多姿的柳树来比喻父亲呢？

生（笑着说）：不能。要想用好借物喻人，物和人之间必须有相似点。

师：其实借物喻人的写法我们经常能够看到。比如我们积累了很多古诗，故事中就有借物喻人的写法。比如说赞美老师的就有这样的诗句："春蚕到死丝方尽，蜡炬成灰泪始干"。这句话中是借什么物来比喻老师呢？

生：借着春蚕和蜡烛。

师：还有一句诗："大雪压青松，青松挺且直"。这句诗中的青松和什么人有关呢？

生：坚强的人。

作业：学习借物喻人的写法，写一篇不少于300字的习作。下课！

课后反思

一、抓"树"与"人"的联系

学习借物喻人的写法是本课的重点和难点，因此，本课教学从一开始就紧紧抓住"树"与"人"的联系。通过复习，点出本课内容分为"树"与"人"两部分；通过体会重点语段，在理解内容、体会文本情感的同时，引导学生由"树"及"人"，感悟二者的相似之处；然后引导学生发现本文写法上的特点，深入领会借物喻人的写法。整堂课以文本为基石，品文本之言，悟文本之神，最终得文本之法。

二、变"教"法为"得"法

读写结合最终要落实到学生写法的获得，但写法不是老师讲讲学生就能够理解并掌握的。只有学生深入到文本语言中，有探、有思、有悟，最终才可能有得。本课教学在学生得出"借物喻人"的写法后，教学并未止步，而是通过"父亲就像（　）白杨，在大戈壁（　　　）。"体会到白杨与父亲到底存在怎样联系，然后提问"能否用其他物来比喻父亲？"使学生深刻体会到借物喻人不能任意为之，对"怎样借物喻人"有了更深的理解。

个案解析

环环相扣，让读与写结合得更实

教学主要过程回放

1. 浏览课文，回忆课文向我们介绍了哪几方面内容。

2. 那么文中除了介绍白杨的外在特点，还介绍了白杨其他什么特点呢？请大家默读 1 至 13 自然段，把描写白杨其他特点的语句画下来，并用简单的词语概括，批注在旁边。

3. 按说作者介绍完白杨树的外在特点、内在精神后，为了让我们更深入地了解白杨这种树，下面应该介绍一下白杨的种类、用途了，可是作者在这里笔锋一转，却写了这样一段话（连接"人"与"树"的第 14 自然段）你是怎么理解这段话的？你能提出什么问题？

4. 拓展 15、16 自然段，填空助解疑、感悟写法。

5. 请大家默读 17 自然段，思考，你有什么不理解的地方？你又读懂了什么？

6. 既然这篇文章主要赞颂的是边疆建设者，为什么前面用大量篇幅写白杨树呢？题目也命名为"白杨"呢？

7. 我们积累了很多古诗，故事中就有借物喻人的写法。比如说赞美老师的就有这样的诗句："春蚕到死丝方尽，蜡炬成灰泪始干。"这句话中是借什么物来比喻老师呢?

8. 作业：学习借物喻人的写法，写一篇不少于 300 字的习作。

解析

读写结合作为语文教学的一种训练形式，展现的是阅读与写作有机结合的教学策略，追求的是让学生在阅读课上学习一些基本的阅读理解方法，习得不同文体的写作章法；实现让学生在阅读教学过程能言意兼得，达到读写能力双提升的目的。以上教学活动环环相扣，凸显读写结合研究的宗旨，教学效果优秀。

做此项课题研究需要教师尊重教材，又灵活运用教材，把教材变成教师教的例子和学生学的例子。首先教师把它当做学习知识的例子：了解历史知识，学习"借物喻人"的写作方法。这一写法知识的学习呈现了一个循序渐进的过程：课始，通过概括文本主要内容关注写法；课中（3、4 环节），渗透写法；课末（6、7 环节）讲明写法——绝非只让学生记住一个新写法的名词；课后延伸（8 环节）学以致用，巩固写法。重要的是把它当作了学生掌握阅读方法，培养思维能力的例子。在 1、2 环节重点培养学生概括能力，尤其是很多教师易忽视的批注能力。3、4、5 环节重点培养学生的质疑、解疑能力，还教给学生阅读思维的新方法：由"文"及"人"到"我"。在文本的重、难点处设计的拓展教材填空，巧妙且多效。

文章写法蕴涵于文本语言、结构当中。要达到促使阅读与写作的有机结合，就要在整体教学设计与实施中多花费心思。这样做符合学生的认知规律，也符合语文学习的一般规律。

读中探写，把学生的发展放在第一位

——《将相和》教学设计

指导思想与理论依据

余文森教授曾说："从专业角度说，课堂教学的有效性是指通过课堂教学使学生获得发展。"也就是说课堂教学的有效性是指通过课堂教学活动，学生在学业上有收获，有提高，有进步。具体表现在：学生在认知上，从不懂到懂，从少知到多知，从不会到会；在情感上，从不喜欢到喜欢，从不热爱到热爱，从不感兴趣到感兴趣。一句话，课堂教学是否有效就看学生是否通过课堂学习有发展。从时间上来说，学生的发展有当下发展和终身发展。任何一个有效教学必定要促进学生当下发展，同时对学生长远发展也会有影响。以前教学太注重当下发展，实际上教学还要关注学生的未来发展，可持续发展。有效的课堂教学活动沉淀下来的是一种思维方式和精神。那么，如何在教学之前和教学之中关注学生的发展，做到教学的有效呢？那就要对学生现在的认知水平在什么程度有充分的了解，还要对学生学完本课之后到底达到什么程度心中有数。唯如此，教学才会有的放矢，今后的教学才会方向明确。

教学背景分析

教学内容：《将相和》是一篇传统课文。文章出自于《史记》中的《廉颇蔺相如列传》，塑造了一个大智大勇，以国家利益为重的蔺相如形象，同时也表现了廉颇知错就改的品格。

学生情况：由于大部分学生对《史记》并不了解，加之文章所讲述的故事也离学生生活实际较远，因此学生对文本的理解往往较浅。如对蔺相如的评价，大多数学生往往只停留在"蔺相如是个聪明的人，很勇敢。"的水平，缺少深刻性。而对文章为什么要写三个小故事，这样写有什么好处，就更是一头雾水了。

教学方式：教学中教师抓住文本关键的字、词、句，引导学生深入探究，从而达到使学生对文本深刻地把握和理解。

教学手段：引导学生分析题目，再引导思考"蔺相如到底有什么能耐，难道仅靠一张嘴就得到重用吗？"自然导入第一、二个故事的学习，这样不仅激发了学生的学习兴趣，而且使前两个故事的学习有了明确的目的性。文章描写了大量的人物对话，抓住重点语句深化对文本的理解。《将相和》一课，不论在布局谋篇方面还是在塑造人物特点方面，都有值得学习之处。因此在评价人物之后，可安排探讨文章写法的环节。通过课前课后的诊测，提高教学的实效性。在没有学习课文的情况下，先对学生进行前期的测试，摸摸学生的底，了解学生现在的认知水平在什么程度，根据学生的现有认知水平确定教学的重点。学习结束之后，通过课后诊测，从基础知识、语言积累、做出解释、整体感知、形成评价、情感取向六个方面了解学生的学习效果。

技术准备：课件，课前、课后诊测试卷各一张。

教学目标

1. 通过批注了解蔺相如和廉颇的优秀品质，体会他们的爱国思想，并从中受到启示和教育。

2. 学习评价课文中的人物。

3. 了解三个故事之间的联系，体会过渡句的作用。揣摩文章布局谋篇和塑造人物的方法。

教学重点：感受鲜明生动的人物形象。

教学难点：了解三个故事之间的联系，体会过渡句的作用；体会文章塑造人物的方法。

教学过程

一、揭示教学重点，导入新课

导语：通过刚才的学习我们已经知道这个故事发生在战国时代，当时秦强赵弱，但秦国几次想占赵国的便宜都没有得逞，这和廉颇与蔺相如这两个重要人物有直接关系。这是两个怎样的人物呢？我们将通过这节课的

学习继续探讨。

二、研读课文，评价人物

（一）以"不和"为切入点，引领学生走进文本

1. 浏览课文，找出直接描写将相不和的句子，初评廉颇。

既然说他们和，自然他们曾经有过不和。课文中有一段文字直接写出他们之间不和，请浏览课文，找出这段话。

2. 随生汇报，相机出示课件：我廉颇攻无不克，战无不胜，立下许多大功。他蔺相如有什么能耐，就靠一张嘴，反而爬到我头上去了。我碰见他，非得给他难堪不可！

提问：从这句话中你读明白了什么？

3. 补充资料：（课件出示）廉颇者，赵之良将也。赵惠文王十六年，廉颇为赵将，伐齐，大破之，取阳晋，拜为上卿，以勇气闻于诸侯。

师读资料，引导学生联系资料，理解廉颇攻无不克，战无不胜，是一位能征善战的将军。

导语：难道蔺相如仅靠一张嘴就得到赵王的重用吗？

（二）品读前两个故事，评价蔺相如

1. 默读"完璧归赵"、"渑池之会"两个故事。作批注

出示自学提示：画出蔺相如在"完璧归赵"、"渑池之会"这两个故事中，都说了什么，做了什么？思考他是在什么情况下这样说的，这样做的？在旁边把你对蔺相如的评价用词语批注。

2. 汇报交流（根据学生汇报情况选择以下内容）

完璧归赵

（1）理解蔺相如去秦国之前已经胸有成竹。

结合"蔺相如想了一会，说：'如果……就；如果……一定'理解他临危受命之时就已有了让赵国利益不受损、让秦国找不到进攻借口的胜算。

（2）理解秦殿抗争之时蔺相如的智勇过人。

结合秦殿上蔺相如"要回玉"、"要撞玉"的表现，理解蔺相如能抓住秦王爱玉的心理，逼迫秦王"一让"。

相机出示课件：蔺相如捧着璧，往后退了几步，靠着柱子站定。他理直气壮地说："……"理解他能扬己之长（不怕死），克彼之短（爱玉、贪欲），使他能变被动为主动，为完璧归赵赢得时间。

（3）结合蔺相如回到住处，叫手下人化了装，带着宝玉抄小路先回赵国去，理解蔺相如不辱使命；他冒着杀头的危险，明修栈道，暗度陈仓，为的是维护国家的利益。

（4）结合"到了举行典礼的那一天，蔺相如进宫见了秦王，大大方方地说：……"理解蔺相如不畏强暴。以国家信誉逼迫秦王再次让步，赢得全身而退。

总结：从蔺相如接受任务，到秦殿抗争，再到完璧归赵，整个过程中的言行，你看出了蔺相如是个怎样的人？（为了国家的利益舍生取义。）

渑池之会

导语：在渑池之会中，你又是怎么评价蔺相如的呢？

1. 结合渑池会上蔺相如拿命逼迫秦王击缶的言行，理解他维护赵国尊严，不畏强暴、不惜舍命。

相机出示课件：蔺相如看秦王这样侮辱赵王，生气极了。他走到秦王面前，说："请您为赵王击缶。"秦王说什么也不肯。蔺相如说："您现在离我只有五步远。您不答应，我就跟您拼了！"秦王被逼得没法，只好拿起棍来击了几下。蔺相如也叫人记录下来，说在渑池会上，秦王为赵王击缶。蔺相如能抓住秦王怕死的心理，那命拼得秦王言听计从。

2. 回应课始提问：蔺相如立功、受封，靠的仅仅是一张嘴吗？（他用自己的智慧和生命维护了国家的利益和尊严，他有不畏强暴、爱国精神，他的机智勇敢的是建立在舍生取义的基础上的，他不是一般的智勇而是大智大勇。）

导语：渑池之会，蔺相如为赵国赢得了尊严，因此被封为上卿，职位比廉颇高。这就导致了将相不和。

（三）品读"负荆请罪"，评价蔺相如和廉颇

1. 默读第三个故事，从廉颇与蔺相如最终和好中你体会到什么？思考

怎样评价廉颇和蔺相如，做批注。

2. 交流汇报。

（1）评价蔺相如。

结合蔺相如处处避让廉颇的行为和语言，体会他顾全大局，以国家利益为重的品质。

相机出示课件：秦王我都不怕，我会怕廉将军吗?大家知道,秦国不敢进攻我们赵国,就因为赵国武有廉颇,文有蔺相如。如果我们俩闹不和,就会削弱赵国的力量,秦国就要乘机来打我们了。我所以避着廉将军,为的是我们赵国的利益。

追问：在秦王殿上以撞柱逼迫秦王步步退让，为的是国家的利益；在渑池会上以拼命逼迫秦王言听计从，为的是国家的尊严。而此时，对待同朝为官的廉将军，他却处处退让，他为的是什么?

① 重点理解蔺相如的话——为国家的强盛。

② 联系上文进一步理解将相和的重要性。

预设答案：蔺相如处处谦让廉颇，是为了国家的强盛。这说明，蔺相如对敌人是针锋相对的，为国家的前途，不与廉颇斤斤计较。

③ 谁来替蔺相如吐一吐肺腑之言？（指导读出蔺相如的胸怀宽广，大家风度。）

（2）评价廉颇。

结合廉颇的想法和行为体会他知错就改、以国家利益为重的品质。

三、完整评价人物，书面表达

1. 结合板书和自己的理解，写出你对这两个历史人物的评价。

（让学生在书上的空白处独立写出对两个人物的评价，展示后教师予以指导。）

2. 展示学生的评价并指导修改。

四、读中探写，揣摩刻画人物的写法

1. 回应课题,课文只有第三部分写将相和,为什么还要写前两个故事？

（叙事文需交代清事情的前因后果，前两个故事是第三个故事的原因，因此要写上。）

追问：第一、二个小故事有什么关系？浏览课文，找出有关的句子，说说它们的作用。

教师小结：（指板书）"第二个故事是第一个故事的发展，前两个故事的结果是第三个故事的起因，合起来构成"将相和"这一更加完整曲折的故事。"

这种因果循环，紧密相连的复杂关系，作者只是通过几个恰当的过渡句就将它们上下勾连，合成一个大故事，构思之巧着实令人赞叹。

2. 课文是根据《史记》中《廉颇蔺相如列传》改写的，从塑造人物特点这一角度看，前两个小故事有什么作用？

（课文以秦赵两国的矛盾为背景，以蔺相如的活动为线索，通过这三个小故事，表现两个人物的美德。而蔺相如的品质是体现在三个小故事之中的。缺少第一、二个故事，蔺相如的特点就不全面了。）

3. 感悟文章侧面描写的特点。（机动）

其实这个事中，还有一个人物很重要——秦王。看看在这三个故事中，秦王的表现对塑造蔺相如这个人物形象有什么作用？

五、结语

同学们，通过《将相和》这篇课文，我们认识了战国时期这两个重要的历史人物，也从课文中领略到布局谋篇、塑造人物的方法。像这样既能够了解历史人物，又能学习写作章法的文章，《史记》中还有很多，鲁迅称《史记》为——史家之绝唱，无韵之离骚。同学们可以在课下读一读《史记》。

板书设计：

29　将 相 和

完璧归赵　　　渑池之会

智　　　勇　　　谦

顾全大局

负荆请罪

知错就改　以国家利益为重

附录一：

教学反思

《将相和》第二课时的教学目标有三个：1. 通过批注了解蔺相如和廉颇的优秀品质，体会他们的爱国思想，并从中受到启示和教育。2. 学习评价课文中的人物。3. 了解三个故事之间的联系，体会过渡句的作用，揣摩文章布局谋篇和塑造人物的方法。

下面简单谈谈我对本节课教学的收获和反思。

一、巧妙切入，长文短讲

从课题入手，引导学生分析既然说他们和，自然他们曾经有过不和。课文中有一段文字直接写出二人之间不和，找出这段话。通过对这段话的品评，引导学生初步认识廉颇是个能征善战的将军，并把学生的注意力引到廉颇对蔺相如的错误评价上。再抓住"蔺相如到底有什么能耐，难道仅靠一张嘴吗？"自然导入第一、二个故事的学习，这样不仅激发了学生的学习兴趣，而且使前两个故事的学习带上了问题，有了明确的目的性。然后再通过一、二个故事的读议把蔺相如为了维护国家尊严，机智勇敢，不畏强暴的形象树立起来，廉颇的错误说法不批自倒。再讨论将相是如何看待和的，不仅突出了蔺相如对敌狠，对己和，顾大局，识大体的高尚品质，也突出了廉颇虽然功勋卓著但能知错就改的精神，最后总结将相和好的原因——为了国家的利益，把人物思想升华到爱国主义的高度，令人肃然起敬，达到文道有机的统一。

二、相机引导，升华理解

在对人物进行评价时，我首先要求学生深入阅读文本，然后划下重点句子进行批注。针对学生在评价人物时出现的或偏或浅的问题，教师相机引导。如对蔺相如的机智的理解，学生往往停留在一般的聪明上，教师便引导学生在谈蔺相如的言行是，要关注他是在什么情况下这样说的这样做的。通过体会蔺相如受命于危难之时，抗争与虎狼之穴，从而体会到蔺相如的大智大勇。

三、读中探写，揣摩写法

《将相和》一课，不论在布局谋篇方面还是在塑造人物特点方面，都有值得学习之处。在评价人物之后，安排了探讨文章写法的环节。首先，通过课题提问：既然只有第三个故事才写将相和，为什么还要写前两个故事呢？激发学生思考。然后结合板书，理解三个故事之间的关系，并通过找过渡句使学生体会到文章布局谋篇之巧。最后，通过课题使学生理解课文主要塑造的是蔺相如，缺少前两个故事会使蔺相如的性格特点变得不全面。从而使学生对文章塑造人物特点的方法也有了深刻的认识。

在教学结束后，我对学生进行了课后检测。这个测试分成了六个层面检查学生的学习效果。一、基础知识。二、语言积累。三、做出解释。四、整体感知。五、形成评价。六、情感取向。正确率分别为90%，95%、100%、90%、100%、100%。从学生的测试情况来看，基本完成了教学任务。第五题学生不再停留在认为蔺相如聪明的水平，而是写道："蔺相如能以国家利益为重，是个有大智慧，大勇气的人。"升华了对人物的理解。第六题要求学生谈这节课的收获，学生大部分回答了解了蔺相如和廉颇两个人物的品质，或学到了这篇文章的写作方法，但也有几个学生说："通过学习我觉得《史记》上的故事很有意思，课下我要读一读《史记》这本书。"

反思这次教学尝试，我有了以下一些认识。

为什么我们的语文教学有时会低效？因为我们往往忽视了学生在走进课堂之前的认知水平。学生不是一张白纸，学生作为一种活生生的力量，他们是带着自己的知识、经验、思考、灵感、兴致走进课堂，参与课堂活动，并成为课堂教学不可分割的一部分的，从而使课堂教学呈现丰富性、多变性和复杂性。而课堂教学是在学生现有认知水平的基础上的再提高。忽视了学生的现有认知水平，必然导致教学缺乏针对性。教师花力气教的，也许学生早就会了；而学生还不理解的或理解不深的，教师又有又可能会忽视掉。

怎样提高教学的效率？把学生放在第一位，把学生的发展作为教学的出发点和归宿。虽然我们不必每节课都设计前诊和后测的试题，但我们却必须在教学之前清楚什么是学生现在学要的；在教学完成之后我们必须清楚地知道学生通过这节课学到了什么，为他将来的学习又带来了什么。唯如此，我们的语文教学才能慢慢走出低谷，实现高效。

附录二：

《将相和》课前检测题

1. A、看拼音写生字。

　　shì bì　　　　yù　　　　　fǒu　　　　　sè　　　　jiàn
和（　　　）　抵（　　）　击（　　）　鼓（　　）　推（　　）

　　lìn　　　　chāo　　　　miǎn　　　liánpō　　zhū
（　　）相如　（　　）小路　（　　）池　（　　）（　　）位

B、选择带点字正确的读音，在正确读音下面画"√"。

强逼（qiáng　qiǎng）　答（dā dá）应　削弱（xuē xiāo）

2. 根据意思写出成语。

（1）形容物品特别珍贵，多少钱也买不到。（　　　　　　）

（2）理由充分，说话有气势。（　　　　　）

（3）攻城夺池，没有拿不下来的。（　　　　　）

（4）团结一致，共同努力。（　　　　　）

3. 想想课文写了哪几个故事，分别给这几个故事加上合适的小标题。

（　　　　　　　　）（　　　　　　　　）（　　　　　　　　）

4. 任意选择文章中一个小故事，试着写出这个小故事的主要内容。

_____

_____

_____

5. 评价人物。

蔺相如是一个_____的人。

廉颇是一个_____的人。

附录三：

《将相和》课后检测题

1. 看拼音写生字。

yù　　　lián　　　fǒu　　　sè

抵（　　）（　　）颇　击（　　）　鼓（　　）

2. 根据意思写出成语。

（1）把原物完好无损地归还原主。（　　　　　）

（2）攻城夺池，没有拿不下来的。（　　　　　）

（3）表示主动向对方承认错误，请求责罚。（　　　　　）

（4）团结一致，共同努力。（　　　　　）

3. 选择。

（1）蔺相如想了一会儿，说："我愿意带着宝玉到秦国去。如果秦王真拿 15 座城来换，我就把宝玉交给他；如果他不肯交出 15 座城，我一定把宝玉送回来……"

对这句话理解正确的是（　　　　）。

A、蔺相如去秦国前不知道该怎么办才好。

B、蔺相如在去秦国前已经有了让赵国不吃亏的计谋。

C、蔺相如对去秦国这件事感到害怕。

（2）廉颇与蔺相如最后能够和好是因为（　　　　）。

A、蔺相如害怕廉颇。B、廉颇害怕蔺相如。C、廉颇和蔺相如都能够以国家的利益为重。

4. 课文讲了（　　　　）、（　　　　）、（　　　　）三个小故事，第二个故事是第一个的（　　　　），第一个和第二个又是第三个的（　　　　）。

5. 填空。

读完《将相和》一课后，我们看到蔺相如是一个＿＿＿＿＿＿＿＿＿＿＿＿＿的人。廉颇是一个＿＿＿＿＿＿＿＿＿＿＿＿的人。

6. 通过阅读这篇课文，我的收获是：

①＿＿＿＿＿＿＿＿＿＿＿＿＿＿＿＿＿＿＿＿＿＿＿

②＿＿＿＿＿＿＿＿＿＿＿＿＿＿＿＿＿＿＿＿＿＿＿

③＿＿＿＿＿＿＿＿＿＿＿＿＿＿＿＿＿＿＿＿＿＿＿

古诗文中有佳句

——在古诗教学中渗透习作方法

一、指导思想

传统的古诗教学主要是逐字逐句的讲解，把课堂教学的目的定位在内容的理解上。近来老师们重视诵读，通过诵读使学生大体把握诗意，想象诗歌描述的情境，体会诗人的情感，从而受到感染与熏陶。这种理念和教法无疑能够激发学生学习古诗的热情，利于学生对祖国优秀灿烂的古诗文化的继承和发扬。但在操作当中也容易造成以教师对古诗的体验代替学生的体验，束缚学生思维的弊端。比如有的课堂把学生能够模仿老师或个别学生的抑扬顿挫的朗读作为最终的教学效果。而事实上这种有腔有调的朗读，反映的只是教师自己（或个别学生）对古诗的体验，不能看出学生对古诗的理解程度。而且教材中的古诗毕竟数量太少，因此古诗教学应力求教给学生学习古诗的方法，引导学生积极参与，在参与中自悟自得，为学生在课下自己阅读古诗打下基础。同时也为了落实课标精神，体现语文学科的特点，并力求学有实效，在设计教学时我力图体现以下教学理念：

1. 遵循诗文的阅读规律加强整体综合的感知，整体入手，比较感悟，回归整体，拓展延伸。

2. 充分体现学科特点，紧扣语言文字，通过对关键词语的理解、角色转换、设身处地的想象，引导学生深入体会诗人表达的思想感情。

3. 加强朗读、吟诵的指导和训练。在吟诵中品味语言、想象情境、体会情感、积累记忆。

4. 培养并训练学生"收集信息并能与文本内容有机整合进行学习"的能力，为形成这样的习惯打下基础。

二、教学背景分析

1. 学习内容分析：

本课是课程改革实验教材第 11 册第 21 课古诗四首的第一课时。学习的两首古诗《送孟浩然之广陵》、《芙蓉楼送辛渐》两首诗都是送别诗。

《送孟浩然之广陵》通过对眼前景物的刻画，抒发自己对孟浩然真挚的情谊。

《芙蓉楼送辛渐》是诗人王昌龄所作，也是一首送别诗，描绘了一幅水天相连，浩渺迷茫的夜雨图，表达了诗人送别好友时孤寂的心情。更道出诗人坚持节操，冰清玉洁的志向。两首诗均是传诵千古的佳作。安排在一课时进行学习有利于学生加以比较、学以致用。

2. 学生情况分析：

由于平时我们加强了课外阅读、课外积累的训练，学生大都在课前就会背诵这两首诗，意思也大概了解。但对两首诗所表达的情感，作为送别诗两首诗的区别却并不是很清楚。因此从比较入手，可以调动学生的学习激情，同时也使得课堂教学更具实效性。

3. 教学方式与教学手段说明：

首先出示两首古诗，通过朗读是学生意识到两首诗都是送别诗，但又有区别。然后引导学生找到深入理解古诗的方法，即：把诗话变成今话，把诗话变成诗画，把诗话变成诗情。通过分步出示三个自学提示，使学生在实际操作中掌握学习古诗的方法，既完成学会古诗的教学任务，也为学生将来"会学古诗"打下坚实的基础。

三、本课教学目标设计

1. 能看注释或用其他方法，理解诗句的含义。

2. 能想象诗句所描绘的情景，体会诗人的情感。

3. 能背诵古诗。

重难点："体会诗人所要表达的思想感情。"既是重点更是难点。

四、本课教学过程设计

（一）引入

1. 今天我们来学习两首古诗。

出示：《送孟浩然之广陵》、《芙蓉楼送辛渐》（学生齐读诗句。）

2. 比较两首诗的题目，发现了什么？（都有"送"字）

教师由"送"引出送别诗。

【设计意图】把两首诗放在一起出示，便于学生比较。通过找相同点，使学生意识到原来不同的古诗之间是有联系的。

3. 说说你都知道哪些送别诗。

（二）理解内容

1. 两首诗虽然都是送别诗，但所表现的情感却似乎并不相同，究竟有何区别，需要我们走进诗句当中去品味、去思考。要想走进诗句当中去，首先需要我们做些什么？

引导学生发言，思考学习古诗的方法。

出示自学提示一：把诗话变成今话，看注释或用其他方法理解每句诗的意思。

2. 学生独立理解诗句意思。引导学生汇报交流，对个别字的意思加以引导，纠正。

【设计意图】学习古诗，首先应该明白古诗的意思。通过此提示，不仅告诉学生现在该怎么做，更暗示学生在平时的生活中该怎样阅读古诗。另外两首诗意思浅显，除了个别字词之外，学生大部分可以自己理解，因此理解意思基本让学生自学完成。

（三）想象画面

1. 现在我们已经了解了这两首古诗的意思，虽然两首古诗都是送别诗，但也有很多区别，看看你能发现哪些不同？

出示自学提示二：把诗话变成诗"画"，想象两首诗的情景，说说有什么不同。

2. 引导交流。提示：两位诗人在和好友分别之际，分别关注的是什么景物？

（不同点：《送孟浩然之广陵》中李白通过"烟花三月""下"于"孤帆""唯见"等词对比，说明好友走后自己的孤寂；通过流向天边的长江之水，说明自己的难舍之情。而《芙蓉楼送辛渐》是通过"寒雨连江""楚山孤"等词句说明自己所面临的处境，衬托出后面的"洛阳亲友如相问，一片冰心在玉壶。"的高洁品质。）

【设计意图】学习古诗不能仅仅停留在理解字面的含义，更要走进古诗所描绘的情景当中去，只有心中有了诗句所描绘的画面，才能真正体会到诗人写这首诗的情感，才会和诗人产生共鸣。通过此提示，使学生意识到，只有边理解，边想象，才能学好古诗。

（四）体会情感。

1. 我们已经想象出了两首诗的画面，我们似乎看到了站在长江边上的李白，似乎看到了寒风中的王昌龄。想象一下，我们能否把两首诗交换一

下，让李白送孟浩然时用《芙蓉楼送辛渐》的诗句呢?

（引导学生明白不能互换，因为虽然两首诗都是送别诗，但表达的情感并不一样。）

出示自学提示三：把诗话变成诗情，同桌互读古诗，并说说你为什么这样读。

2. 指名朗读，并交流这样读所表现的情感。

【设计意图】不同的学生对古诗的理解是不同的，读书的情况可以看出学生对诗的理解，通过交流使学生分享大家的收获。因此，让学生根据自己的理解来读，读出自己的感受，才能准确了解学生的学习效果。）

（五）拓展训练

1. 这节课我们使用什么方法来学习古诗的?

（总结："古话变成今话"　"把诗话变成诗画"。"把诗话变成诗情"）

2. 出示古诗：《送杜少府之任蜀州》、《送元二使安西》、《赠汪伦》、《别董大》。自由读，说说你的体会。

（六）、作业

用这节课学到的方法，课下来深入自学《送杜少府之任蜀州》、《送元二使安西》、《赠汪伦》、《别董大》这几首古诗。

五、学习效果评价设计

学习完本节课后，本想利用测试的形式加以检测。恰好有一位同学要转回湖南老家读书，面对相处了两年的伙伴，大家都很舍不得。我抓住这个契机，引导学生选用各人的送别诗，或是自己创作送别诗来表达自己的情感。将课上所学应用到实际当中，学生们积极性很高。有的学生写"寒雨连江夜入吴，平明送客楚山孤。"有的写"莫愁前路无知己，天下谁人不识君。"有的学生即兴创作"几年同窗几多情，近日分别何日逢。"回想以前学生毕业前互赠诸如"祝你发大财"等留言，今天的他们已经明白赠言虽短，赠的是话，留的是情。而这种转变和他们在课上自主地学习古诗，深入地理解古诗韵味有着很大的关系。与其说这节课，教会了学生两首送别诗，不如说交给了他们一种学习古诗的方法，提供给他们一个亲近古诗的机会。

六、本次教学设计的特点及反思

本课教学设计没有采用解释词语、理解诗句意思、体会诗人情感的传统教学流程。而是通过对比使学生发现两首古诗的相同点与不同点，从而产生学习古诗的兴趣。然后通过逐步出示自学提示，使学生掌握阅读古诗的基本方法：把诗话变成今话，把诗话变成诗画，把诗话变成诗情。俗话说：授人以鱼不如授人以渔。如果一堂课仅仅把两首诗作为重点，则学生只能收获两首诗；如果学生掌握了阅读古诗的方法，则就此为学生敲开了古诗王国的大门。当然，本课设计中还存在着诸多不足，敬请各位专家、领导批评指正。

板书设计：

21、古诗四首

送孟浩然之广陵	芙蓉楼送辛渐
诗话——今话　　下　唯见	寒　孤　一片
诗话——诗画　　水	山
诗话——诗情。　寄情	言志

整本书阅读学科实践活动

——《草房子》教学设计

主题设计与实施

一、活动背景

语文是一门实践性学科。光在课堂上依托语文教科书学习语文，是不能真正学好语文的。从积累语言、培养语感、发展思维的角度说，学好语文更多的还要依靠大量的课外阅读。新课标指出：要重视培养学生广泛的阅读兴趣，扩大阅读面，增加阅读量，提高阅读品位。并规定了 9 年学生

的阅读总量在 400 万字以上。《北京市语文学科改进意见》中也指出：5-6
年级推荐并配备中、长篇文章及适宜的多体裁文学名著。小学阶段每天要
安排一定时间组织学生独立阅读，着力培养阅读习惯。语文课外阅读是学
生语文学习的有机组成部分，对提高学生的语文素养起着至关重要的作用。
只有在长期的课外阅读过程中日积月累、潜移默化，才能感悟、积累、运
用语言，形成语文的积淀，逐步建构自己的语文素养。我所任教的班级主
要是由从一所农村小学合并过来的学生组成。家庭环境造成学生课外阅读
量严重不足。从五年级接手这个班开始，我从单篇文章共赏入手，逐步培
养学生阅读兴趣，扩大学生阅读面。升入六年级开始组织学生整本书阅读。
本次活动为阅读曹文轩的名著《草房子》。这个活动分为三个阶段，首先进
行以调动阅读兴趣为目的的"阅读启动课"，大约两周后进行以阅读指导为
目的的"中期指导课"，最后进行以成果分享为目的的"终期分享课"，历
时大约一个月。本设计为最终的"终期分享课"教学设计。

二、设计特色

阅读分享是学生阅读经验的交流，其关键词是"经验建构""分享建构"
和"语言实践建构"。是基于阅读者特定的阅读经验，通过和他人的分享使
阅读者在多样的背景中建构更丰满的文本意义，扩展知识与思维的深广度，
提供语言实践的平台。

（一）交流的话题源自学生需要

阅读交流一般是围绕特定话题展开的，话题从何而来？教师预设，还
是学生的需要？本次设计倡导基于学生阅读的需要来设定话题。

阅读不是一个纯粹归纳的过程，读者具有预期的图式，阅读中预期图
式被不断修改着，向着作品呈现的结构发展。作为阅读学习者，学生阅读
的过程是一个不断产生新的期待与需要的过程，由这些期待与需要可以生
成新的研讨话题。由此我们至少可知：第一，交流讨论的话题可以从学生
的阅读反应中获得；第二，交流话题随着阅读的深入可以不断生成。基于
此，本次教学教师把学习的空间放手交给学生，让学生从文本内容，文本
语言，人物形象等角度交流自己的阅读收获，并根据学生的交流情况给予

引导，从而使学生达到对文本、对阅读的自我建构。

（二）教师是分享讨论的推动者

阅读交流应该是相互激发、相互学习，而不仅仅是交换彼此主观的意见。学生是表达的主角，他们要做的主要是三件事：第一，表达个人的想法；第二，倾听、回应别人的想法；第三，整理、分析彼此的想法，并探索这些想法之间的关系。阅读交流的水平是有层级的，初始阶段，学生可能更多地偏向分享故事情节等书籍的基本内容，有时也分享彼此的阅读笔记等，只要是在研究文本或围绕相关议题都应该鼓励。随着阅读和交流水平的提高，学生就会在发表观点后，提出理由，并相互补充，或者进行反驳，即整理、分析彼此的想法，并探索这些想法之间的关系，这是较高水平的"讨论式分享"。

本次设计力求给予每个学生发言的机会和时间。教师是分享讨论的推动者，主要任务就是促进"相互激发、相互学习"，促使学生之间形成良好的相互作用：诱发自然产生的对话；鼓励多角度回应文本；鼓励合作与互动以形成"讨论式分享"。教师作为分享讨论的推动者并不意味着要时时主导讨论，相反，除非必要，教师一般不主导讨论，但要参加讨论。在学生分享与讨论的过程中，教师要尽量多聆听，少发言。课堂是学生的，教师参与讨论的基本状态是：提醒学生多问、多听、多解释、多回应；提醒自己少插嘴。必要时教师提供进一步探究的方向，促进学生的讨论走向深入。

三、实施过程

本次活动把学习的空间教给学生。让学生通过朗读、表演、绘画、想象、写作等形式，在交流分享的过程中，将语文听、说、读、写等能力训练结合起来，将语文、美术等学科结合起来，将学生的语文学习和学生真实的阅读生活结合起来。本次实践活动的实施过程可用以下结构图表示：

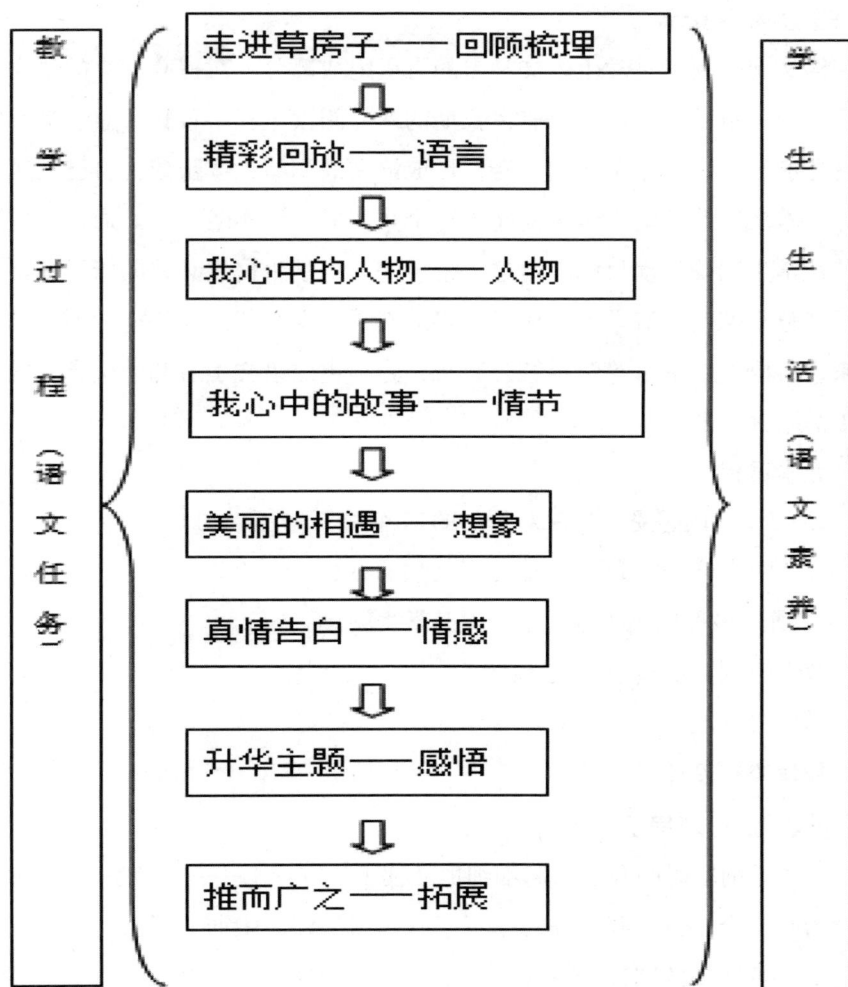

基于主题的教学实践活动案例

主题内容设计

语文课外阅读是学生语文学习的有机组成部分，对提高学生的语文素养起着至关重要的作用。只有在长期的课外阅读过程中日积月累、潜移默化，才能感悟、积累、运用语言，形成语文的积淀，逐步建构自己的语文素养。本次实践活动为学生搭建了一个真实的言语实践平台。通过"启动课"让学生明确活动目的，通过"指导课"为学生提供必要的指导，最后通过"分享课"交流学习的成果。将语文听、说、读、写等能力训练结合起来，将语文、美术等学科结合起来，将学生的语文学习和学生真实的阅读生活结合起来。

教学目标

1. 交流阅读感受，加深对作品的理解。

2. 初步培养学生阅读长篇儿童文学的方法。

3. 通过多种形式接触文本，提升学生阅读兴趣。

教学资源与实践条件设计：

学生自行准备图书，每人一本。

教学流程设计

一、"走进草房子"

同学们前段时间我们一起细细地品读了一本好书——《草房子》。本次阅读历时一个多月，我们先后举行了阅读启动课，中期汇报课，今天我们一起来进行终期的阅读分享课。那么，这是怎样的一本书呢？塑造了哪些人物呢？谁来给大家介绍一下这座诗情画意的草房子！（学生课件展示）

【设计意图】从整体入手，通过回顾，让学生再次从整体聚焦这本书。

二、精彩回放

1. 聚焦封面，体会"纯美小说"的含义，渗透读书方法。

【设计意图】看懂封面，能从封面提取信息是阅读整本书的第一步。阅读分享课既是分享阅读收获，也是梳理阅读方法，为学生今后的阅读实践打下基础。

2. 虽然我们已经读完了整本书，但我想我们每一个人还沉浸在《草房子》为我们营造的这个温馨的世界里呢！这本书中最精彩的地方就是曹文轩为我们描述了很多少年儿童的内心世界，而且描写得非常细腻，下面我们就进入："精彩回放"

（出示）把你认为最精彩的内容，读给大家听听。

3. 学生自由选择自己认为精彩的段落和着音乐读给大家听，并适时说说自己的阅读感受。（配乐）

（教师适时点拨：所选的几个片段分别是人物、场面、景色、情节等方面的描写）

【设计意图】朗读是学生表达自己读书成果的重要方式之一。教师不指定段落，把选择的权利教给学生，给了学生广阔的空间。学生必然要经过读懂内容，体会人物，把握情感，甄别选择的过程。教师的点拨在于启发学生从什么角度来审视整本书的内容。借助学生所选段落，在师生的互动中，学生获得的是整本书的阅读方法。

三、"我心中的人物"

听着同学们的朗读，我的眼前仿佛又出现了一群孩子，他们有桑桑，有纸月。有个同学为书中的主人公都分别画了一幅画像，您来看看和你心目中的人物形象一样不一样。（出示学生的画作）

追问：说说为什么要把人物画成这个样子？说说为什么想要画这个情景？你最喜欢他们中的哪一位呢？说说你喜欢他的理由。

【设计意图】学生分享的形式可以多种多样，可以从各种渠道切入。给学生感悟整本书多彩的途径，切合了我校多彩语文的理念。画人物肖像，画心中最美的场景，让文本的语言动起来，让文字活起来。

四、我心中的故事

导语：这些人物之所以这样吸引大家，是因为发生在他们身上的事情非常有意思。学生展示自编小课本剧。

【设计意图】演的过程能够锻炼学生的多种语文能力。

五、"美丽的相遇"

小说能为我们打开一扇扇大门，让我们认识一个个人物。如果我们能走进故事中，和这些人物有一次美丽的相遇该有多好啊！有的同学就把自己融入到故事当中，和故事中的人物一起玩，一起学习。

学生展示插写内容。

【设计意图】通过想象，学生把自己打入到故事当中，既是加深对文本内涵理解的手段，也是有效的读书方法。

六、"真情告白"

1. 刚才我们和书中的人物有了心心相印的对话，同学们都有了心心相印的交流。我记得有同学在小作文本上这样写道：读了这本书，我似乎也和这些同学一样，一同成长，一同成熟。我想读完这本书以后，在我们每个人心中都或多或少的有一些感悟，对你今后的道路、对你们现在有着一些启示。下面我们进入："真情告白"请几个同学来谈一谈，他读了这本书以后，最大的感悟和启发是什么。

2. 学生自由谈谈自己的感悟。

【设计意图】学生在读、画、议、演等过程中加深了对文本的认识，对故事主题的认识，更重要的是加深了对生活的认识。

七、升华主题

1. 出示扉页的话：

也许我们谁也无法走出自己的童年。

谈谈对这句话的理解。

2. 出示《城南旧事》腰封的话：

实际的童年过去，心灵的童年永存下来。

提示：扉页上的话也要细致阅读、思考。

【设计意图】从对一本书的阅读上升到主题阅读。草房子是作者对童年的赞美，《城南旧事》的引入进一步加深了对这一主题的阐释。

八、"推而广之"

1. 师：我想，此刻我们已经全身心地、完完全全地沉浸在了曹文轩的

《草房子》里了，因为这本书带给我们的东西太多太多。同学们回去之后，可以再细细地去读这本书，再一次的阅读说不定还会给你带来更多、更深的感受。同学们，好书如美酒，是越品越醇，越品越香的，让我们从这座《草房子》开始真正进行的阅读旅途。

2. 推荐曹文轩的其他作品

【设计意图】一次阅读分享，既是一本书阅读的结束，也是无数本书阅读的开始。

教学效果分析

《草房子》是曹文轩纯美小说中的一篇少年小说，本课教学给了学生较大的自主空间，将文本的品位和读书方法的渗透巧妙地结合起来，收到了良好的效果。

教学中，学生被小说深深吸引。在悠悠的音乐中，学生所读得如痴如醉；探讨人物时，学生被一个个同龄人深深地感动，钦佩之情油然而生。在这个过程中，学生理解了文本的主题，学会了反省，也懂得了成长，明白了珍惜。

良好阅读习惯的形成，学生语文素养的提高，是不可能一蹴而就的，小小的尝试和实践是我们课外阅读探讨迈出的第一步。在这个过程中，学生得到的不仅是知识，更有能力的提高，批注式阅读让他们找到读书的乐趣，形成独立的思想。

如何进行有效阅读活动，是我们继续学习和努力的方向，希望大家多提宝贵意见，共同努力，提高学生的阅读能力，促进学生的终身学习。

研究与分析

朱永新教授认为，一个人的精神发育史就是一个人的阅读史，而一个民族的精神境界，在很大程度上取决于全民族的阅读水平。《语文课程标准》中提出，"逐步培养学生探究性阅读和创造性阅读的能力，提倡多角度的、有创意的阅读，利用阅读期待、阅读反思和批判等环节，拓展思维空间，提高阅读质量。""培养学生广泛的阅读兴趣，扩大阅读面，增加阅读量，提倡少做题，多读书，好读书，读好书，读整本的书。鼓励学生自主选择阅读材料。"小学阶段是学生阅读的黄金时期，要努力给学生提供丰富的、广博的阅读内容，尽量少限制，多引导，培养学生广泛的阅读兴趣。在此基础上，引导学生形成自己的读书趣味，有选择性地读，体现自己的个性和兴趣，不盲目跟风和追随时尚，形成基本的阅读判断力和鉴赏力，提高阅读品位。

本次整本书阅读分享课，是在前期阅读启动课与中期阅读交流课的基础上进行的。结合学生自主阅读，让学生用多种形式加深对书中孩子们的认识，丰富学生的情感体验，实现个性化阅读。良好阅读习惯的形成，学生语文素养的提高，是不可能一蹴而就的，小小的尝试和实践是我们课外阅读探讨迈出的第一步。在这个过程中，学生得到的不仅是知识，更有能力的提高，整本书阅读让他们找到读书的乐趣，形成独立的思想。

如何进行有效阅读活动，还需我们继续学习和努力，通过不断实践，提高学生的阅读能力，促进学生的终身学习。

第六章　让家长参与到孩子的习作中来

习作不应只是课堂上的训练，她应该是一种生活习惯。一个与文字为伴的人，一个习惯于用文字交流的人，才是把语文运用于生活的人。因此让家长参与到习作教学中来，不仅是开阔了学生习作的场，更是为学生语文素养得以提升搭建了锻炼的台。

一个故事

我要写日记

转眼间，儿子上一年级已经半年多了。随着拼音的熟练和识字量的增加，他已经能够独立阅读简单的儿童读物了。儿子想象力很丰富，有时读完一个故事他就给故事加个新的结尾，告诉我回来又怎么怎么样了；有时甚至自己编一个故事讲。居然也讲得有模有样。我心里一动——是该培养孩子写日记的时候了。

说干就干，我先给儿子树立"榜样"——拿出我的日记本给他看。看到我记得密密麻麻的日记本，儿子没有一丝敬佩，而是一本正经地说："老爸写得字真乱！"一句话，把我准备了许久的关于日记很有趣的煽动性语言生生憋了回去。榜样不起作用就利诱之。我买来一个精美的小本子送给他。别说，儿子还真喜欢。可一听说要让他写日记，儿子马上把本一放，"不写！不写！"然后小兔子般蹦到电视机旁看起了动画片。这可真把我气坏了，有心说他几句，又怕强扭的瓜不甜，要是从此让他觉得记日记很痛苦就麻烦了。看来要培养这小子记日记的习惯还真是任重道远啊！

怎样才能让儿子自己愿意写日记呢？我觉得一定要让他觉得记日记很有趣，也很容易。于是，一个计划在我心里产生了。从那天起，我不再提出让他写日记，而是留心每天他都说了什么话，每逢他说了一些有意思的内容我就以他的口吻写在他的日记本上。有一天，儿子和邻居的小伙伴一起去卖废品，回来的时候眉飞色舞地向我说了卖废品的经过，我就把这件事写在了日记本上。

"今天，我和小伙伴在我家厨房里找到几个小瓶子。小伙伴说：'我们去收废品那卖了吧。'然后我们来到楼下，把瓶子卖给了收废品的，卖了一块钱。我们就到小卖部买薯片。可是钱不够，于是我们就到小区的垃圾箱旁找瓶子，不一会儿就找到好多瓶子，卖了好多钱。我和小伙伴每人买了一袋薯片，我们好开心呀！"

赶上儿子做了什么以前不曾做过得事，我也记下来。在妻子生日那天，儿子给妈妈画了一幅画，我就在日记本上写道："今天是妈妈的生日，我给妈妈画了一幅画，妈妈很高兴，夸我是好宝宝！"

就这样，很快我就写下了很多内容。一天我把这些日记读给儿子听，他一边听一边哈哈大笑。我说："你可别笑，这些可都是你的日记呀！""这不都是我和您说的话吗？怎么是日记呢？"儿子眨着眼睛问。"日记就是把自己平时说的话，做的事记下来。你把自己怎么说的，怎么做的写在本上就是日记呀！""这么简单呀，我也会！"说完儿子抢过我手中的日记本，跑到小书桌旁也写了起来。从那天起，儿子开始写日记了。日记就是我手写我心。当儿子明白日记就是怎么说，怎么做就怎么写时，他竟爱上了写日记。有时一句话，有时几句话，不论长短都是他真实的话语。

一天趁儿子睡着了我翻看他的日记本，上面有一页写道："爸爸今天显得很累，坐在沙发上就睡着了。我怕打扰爸爸，就把电视关了。"读着这些折射儿子心灵光芒的文字，我的眼眶竟有些湿了……

几点思考

家有书香才能腹有诗书

多读才能易写。读书对于写作的促进作用不需多言。我们在班上鼓励学生多读书，我们开读书会，我们评比读书小博士。但往往是班里的读书活动轰轰烈烈，到了家里静静悄悄。是啊，也许只有孩子们走进家门，扑面而来的是一股书香，孩子们才真的有可能爱读、会写吧？因此，每当接受一个新的班级，我总是先家访，了解孩子们的家庭生活，鼓励家长为孩子营造一个书香家庭。

一、营造良好的读书环境，让孩子染一身书香
您的孩子有书架吗？

现在家庭条件都好了，孩子有了自己的房间，自己的床，自己的柜子，

却很少有自己的书架。

我小的时候，家里的家具都是请木匠来做。那一年我上小学三年级，有一次家里做家具，看着木匠叮叮当当做着桌子、柜子我羡慕得不得了，于是就捡些小木板也拼装起来。复杂的当然做不来，只把两块大木板一立，中间横着钉几块小木板就算完工，然后自豪地对家人说我做了一个书架。有了书架就要有书，先是把自己的课本都摆上，结果富余了一大截。于是又把哥哥姐姐的书也收敛来，还是摆不满，只得跑到邻居家和一位大哥哥借了一些书。看着一书架的书，着实令我兴奋不已。有了这么多书，当然要读一读。也就是从那一天起，我养成了每天都要读一会儿书的习惯。

我们不妨在孩子的房间最明显的位置摆上一个漂亮的书架，装满适合孩子的书籍。总在海边呆着身上自然有海的味道，总在花丛里徘徊自然能染一身花香，孩子身边都是书，也就有了养成读书习惯的可能。

小故事：

爱迪生以书为枕

大名鼎鼎的美国科学家爱迪生，一生的发明多达近两千项，被誉为"发明大王"。这也与他勤奋读书分不开的，他常常通宵达旦地读书，查资料，困极了，他就以书当枕，在实验室躺一会儿。因此，有人风趣地说："怪不得爱迪生有那么多的知识，原来他在睡梦中也还要从书本里吸取营养哩。"

"仿读"很重要

孩子是最擅长模仿的，而孩子对家人的模仿常常是天生的是不自觉的。所以家长做出读书的样子，让孩子去模仿对培养孩子的读书习惯很重要。如果一个家庭里，父母闲暇之余手捧一本书或读或沉思，那么孩子在这个飘满书香的氛围中一定对书情有独钟。他会模仿家长的样子开始读书，并慢慢"爱上"读书。此时我们也就不会发出："我的孩子怎么就不爱读书呢？"这样的慨叹。

我是做教师工作的，每天晚上自然都要看一会儿书。我的儿子在一岁多的时候，就开始对我手里的书很好奇。每当我拿起书的时候，他也抓过一本放在床上装模作样地看。虽然他一个字也不认识，虽然大多数时候他都把书拿倒了，我也从不制止他。这种因好奇而引起的模仿，使孩子对书有了亲近之感，而这种对书的亲近将影响孩子将来对书的感情。

诚然，现在家长们都很忙，有时连吃饭、睡觉都顾不上，更不要谈有时间看书了，但我们切不可忽视这种榜样的作用。尤其是当孩子大一些的时候，他会很理直气壮地问："您都不看书，我为什么要看？"时间只要是挤，总是有的。为了孩子，我们必须做好这个表率。

书应该放在孩子好拿的地方

书是用来读的。如果只把书摆在架子上接灰尘，那和无书没有区别。不同的书应该摆在不同的位置：爱看的书不妨摆在床头，沙发旁边等随手可以拿到的地方；将来才看的书摆在架子的高处，等孩子长高了再让他"够"下来看；不爱看的书就应该把它放到纸箱子里塞到床底下，以免它影响孩子的"胃口"。

好看的书放在孩子好拿的地方，可以方便孩子的阅读。这小小的方便，可以促使孩子随时随地阅读，尽快养成读书的习惯。

二、提供孩子有兴趣的书，让孩子"悦读"

读书从玩书开始

从孩子会抓东西开始，家长就应该有意识地培养孩子的阅读习惯。开始的时候，孩子只是喜欢颜色丰富的书，他们会把书拿在手里当玩具玩。这是家长要做的不是为了防止书被撕坏而夺过孩子手里的书，而是应该不断地给他提供更丰富的书。目的只为了让孩子喜欢上新的一类"玩具"——书。

只有把书当玩具一样喜欢的孩子，才有可能产生阅读的冲动，才有可能对妈妈给他讲书中的故事产生兴趣。

孩子要有选书的权利

孩子该读什么书？应该由孩子自己来决定。名著确实很好，但孩子现在对它没兴趣，那不妨先放一放将来再给他读；安徒生童话是很美，但孩

子更喜欢读绘本，那就可以多给他提供一些绘本。孩子读什么并不是最重要的，重要的是他读了。与其费尽心思给孩子买来一堆他不感兴趣的书逼他读。不如把选书的权利交给孩子，由他决定买什么书。

经常带孩子去书店

我和妻子都是书迷，因为深知读书之乐，所以也希望孩子做个快乐的小书虫，当儿子仅仅三岁时，我就带他到书店，让他看我怎样买书，时间一长，儿子也开始一本本翻看书架上的书，有模有样地选起书来。

1. 放手让孩子买书。

开始时，儿子只拣图片好看的书买，认小动物的、认汽车的是他的最爱，凡是他喜欢的，我都毫不犹豫地"埋单"，对于自己亲自选定的这些书，儿子都非常喜欢，总是一到家就迫不及待地让我和他一起看。

2. 帮孩子一起买书。

当儿子 4 岁的时候，受动画片的影响，儿子开始喜欢奥特曼的书，一到书店，马上翻出奥特曼的书不肯放下，但是这类书有一个特点内容总是雷同，大致上就是几张奥特曼和怪兽打斗的照片，而没有内容，我开始并不限制他，买了几本，回到家后，孩子几分钟就看完了，我趁机说，要是有些故事就好了，于是儿子说："就是呀！一点故事都没有，下回不买了。"

3. 和儿子比着买。

当儿子五岁时，他已经基本上完全是自己挑书了，每到书店，我总是和儿子比着买书，看谁挑的书好，有一次，儿子拿起一本儿歌书，问我怎么样，我说这是一本儿歌书，儿子说那我不要了，这是给小孩看的，惹得旁边一位女士哈哈大笑，说："那你不是小孩吗？"儿子自豪地说："我当然不是小孩了，我已经长大了。"

和儿子一起买书，就是这样其乐无穷。

把书当奖励

书非借不能读也。这是中国古代对读书的经典言论。现在大家家庭条件都不错，没有必要再借书了，但也不能让孩子的书来得太容易。我们往往发现，家长从书店拎回一摞书给孩子的时候，孩子并没有出现那种马上读的热情，而是决定以后慢慢看。而这种"漫"的态度出现得多了，就会产生读书的怠惰心理。久而久之，孩子就会疏远读书。理想的做法应该是把书当做奖励。当孩子取得好成绩时，当孩子能复述书里的故事时，才让他再买新的书。使孩子感到书的来之不易，孩子就会更加珍惜书，也才会认真对待书。

小故事：

宋濂的读书经历

宋濂字景濂，号潜溪。明代重臣，被称为"开国文臣之首"。一代礼乐，多由其裁定，著作宏富，主修《元史》、著有《宋学士文集》。

他幼年家贫，常借书苦读。在其《送东阳马生序》一文中，叙述了自己苦读的经历：他幼时就爱读书，可是家贫买不起书。就经常到有藏书人家借书，一借到书，就夜以继日地赶抄，即使在数九寒天，砚水结冰，手指冻僵，也不停笔。他借书守信，按期归还，有书的人家才肯不断借书给他。

宋濂读书时，遇到疑难，自己不能解决时，他就长途跋涉到百里以外去寻访名师指教。逢严冬季节，他忍饥挨饿，顶风冒雪，穿过巨谷，爬上大山，两脚冻裂出一道道血口，仍继续寻访老师。宋濂十几年如一日刻苦读书，终于取得杰出成就。

三、将"陪读"进行到底，共享读书时光

陪读并不是要养成孩子读书的惰性。家长在孩子读书这一过程中是一个纽带，一头是单纯的孩子，一头是丰富多彩的书籍。教育孩子和养花一样，需要我们不停地关注，不能想起来就不停地翻土、浇水，想不起来就扔到脑后，十天半月也不理他。

进入读书角色——听书

当孩子读完一本书后，他就会有一种收获感、成就感。他会情不自禁地产生向家长倾诉的欲望。此时，家长就应该做一个忠实的听众，听孩子讲书里的故事，听孩子讲自己的收获和感受。我们应该经常对孩子这样说：

"这本书好看吗？我也想听听书上是怎么写的，你读给我听听好吗？"面对兴趣盎然的家长，孩子往往兴高采烈地满足你的愿望。孩子在读的时候，你就可以从声音是否洪亮、吐字是否清晰、是否抑扬顿挫等方面对孩子进行针对性地指导。

共享读书时光——聊书

经常和孩子聊聊他读的书，对孩子读的书表现出浓厚的兴趣，会对孩子的阅读起到推波助澜的作用。有家长认为读完书，要让孩子讲出主要内容，要让孩子摘抄文中的好词好句并背诵下来。这样的做法，从成人的角度看，是学以致用，学了就要用呀？但实际是一种痛苦。试想，如果让你看一本书，一定要说出主要内容，一定要摘抄词句，一定要背诵，你觉得这阅读有趣吗？过于功利的阅读是不可能持久的，也是不可能带来兴趣的。

语文是讲究积累的，而从积累到表达是有过程的，需要慢慢地转化。晋代大诗人陶渊明说："好读书，不求甚解。"意思是说，喜欢读书，不一定非得很透彻地理解。读的书多了，阅历增加了，知识丰富了，视野开阔了，自然慢慢就懂了。

我建议，孩子读书，家长也要跟着读，读完后一起大致聊聊书中的人物，情节就行了，有心的家长，在这随意聊聊中，自然会有对孩子做人、做事、作文的指点和引导有举足轻重的作用。这随意聊聊中不仅有对书的感悟，更有亲情的温馨。

这样的阅读，才是一种享受啊！

我的书伙伴

北京印刷学院附属小学四年级一班　乔兆羽

从三岁起，《小学生必背古诗》就伴随我左右。什么孟浩然的《春晓》，什么李白的《静夜思》，什么贺知章的《回乡偶书》……都背得滚瓜烂熟的。从此我喜欢上了书。

六岁上学那年，我便订了《小学看图作文》、《故事大王》、和《小熊维尼》。只要一有时间，我就会翻开这些书来看，但是一看上就没完没了。有一次，老师让我们写一篇作文，我绞尽脑汁，也没想出要写什么。所以准备看看作文辅导书，这一看，不要紧，时针给我来了个 90 度大转弯，时间毫不留情地过了 3 个小时。

现在，五年级的我已有了一大书架的课外阅读书。看书，不仅能丰富自己的知识，还可以用到日常生活中呢：这不，母亲节快到了，好不容易买到礼物的我还在为贺卡的事犯愁呢。因为我已经没有钱去买贺卡了，突然，我想到了我看冒险小虎队的书里有一张卡片，是用来解密的。说详细一点就是卡片有几处是透明的，用它来把混乱循序的字拼成一段话。我便照着它的原理也模仿做了一张，妈妈看完后，直夸我能把书里的知识运用到生活当中。

莎士比亚曾说过：书籍是全世界的营养品，生命里没有书籍就好像没有阳光，智慧里没有书籍就好像鸟儿没有翅膀。正如莎士比亚所说生命里没有书籍就好像没有阳光，没有阳光的日子难道还会有生活的乐趣吗？我们要多读书，与书为友。去领会书的魅力！

让言谈成为家庭生活亮丽的风景线

文为心声。小孩子写作文就是把自己心中所想，嘴里所说的话写成文字。因此，培养孩子的作文能力一定要重视他的口头表达能力，也就是要练习孩子说话。写作文是一种书面语言，要求要规范。而孩子规范的语言并不能与生俱来，需要家长有意识地培养。我们经常看到这样的孩子：说话时不连贯，迟疑不决；总是使用几个相同的词；说话时词不达意；不爱当着别人说话，或是害怕说话。造成这些问题的原因往往是孩子缺少语言规范的训练，导致孩子语言生成方面出现困难。

聊天——规范孩子的语言

有的家长可能会想："不会吧，跟孩子聊天？他不烦我就不错了。"其实不然，美国一项研究表明，父母与 9 个月至 3 岁的幼儿多交谈，会使这些孩子日后变得更聪明。科研人员对 42 户家庭的调查发现，白领家庭中家长比较健谈，与孩子谈话的频率比一般蓝领家庭高两倍，比靠救济的家庭高 4 倍。孩子入学后，智商及学习成绩高低与他们的家长与其谈话的频率多少成正比。事实上，多和孩子聊天对规范孩子语言，促使孩子语言生成，提高他日后的作文能力有不可估量的作用。如果把孩子作文比作语言的输出，那么与人交谈就相当于语言的输入，是原材料的接受过程。这一过程是对字、词和句子的辨认与理解过程。如果这一过程出现困难或落后，儿童就会在书写的语言材料的理解和运用方面出现障碍。

那么，如何与孩子聊天呢？

随意式聊天法。这种聊天没有固定的主题，主要目的是引起孩子聊天的兴趣。如经常和孩子聊聊学校里，生活中的新鲜事，和孩子一起说说小笑话。孩子就在这样的谈话中，一步步向我们敞开心扉，打开了倾诉的大门，养成了说话的习惯。

情景式聊天法。带孩子到特定的环境中，边让孩子用心感受，边与孩子进行交流。如带孩子到动物园。去前可先让孩子通过一些资料了解各种动物，到了动物园后，动物王国里活生生各种禽兽，就会刺激孩子的感官，使他们会情不自禁说出自己认知的动物。回来后可以让孩子把见到的动物讲给别人听一听。

故事式聊天法。可借助一些文本材料，看图说故事，同时启发孩子自己说，从说出一个单词开始，慢慢发展到说出一句话来，像"猴子"、"猴子爬上了树"、"猴子爬上了树，摘苹果"等，孩子语言的能力发展，与其思维能力的发展息息相关，随着孩子年龄的增长，也可适时和孩子一起编故事。

游戏式聊天法。游戏是幼儿最早最基本的交往活动。幼儿在游戏时，情绪愉快，注意力集中、大脑思维处于高度兴奋状态，是语言能力发展的良好机会和最佳途径。

通过聊天，家长可以很直观地发现孩子语言中的问题。比如有的孩子说话总说半句话，"真有意思！""吓了一跳，真好玩儿！"家长此时应巧妙地给孩子指出来，"我没听明白，什么真有意思？谁吓了一跳？"孩子自然会修改自己的语言，在轻松的氛围中，孩子德育研究得到了规范。

与孩子聊天，家长要有爱心和耐心。要从孩子的心理出发，平等相待。说话时要鼓励他们多开口，激发他们说话的兴趣。最简单的办法就是要经常表扬。家长还应多拨出时间关注自己的孩子，有些家长照顾孩子时常自顾聊天，或看电视，或看报纸，孩子想和家长亲近，常会挨训斥，这些会打击孩子的自尊，不利于孩子健康成长

聊天——积累写作的素材

孩子觉得作文难主要是由于不知道该写些什么。平时看似很随意的聊天，正好可以帮孩子积累素材。

生活虽是写作的源泉，但孩子往往并不注意积累。他们感兴趣的是事件中有意思的点，而不是事件的本身。通过聊天家长可以提醒孩子不仅注意事件中有意思的部分，也要关注事件本身。

聊聊家里的事。孩子学会了什么家务活？家里发生了什么有意思的事？都可以和孩子聊聊，通过这些平凡的小事使孩子体会到家里的快乐。

聊聊学校的事。学校今天发生了什么新鲜事？老师今天讲了什么新知识？三言两语，使孩子体会到学习的快乐。

聊聊伙伴的事。今天和伙伴玩儿了什么有意思的游戏？玩耍时发生了什么？在笑声中使孩子体会到生活中的快乐。

聊天——丰富孩子的情感

情动而辞发。有情才能有作文，才能写出感动别人的好文章来。说到底，语言不是空的，作文不是简单把文字罗列在一起。思想是语言的内容，思想依傍语言。有了自己的想法、情感，才能用语言表达出来，才能写出好作文。怎样才能提高孩子对事物的判断力，丰富他们的情感？还是聊天。聊天时，可以按以下程序去训练：（1）确定聊天的内容。如（指着某个人

问孩子）"看到那个人的动作了没有，猜猜看那个人现在心里在想什么？"
（2）先让孩子想想：是从哪些方面看出来的。（3）听孩子叙述，多问一些细节方面的问题，包括人物的动作，事件发生的过程，身边各种人和事物的小特点等等。（4）和孩子交流看法。当觉得孩子对事物或人的看法不妥时注意蹲下身来很和气和坦诚地和孩子说："我知道你这样说肯定是有自己的原因的，能不能告诉妈妈（爸爸）你为什么这样想？"在孩子初步回答后，再适当引导。（5）要及时引导孩子归纳积累自己的感受。"你能不能把自己现在的心情打个比方（比喻）给妈妈（爸爸）形容出来？"

　　作文就是表达自己的观点，就是表达自己的感受。家长平时如果能在和孩子聊天时多问孩子几个上面相似的问题，孩子又能认真思考并回答的话，可以有效地帮助孩子提高在描写人物心理方面的能力，促使自己的孩子养成善于观察、思考和表达自己和他人心理活动的好习惯，孩子的观察、认知、思考能力都会得到很大的提高。便可以让孩子的作文有很大的改观，使作文变得具体生动。很多作文能力的训练，不是课堂上的知识传授和作文练笔，而是孩子良好思维和表达模式的培养和改变。而家长的参与，是提高孩子作文能力的重要一环。

我和妈妈那点趣事

六年级四班　李凤轩

　　因为父亲与母亲闹情绪的缘故，我常年待在母亲身边，虽然母亲很严厉，但日子久了不免也会和我闹出点趣事。

　　有一次在三年级，我的英语不好，母亲出去办点事，让我一人在家，只能看英语书，不能做其他的事。我满口答应，装模作样地捧起英语书，看了起来，母亲打量了我几眼，关上了卧室的门。

　　在我听到了锁门的声音以后，稍稍放松了一点，展开了"猫捉老鼠大战"：我又等了几分钟，确定了"猫"已经走了，就光速"出洞"，冲向客厅，慌乱之时，不小心把英语书带了出来，算了，不管它。我打开了电视机，顺手把英语书丢在了旁边。

嘻嘻，谁会喜欢英语啊，电视才好看。

大约一个小时后，母亲回来了。

在听到高跟鞋的警报之后，我的第一反应是关电视，然后待了几秒钟，重复在想该怎么办，突然看见身边的英语书，我开心了一小下，然后快速地抓起它，假装读了起来。

英语书啊英语书，你真是我的大救星。

虽然做了心理准备，但还是吓出了一身冷汗，心里想：以后再也不干坏事了……好恐怖……

因为，母亲挂着一脸"微笑"地看着我，"宝贝儿啊，你怎么在客厅呢？里屋很热？"

所谓"急中生智"，我先愣了一下，就飞快回答："我吃水果不行吗？"

母亲换了鞋，走到电视旁，摸了摸它的额头，又摸了摸自己的额头，惊叫道"唉呀！咱家的电视机发烧了！记住，这几天让它休息休息，让它静养两天。"

这就是聪明反被聪明误！

家长是孩子最好的作文老师

每个孩子都是天生的作家，而他最好的作文老师就是他的家长。孩子的作文教室在哪里，就在他的家中。

谈到孩子的作文，家长大都很苦恼。偶然的一次，听到某位家长说："在家长会上，她目睹了一个孩子因为不会写作文而号啕大哭，那场景让她感叹又无奈！"是啊，孩子的作文字迹潦草，胡编乱造，看一眼就让人头疼。想辅导一下孩子，又不知从何下手。大多数的家长都认为：写作文不外乎就是让孩子多掌握写作技巧，掌握了写作方法，孩子写作文就不难了。于

是走进书店，一口气给孩子买来一大摞作文宝典类的书籍。书买了不少，孩子的作文水平却不见提高。其实，对于大多数的孩子而言，写不好作文的最大原因是不肯写。只要肯写，肯多写，作文总是能够写好的。因此调动孩子的习作兴趣是很重要的。如何让孩子对写作文感兴趣？我不提倡物质奖励的方式。虽然通过物质奖励看似学生拿起了笔，但他感兴趣的只是奖品，而不是写作文本身。他是在物质的吸引下"无可奈何"地完成习作，久而久之，孩子对写作文不是更爱了，而是更厌了。必须让孩子意识到，写作本身是有意思的，是快乐的，是好玩儿的。我们要把重点放在关爱孩子写作的兴趣和自信上，让孩子愿意写作、热爱写作，变"要我写"为"我要写"。平时孩子写作时，只要是孩子用心写的东西，家长要对他进行鼓励，尽量找到他的优点，可以表扬他说："你的句子写得真通顺"，"你在文中有个词用得真好"，"你有段话写得真棒"，"你用了一个形象的比喻"，"你的叙述真清楚"，"你的感受非常真实"，"这段话写得真精彩"，"我们感受到了你的爱心"，"我们觉得读你的作文是一种享受……"这些看起来很平常的话语，可以让孩子感觉他们已经得到家长的肯定、认同，能够极大地激发孩子写作的热情，积极地投入写作。

　　家长是孩子最亲近的人，家长辅导孩子作文具有得天独厚的优势。有的家长问我该怎么辅导孩子作文，要我说辅导作文，可以从"亲子活动"开始。"亲子活动？不是吧！我的孩子已经上小学了，怎么还要做这种低幼版的游戏？再说孩子越来越大，我想'亲子'，他也不来'亲妈'呀！"其实，亲子活动的范围很广。和孩子一起玩，一起读书，一起旅游都属于亲子活动。说白了，亲子活动就是想办法多和孩子待在一起。多和孩子相处不仅能够随时了解孩子的作文现状，而且能随时提醒孩子有意识观察周围发生的事件，解决孩子写什么的问题。而且可以随时规范孩子的语言，解决怎么写的问题。

雪精灵

五年级四班　朱宇旋

下雪啦，下雪啦！2011年的第一场雪，比以往来得更晚一些，不过还是可以玩的。这不，我穿好棉衣，戴好手套，出发！

放眼望去，一片白色的海洋，好像一个"雪之城"，我和妈妈要堆个雪人。我先把雪堆成一堆、按实，做雪人的身子。然后从车上抓一把雪，团成一个球，再把雪球在地上滚一滚……呀，碎了……用劲有点大了，只好再做一个。吸取了上一次的教训，做得很成功。

下一步就是把头和身子连接在一起。我把雪人的"头"放在"身子"上，可是"头"怎么也不听话，这可怎么办呀？唉！我想到了一个办法：把一些松软的雪放在雪堆上，做了一个凹槽，这下雪球就可以稳稳当当的待着了，大功告成！

唉，不对啊，这个小雪人还没有眼睛、鼻子和手呢。我找来三片小叶子，两片做手，一片做帽子，再找来一些鞭炮的碎片做眼睛和鼻子。这次才真的是大功告成了吧！怎么样，有创意吧？它的身高只有20厘米呢，很像雪天里可爱的小精灵吧？

看着自己亲手堆成的小雪人，感觉它好像在对我微笑，心里别提多高兴了！

我细细的端详着小雪人，它好像在想：周围好多车呀！可是，为什么没有轮胎印呢？于是我突发奇想，两脚交叉着在雪地上做起了车轮轧过的痕迹。小雪人似乎看懂了似的，笑得似乎更开心了！

观察是写作的基础。生活在同样环境中的孩子，有的会写，有的不会写，不会写很重要的一点是会不会观察。那些"听而不闻、视而不见"的孩子是不可能言之有物的。所以家长要教育孩子留心生活，注意观察。可以给孩子布置观察作业，如"课间十分钟"、"老师的外貌"、"校园的一角"、"我的爸爸、妈妈"等。也可以让孩子种盆花，养只猫，观察植物如何发芽、长叶、开花、结果；观察动物的跑、跳、走、吃玩、睡，然后写出观察日记。长期训练，孩子就会养成注意观察事物的习惯。

家长在培养孩子观察事物能力的同时，要教给孩子具体的观察方法：1. 按顺序观察。由近及远，由外到里，由上到下，由整体到局部等等，这样孩子在写起文章来，就不会丢三落四、杂乱无章。2. 细致观察。观察要细心，注意细微变化、细枝末节，这样写出来的文章才不致空洞。3. 观察特点。观察要有重点，注意事物的特点，从同中见异，异中见同。这样写出来的文章才能准确、具体，有特色。

蚂 蚁 的 启 示

五年级一班　崔浩然

哎——呀——！其他作业都写完了，只差一项小作文了。

你说语文老师也真是，每周都留这项作业也不烦！虽然我的作文水平还不错，可对于我这样的"小懒汉"来说，这可是"泰山压顶"呀！再说，总是写个不停，哪有那么多事可写呀，我早就黔驴技穷了。真想把作文本扔到地上狠狠地踩上几脚，可是又怕老师会来一阵"暴风雨"。想到这，我就牙疼。没办法，写还是要写的，先浇一浇花轻松一下再写吧。

浇完花后，我感到花盆似乎和以前不一样，我的目光朝几个花盆一扫射，发现其中一个花盆中的水还未完全渗到土里，上面好像有什么东东在动，走近一看，原来是一只只小蚂蚁。它们是如何爬进来的呢？这也不怪它们，因为我的花盆里的土都是从楼下土堆里挖来的，难免会将一些小蚂蚁带上来。我知道蚂蚁是不会游泳的，但我也知道这些小玩意儿的生命力是 "very very good" 的。所以我也没去管它们，又去想作文了。可是想了半天也没想好，却惦记起那些小东东。到花盆前又看了看，发现水没了，但有些小东东却陷入泥土里了，我得救它们，因为这是我的错。我迅速拿了根牙签出来，打算将它们救上来。却发现一些挣扎出来的蚂蚁，没有在脱离苦海后迅速离开花盆，而是在抢救它们的同伴。我有点吃惊地看着，它们把同伴身上的泥土一颗颗叼走，将同伴救出来后还帮同伴清理一下。而被救出来的同伴也不急着走，又接着再救下一只蚂蚁……我看呆了，想着是一种什么精神和力量使得它们不顾自己的危险，救助同伴呢？我久久不能平静……

对了，今天的作文不如就写写这些蚂蚁吧。因为，这些看似不起眼的小东西，给我的启示实在太多……

家长要有随时训练孩子作文的意识。生活中的时间具有突发性，巧妙引导，可以让孩子逐步形成随时动笔的好习惯。一次家访，家长对我说这几天可能接不了孩子了，让我多费心。原来在下楼时，家长为了给孩子拿书包，自己把脚扭了。我对家长说，您可以和孩子聊聊这件事，让孩子把这件事写下来。当时家长还有些不好意思，认为这样是不是小题大做了。我说："感恩是每个人都应该有的品格，孩子之所以缺少这个品格，很大原因就是家长从没有引导孩子去思考过，现在有这么好的机会，您哪能错过呢？"后来家长按我说的去做了，孩子写出了一篇感人的文字。更令人欣慰的是，孩子再也没有让家长为他拿过书包。

擀饺子皮

五年级一班　魏宇轩

今天是星期天，家里吃包饺子，我主动向妈妈申请擀饺子皮，可是妈妈却说："你还是别捣乱了，每次你不是做拉面，就是捏面人，弄得浑身都是面，你别管了，一边玩去吧！反正吃饭也不着急。"

"哎呀，妈妈，让我擀吧，我不玩面还不行嘛。"在我的软磨硬泡下，妈妈说："……行吧！但是必须好好……"我还没等妈妈说完，我就赶快做准备。

首先我把揉好的面搓成长条形状，然后小心翼翼地把它切成一个一个的小面段，再用手把小面段用力一按，一个一个的圆圆的小面团就做好了，太简单了！"妈妈，原来包饺子这样简单呀！看来以后我要当'中华小当家'（日本动画片中的著名的料理大师）都没问题了！"

"你呀，刚开始就吹，难干的还在后面呢！"

"谁怕谁呀。我才不怕呢！"我不服气地对妈妈说。

为了快点证明擀饺子皮没什么，我迫不及待地拿起一个圆圆的小面团毛手毛脚地擀起来。糟了，不知怎么搞的，刚才还听话的圆圆的小面团，现在好像被妈妈给施了魔法或是念了魔咒，不听使唤起来。饺子皮有时候擀的像长鸡蛋，有时候擀的像橄榄球，有时候像三角形，反正就是擀不圆，我不想干了，可是想想刚才和妈妈吹的牛，现在"撤退"肯定会让妈妈笑话的。没办法，接着干吧。我左一张，右一张地擀，可还是擀不好，更可气的是，饺子皮竟然还粘到擀面棍上。气死我了，我真想把擀面棍一扔不干了。唉！只好向妈妈求援了。妈妈告诉我，擀饺子皮不能着急，用力要均匀。嘿，原来有这么多门道。我按照妈妈教的，左手轻轻地转动饺子皮，右手有节奏地擀，时不时地撒些干面，不一会儿，我真的擀出一块圆圆的饺子皮来。妈妈又告诉我，皮不能太厚，否则包出来的饺子就不好吃了。我一边听，一边认真地擀。一张，两张，三张……渐渐的，我的速度也提

267

高了，而且越擀越好，一个个圆圆的面团在我手中变成了一张一张"精致"的饺子皮，原来我也会对圆圆的小面团以及擀面棍"施魔法、念魔咒"让他们乖乖地听我的呀！

我擀完了，妈妈正好也包完了，饺子下锅了。

不一会儿，饺子熟了，我高兴得跳了起来。我先吃了一个，真好吃呀！

家长除了要抓住这些随机发生的小事，还要注意培养孩子的敏锐性。蚂蚁搬家说明明天有雨，大雁南飞说明秋天要到。人与人之间的一个微笑可能是关心，也可能是无奈。这些常见的现象中蕴含的道理在成人看来很普通，而在孩子看来却充满了趣味。家长可以有意识地启发孩子关注这些问题。写作文时老师总强调要新颖，什么叫新颖？不见得是事件比别人新，往往是自己的观察角度和别人不同。谁能想到杨桃横着切里面会藏着一个五角星？当孩子具有了与众不同的思维，作文又怎么会流于平淡呢？

变

五年级一班　毕圣晗

从我懂事的时候起，总是听见别的小朋友说自己的爷爷奶奶好，很慈祥。可在我的印象中，爷爷奶奶始终对我是冷冰冰的，从来也没笑过。

爸爸家是三代单传，就希望我是个男孩儿，所以爷爷奶奶很失望。妈妈也曾对我说："爷爷奶奶重男轻女的观念很重，慢慢地会喜欢你的。"记得最深刻的一次是，那天我正在看电视，奶奶看见了，话也没说就把电视给关了，然后还小声嘟囔说："你要是个孙子该多好啊。"听了这话我非常生气，真恨自己不是个男孩儿。如果我是男孩儿，那一定会被视为掌上之宝的。想到这里泪水一串串地往下流。我八岁那年，爸爸把我和妈妈接到了北京，到了北京以后，爷爷奶奶一直也没有来看过我，偶尔打几次电话，但也是一些冷酷的话语。令我很伤心。

日子一天天过去了，我转眼间已经十周岁了，暑假我和爸爸妈妈再次回到哈尔滨。一天晚上吃完饭后，爷爷奶奶要去散步。我见奶奶腿脚不好，就搀扶奶奶，一起来到了小花园。一些熟人看见他们都说："你孙女长高了，成大姑娘了，多懂事呀！"爷爷奶奶听了，哈哈一笑，忙说："是啊！是啊！"奶奶还轻轻抚摸了一下我的头。回到了家里，奶奶问我考试考了多少分？我说："数学语文都考了100分。"奶奶说："考得真好！"我和奶奶聊得有说有笑。这时爷爷拿着一个苹果走过来，说："别光顾着和孩子说话，让孩子歇会儿，先吃个苹果。"他们的脸上都露出慈祥的笑容，这是爷爷奶奶第一次和我亲切地沟通，他们这样让我很出乎意料。就在那天起，爷爷奶奶变了。对我的态度来了个翻天覆地的变化。一次，我听爸爸在里屋和奶奶聊天，爸爸说：

"妈，您原来不是不喜欢孙女嘛，怎么现在又变了？"奶奶说：

"谁说我不喜欢孙女，我看孙女比傻小子强，又聪明，还会体贴人呢！"

爷爷奶奶重男轻女的思想终于改变了，真希望我们一家人能永远这样相亲相爱！

当然，家长经常带孩子出去，去农村，去博物馆，到大自然的小溪，树林中去，丰富孩子的视野，对于孩子的作文能力提高无疑也是非常有效的。总之，家长辅导孩子作文很关键，也很重要，无论是教师还是家长都应重视。

"童心·自主"焕发习作教学中生命的活力

（代后记）

作文是心灵的倾诉！小学生习作就是锤炼语言、训练思维、提升心智的过程。参加工作 20 余年，一直从事小学语文教育工作。我渴望着孩子们能喜爱作文，享受作文。我憧憬着孩子们和我在午后温暖的阳光中品味自己或其他同学心灵的文字，感悟着，快乐着！但遗憾的是《全日制义务教育语文课程标准（实验稿）》中指出的"易于动笔，乐于表达。"在现实中总显得那么遥远。

2012 年我有幸结识了特级教师北京小学校长李明新老师，深受李校长实与活思想的影响。结合以往教学实践，我意识到应抓住"易"和"会"两点。怎样才能让学生觉得写作文"易"？就要使学生明白作文来源于生活，作文就是表达自己想说的话。换言之，有生活就有作文。把生活和作文联系起来，就解决了学生写什么的问题。怎样才能让学生"会"写作文？就要教给学生写作文的技巧。教是为了不教，不教先要教。必要的写作技巧，能使学生轻松地驾驭文字，能使学生更准确地表达出自己想说的意思。能自如地通过文字表情达意了，学生才会感受到写作的快乐，才会更主动地写作。教授必要的写作技巧和知识，就解决了学生怎么写的问题。易写、会写两条线，齐抓并进，让学生在自主写作中释放童心，我收获着学生进步的快乐。

班里有个孩子特别不爱写作文。每次布置作文，他总是带头抗议。"别写作文了，太难了！"难？好吧，先让你觉得易。我对他说："听说最近你爸爸妈妈又开始吵架了？"他眼圈一红。"别哭别哭，你是个小男子汉呀！你得想办法劝劝他们，总让他们这样吵可不行。""他们可不听我的！""那可不见得，要不这样吧，你把每天他们怎么吵的，你又是怎么劝的写下来，咱们俩一块分析分析，一定能找出解决他们矛盾的方法来。"从这天起，这个总觉得写作文太难的小男孩，每天都会交给我一封书信，写父母怎样争

吵，写他怎样害怕，写他怎样劝解却被推到一边的委屈。我惊讶于这个害怕作文的孩子竟能写出如此的文字，更感动于这个孩子的善良和对家的热爱。后来他又在信中谈他学习中的烦恼，谈生活中遇到的趣事，总之生活中经历的都谈。直到有一天他的一篇名为《变》的作文获了奖，他突然对我说："老师，我好像觉得写作文也挺有意思的！"是啊，当指引学生找到生活的源泉，作文本就是这么容易，这么有意思。

就这样，一边探索，一边思考，一边把自己的一些浅薄的经验诉诸笔端。2013 年，记录我这一段作文研究心得的小册子《追寻灵动的作文课堂》出版了。2016 年恰逢北京市特级教师张立军大兴工作站在我校成立。我得以近距离接触自己的偶像特级教师张立军老师，并参加他主持的课题"中国优秀传统文化与现代语文课堂教学实践研究"。在他的启发点拨、谆谆教诲之下，我对作文教育的思索慢慢有了更清晰的认识。小学生作文是儿童的作文，是儿童的习作过程，所以小学习作教学应遵循儿童的心理规律，符合儿童的真实特点，解决学生"为什么"写的问题；文由心生，小学生的作文是最纯真的文字，引导学生写真文，抒真情，是作文教学的重要目标，应在创设真实情境上多下功夫，解决学生"写什么"的问题；作文基本功是写作文的基础。要成就"大"作文能力需夯实真实的作文基本功！解决学生"怎么写"的问题。立足童心，体现自主，最终才能让习作教学焕发生命的活力，让习作教育发挥锻炼人、教育人、完善人的功能。在张老师的鼓励下，我斗胆将散碎思考再次梳理，于是就有了这本小册子。这本小册子还得到李洪祥校长的大力支持。我校自 2013 年起就不断探索"多彩语文"的研究，正是有了李洪祥校长的引领和支持，才能让我不断奋起，笔耕不辍。本书选用了我教过的学生的部分习作，有的同学已经没有了联系方式，在这里一并表示感谢！

作文教育是语文教育中永恒的课题。立足童心，体现自主，当习作和学生的成长结合起来，习作也就成为了小学生欢乐童年生活的组成部分，成为他们成长的养分和途径。让小学生在习作中享受文字带来的快乐，享受成长带来的快乐。